中国近现代史专题研究

钟俊生　杜志明　金万成　著
周长茂　王玉莉　宋爱华　主审

东北大学出版社
·沈　阳·

图书在版编目（CIP）数据

中国近现代史专题研究 / 钟俊生，杜志明，金万成著. — 沈阳 ：东北大学出版社，2014.8（2025.4重印）
ISBN 978-7-5517-0743-5

Ⅰ.①中…　Ⅱ.①钟…　②杜…　③金…　Ⅲ.①中国历史—研究—近代史
Ⅳ.①K250.7

中国版本图书馆 CIP 数据核字（2014）第 185932 号

出 版 者：东北大学出版社
地址：沈阳市和平区文化路 3 号巷 11 号
邮编：110004
电话：024—83687331（市场部）　83680267（社务室）
传真：024—83680180（市场部）　83680265（社务室）
E-mail：neuph @ neupress.com
http：//www.neupress.com
印 刷 者：三河市天润建兴印务有限公司
发 行 者：东北大学出版社
幅面尺寸：170mm × 240mm
印　　张：11.25
字　　数：233 千字
出版时间：2014 年 9 月第 1 版
印刷时间：2025 年 4 月第 3 次印刷
责任编辑：李　鸥
封面设计：唯　美
责任校对：孙　锋
责任出版：唐敏志

ISBN 978-7-5517-0743-5　　　　定　价：33.00 元

目　　录

第一章　半殖民地半封建社会的形成

第一节　鸦片战争前的中国与世界

一、清王朝的兴起与衰败

历史上活动在白山黑水之间的肃慎人、挹娄人、勿吉人、靺鞨人和女真人，都是满族不同时期的先人。其中，13 世纪初被蒙古族灭亡的金国的女真人是满族的直接族源。

到明朝初期，以黑龙江省依兰县为中心，散布在松花江、黑龙江和乌苏里江流域，东达海岸的女真人，由于社会生产力的发展，以及对明朝和朝鲜掠夺的欲望和交换的要求，逐渐结成新的联盟，开始了频繁的南迁，重新分布于长白山周围和今辽宁省的东部、北部地区。

努尔哈赤统一女真各部，称汗，国号大金，年号天命，史称后金，完成了女真的统一大业。1635 年，皇太极废除诸申（女真）的旧称，定族名为“满洲”。1911 年辛亥革命后，简称满族。

女真人以射猎为业，每年到采捕季节，以氏族或村寨为单位，由有名望的人当首领进行生产活动。这种以血缘和地缘为单位进行集体狩猎的组织形式，称为牛录制。首领称为牛录额真（牛录，意为大箭；额真，又称厄真，意为主）。

努尔哈赤在统一女真各部的战争中，取得节节胜利。随着势力扩大，人口增多，于 1601 年建立黄、白、红、蓝四旗。1615 年，在原有的四旗之外，增编镶黄、镶白、镶红、镶蓝四旗，创建了八旗制度。努尔哈赤把后金管辖下的所有人都编在旗内，每 300 人为 1 牛录，5 牛录为 1 甲喇，5 甲喇为 1 固山。

清太宗时，又建立蒙古八旗和汉军八旗，旗制与满洲八旗同，皆由皇帝、诸王、贝勒控制。八旗初建时，兵民合一，全民皆兵，凡满洲成员皆隶属于满洲八旗。旗的组织具有政治、军事和生产三方面职能，成为满族社会的根本制度。入关前，八旗兵丁平时从事生产劳动，战时荷戈从征，军械粮草自备。入关以后，建立了八旗常备兵制和兵饷制度，八旗兵从此成了职业兵。

八旗制度与清王朝的命运紧密地联系在一起，经历了由盛而衰、由衰而亡的历史全过程。八旗制度从正式建立到清王朝覆灭，共存在 296 年，是清王朝统治全国的重要军事支柱，曾为发展和巩固多民族统一的国家，为保卫边疆防止外来侵略作出了重要贡献。

1643年9月清太宗皇太极病死，其子福临继位。郑亲王济尔哈朗与睿亲王多尔衮共同辅政。1644年5月中，摄政王多尔衮统率八旗军，出师中原；镇守山海关的明朝宁远总兵吴三桂投降清军，他向多尔衮“乞师”共同镇压农民军，清军入关。山海关依山临海，形势险要，是明代万里长城东部的一个重要关口，历来为兵家必争之战略要地。吴三桂与李自成的农民军激战于山海关，由于清军的猝然袭击，农民军失利，败回北京。清军进关，驰入中原。

入关前，清朝建立的重要政治组织是议政王大臣会议。议政王大臣会议，其雏形现于努尔哈赤建立后金之时，由八旗中的每旗选出三名议政王大臣组成，掌握国家的实权。入关后，清朝统治区域扩大，掌管事务繁多，阶级关系、民族关系发生了巨大变化。这样，清朝一方面保留议政王大臣会议，另一方面又继承明朝制度，设内阁，置六部；但实权往往掌握在议政王大臣会议手中，内阁的权力有限。

从康熙到雍正都努力加强皇权，削弱议政王大臣会议和内阁的权限。雍正设置了军机处，这是加强君主专制的关键性措施。雍正在镇压青海及准噶尔叛乱时，为商议军务、防止泄密，1729年设置了军需房，后改为军机房、办理军机处。军机处由皇帝选派其亲信的满汉大臣组成，起初只是一个暂设的军事行政机构，后来逐渐发展成为处理军政大事的常设核心机构。

军机大臣地位虽高，实际上是“内廷差使”和“传话筒”。所有事情按照皇帝的旨意拟写成文，经皇帝审阅后下发，传达给中央各部和地方官员执行。中央六部官员和地方军政首脑也直接听从皇帝的指挥，裁决权完全属于皇帝。军机处的一切活动都是在皇帝直接授意和监视下进行。

军机处把议政王大臣会议和内阁的职权合二为一，精简了行政办事手续，提高了效率，便于皇帝集权。军机处出现以后，议政王大臣会议名存实亡，内阁也形同虚设，封建君主专制发展到顶峰，反映了封建社会趋向衰落时封建统治的垂死挣扎。

明代中叶产生的资本主义萌芽发展非常缓慢。到鸦片战争前，以小农业和家庭手工业相结合的自给自足的自然经济，占据社会经济的主导地位。

土地兼并日趋严重，成为全国的普遍现象。清廷贵族在圈占土地之外，又倚其权势通过放高利贷、购买和强占等手段，大肆兼并土地。富者田连阡陌，贫者无立锥之地，其结果加强了大地主土地所有制，大批中小土地所有者失去生产资料，占全国人口绝大多数的农民陷于贫困破产和流离失所的悲惨境地，加剧了农村的贫富分化和阶级对立，对农业生产造成了严重威胁。

人口的过度增长，使人均土地占有量下降。为生存所迫，大批农民自发移民，造成一系列社会问题。吏治的腐败和封建剥削压榨的日益加深，各地农民的反抗斗争连绵不绝。

清朝是北方少数民族入主中原后建立的政权。清朝统治者不仅把君主专制统治推向顶峰，而且采取了残酷的民族压迫政策。这个基本特征表现在文化上就是严酷禁锢知识分子的反清思想，以巩固清朝统治。

清朝发生最早且规模较大的文字狱是康熙时的“明史案”。一部明史，导致70多人被处死，株连200多名士，牵连入狱者千余人，残酷程度令人发指。“明史案”之所以演成大狱，是因为清朝完成征服战争后，有相当一部分汉族士大夫的反清思想仍很激烈，其中一些人借修明史寄托故国之思。清廷对此十分忧虑，于是抓住“明史案”大做文章，杀一儆百。

康熙末年“戴名世的《南山集》案”再次震撼了士大夫阶层。作者戴名世在书中仅叙明弘光帝南京一段，并书“永历”年号，结果被以分裂肢体的残酷刑罚处死，暴尸街头，牵连300多人。

雍正四年（1726年），礼部左侍郎查嗣庭在江西乡试主持科举考试，出了一道“维民所止”的试题。这本是《大学》中的一句话，清政府却根据“维”和“止”恰恰是“雍正”两字去了头，硬说这是要砍雍正的头。查嗣庭被押回京，关进监狱。面对飞来的横祸，查嗣庭连气带病，死在狱中。雍正依然气恨难消，命人戮尸示众。查嗣庭的儿子被处死，家属被流放。一道科举试题，演变成一幕鲜血淋漓的惨剧，充分表现了封建专制帝王的残暴和对臣民的猜忌，已达到草木皆兵、丧心病狂的程度。

乾隆帝继位后所制造的文字狱，从次数到惩罚的严酷程度，都比康熙、雍正有过之而无不及。内阁学士胡中藻因一句诗“一把心肠论浊清”，被加上“大逆不道”的罪名，惨遭杀身灭族之祸，而导致这一切的原因就是在“清”字前加上了“浊”。

康、雍、乾三朝的文字狱，有记录的多达108起，而且愈演愈烈。统治者竭力蓄意引申，陷害忠良，株连无辜，残酷至极，冤狱遍于国中。文化专制政策造成了社会恐怖，摧残了人才，人人自危，手足无措，许多知识分子不敢过问政治，纷纷采取逃避现实的态度，埋头于故纸堆中，从事烦琐的考据工作。清代的考据学较发达，原因在此。闭眼不看现实，闭口不议朝政，脱离实际，知识分子的思想被禁锢，聪明才智被扼杀，从而形成了“万马齐喑”的局面，严重阻碍了中国社会的发展和进步。明清之际，资本主义萌芽已在东南沿海一带滋生，具有启蒙思想的社会学说和带有近代色彩的自然科学都有所萌动。十六七世纪，文化领域产生了黄宗羲、顾炎武、王夫之等进步思想家，自然科学也出现了《徐霞客游记》《本草纲目》《农政全书》《天工开物》等一系列杰作。就当时中国文化所达到的水平而言，与欧洲的资产阶级文艺复兴运动所达到的程度相差不是太大，但此后的欧洲近代文化一日千里，而中国的文化像一潭死水，毫无生气。

乾隆后期，清廷贵族逐渐腐败，突出地表现在统治阶级的奢侈腐化，官场贪污索贿成风。乾隆奢侈腐化，大兴土木，广建离宫苑囿。承德避暑山庄是清朝最大的一座离宫，始建于康熙时期，大规模的扩建是在乾隆时。承德外八庙，大部分是在乾隆时建造的。举世闻名的圆明园，其中的长春园、绮春园（万春园）是在乾隆时修建的。这些离宫苑囿的建造，耗费数量之大，连乾隆自己也不得不承认太过糜费。

乾隆六次南巡，名为视察，实际上是恣肆游乐。从北京到杭州，往返近六千里，动用千余艘船只。皇帝乘坐的5艘大船，调用3600名纤夫。使用的帐篷、器物、用具和衣饰等，共动用6000匹马、400辆骡马车、800只骆驼，并征调近万名夫役进行搬运。沿运河两岸，所经之处，土路一律泼水清尘，石路、石桥都用黄土铺垫，到处是兵丁驻守。每到一个地方，文武官员朝服接驾，大肆铺张，修行宫，搭彩棚，办筵席，进献大批山珍海味、土产方物。各地官吏和富商竭尽讨好献媚之能事。

官场的贪污是与贵族官僚的奢侈生活紧密相伴的。乾隆是官场贪污索贿的根源，他为了维持奢侈的生活，巧立名目，勒索官吏、商人和百姓。官吏为讨好皇帝，大肆贪污纳贿，搜刮钱财。贪污事件愈来愈多，贪污方法愈来愈巧，不仅个人贪污，而且上下勾结、沆瀣一气、明目张胆、不择手段，吏治败坏到了极点。

政治的黑暗，统治的腐朽，使人民生活在水深火热之中，反抗的情绪日益激烈。这一切都预示着清王朝已经走向了衰落。

二、中外贸易与鸦片走私

康熙年间，清朝开放广州、漳州、宁波、云台山四个口岸通商。1757年，为了保护封建经济，抵制海盗，清政府采取了落后的“闭关”政策，封闭了其他几个口岸，只许广州一地通商。为了掌管贸易，清政府还设立了公行制度，规定外商来华贸易或办理其他事务，须经政府特许的公行经手。公行通称十三行，是个官方特许的垄断性商业组织。“公行”在清政府对外关系上起着特殊的作用，一方面，政府给予参加公行的行商以承销洋货和代办内地出口土货的独占权；另一方面，公行承担与外商交涉、担保外商纳税及约束外商在广州行动的义务。

闭关政策是一种严格限制贸易的政策，它阻碍了内地资本主义萌芽的成长，助长了清朝统治集团消极保守、力图维护现状的思想。当时，世界资本主义正处于迅速上升时期，这种落后的闭关政策并不能使中国长期隔离于世界。随着世界资本主义经济的高速发展，欧美对中国产品的需求日益增多。尽管清政府实行对外贸易的限制政策，但中外贸易额仍不断增长。鸦片战争前70年间，中英进出口贸易总值增加了12倍。在中外贸易中，中国长期处于大量出超的地位。外商用什么货物换取中国货，就成了一个难于解决的问题。

鸦片，俗称大烟，是一种麻醉性的毒品，久吸上瘾，使人身体衰弱，精神委靡。18世纪中期，英国每年偷运到中国的鸦片为200箱；19世纪初期，增加到每年4000箱。1838年到1839年，更猛增到35000多箱。美国和沙俄也向中国偷运鸦片。1840年前的20年里，中国外流白银达1亿多两。

肮脏的鸦片贸易，与整个英国资产阶级都有着密切的利害关系。英国在印度大量销售纺织品，印度种植鸦片以换取购买英国的纺织品，英国用印度种植的鸦片来换取中国的丝和茶，运销英国和世界各地。在英—印—中这种三角贸易中，鸦片起着特殊的作用。英国资产阶级从中获得了暴利，严重受害的首先是中国，其次是印度。英国对华鸦片贸易一方面开辟了中国市场；另一方面又发展了英国在印度的市场，白银最后都源源不断流进英国资本家的口袋。巨大的利润驱使英国的走私船明目张胆地活跃在中国的东南沿海，“往来如梭，不胜繁忙”。

鸦片大量流入，给中国带来严重祸患。鸦片摧残人命，伤风败俗，像瘟疫一样愈演愈烈，使清朝统治阶级更加腐化。由于烟毒泛滥，吸食者逐步增多，内地的土烟也开始种植和流行。毒网扩大，社会生产力遭到严重破坏。鸦片走私日益严重，改变了中国对外贸易的长期优势。连年贸易入超，白银大量外流，导致银价上涨，收税困难，各省拖欠越来越多，国库储备越来越少，使清政府财政产生了严重危机。

三、鸦片战争前的世界

16 世纪至 19 世纪初，中国还处于封建社会末期，西方资本主义已经产生和发展，殖民主义势力迅速向外扩张。东西方历史走向出现了巨大反差。

17 世纪，英国资产阶级革命为资本主义发展开辟了广阔的道路。经过 18 世纪六七十年代的产业革命，英国首先把蒸汽机应用于纺织工业，随后又应用到其他工业部门。鸦片战争前 70 年间，英国纺织用棉量增加了 100 倍。40 年间生铁量增长了 11 倍。英国资本主义工业急剧发展，使它更加迫切地要求开辟世界市场，扩大占领殖民地。

18 世纪法国资产阶级革命，扫除了发展资本主义的障碍，实现了资本主义工业革命。1830 年法国工业生产应用蒸汽机 600 台，到 1839 年增加到 2450 台。19 世纪 30 年代后，法国为了开辟新市场，也加紧向外扩张殖民势力。

西方实现工业革命以后，由于资产阶级要求更广阔的国外市场和原料供应地，推动了西方向世界急剧扩张，殖民主义世界体系开始形成。西方殖民势力来到东方，是为了把东方纳入到资本主义的世界体系，使其沦为殖民地、半殖民地，成为西方的附庸。西方殖民势力的扩张，使古老的中国遇到了前所未有的挑战，面临严峻的生存危机。

第二节 半殖民地半封建社会的形成

一、第一次鸦片战争

鸦片贸易给中国社会带来的严重危害，引起了清政府的重视。从维护自身利益出发，清政府在1821—1834年8次颁布禁令要求严禁鸦片，但效果并不理想。

1839年1月，道光皇帝命湖广总督林则徐为钦差大臣，前往广东禁烟。林则徐到达广州后与两广总督邓廷桢合作，一面加紧暗访密查，严拿烟贩；一面同外国鸦片贩子展开斗争。1839年3月18日，林则徐发出收缴外商鸦片的命令，会同两广总督邓廷桢和广东巡抚怡良传讯十三行洋商，当众表示："若鸦片一日未绝，本大臣一日不回，誓与此事相始终，断无中止之理。"并将缴烟谕帖交行商总头目伍绍荣转给外国烟贩，限三天之内将其趸船上所有鸦片交出，到期不缴，则封舱封港。还要洋商出具"甘结"（保证书），保证"嗣后来船永不敢夹带鸦片，如有带来，一经查出，货尽没官，人即正法，情甘服罪"。广州民众看到林则徐有禁烟的决心和魄力，都积极行动起来，支持缴烟命令。在商馆外面，民众昼夜巡视，主动协助水师官兵，监视零丁洋上的鸦片趸船。

1839年6月3日至25日，在林则徐的主持下，将缴获的19000多箱，又2100袋，共计230多万斤鸦片在虎门海滩当众全部销毁。在现场观看的广州城乡群众，无不拍手称快。林则徐主持下的震惊世界的虎门销烟壮举，像海水冲刷烟膏那样，洗去了腐败无能的清政府强加给中华民族的耻辱，向全世界表明了中国人民决心禁烟和反抗外国侵略的坚强意志，谱写了近代史上中国人民反对外国侵略的光辉篇章的第一页。矗立在北京天安门广场上的人民英雄纪念碑的第一幅巨型浮雕，就是虎门销烟壮观场面的真实写照，将永远地铭刻在中国人民心中。

虎门销烟的消息传到伦敦，面对清政府的禁烟措施，英国鸦片利益集团立即发出一片侵华战争叫嚣声。一年后，一场由英国挑起的侵略战争爆发了。

1840年6月，英军首先进犯广州，遭到清军的抵抗后，转攻厦门，又被时任闽浙总督的邓廷桢率军队击退。英军又转攻守备空虚的浙江，侵占定海县城。英军继续北犯，到达天津海口，对清政府提到割地、赔款等无理要求。道光皇帝吓慌了，立即派琦善和英军谈判。琦善向英国侵略者保证，只要英军退回广东，清政府一定会惩办林则徐，问题是可以圆满解决的。英国侵略者得到这个保证，就同意撤兵南下。道光皇帝认为琦善退敌有功，就把林则徐撤职查办，改派琦善为钦差大臣到广州与英军谈判。琦善到广州后，拆除一切军事设施，与英方谈判，答应赔款，但对割地表示拒绝。1841年1月7日，英军以武力威胁，突然攻击沙角、大角炮台。中国军队仓促抵抗，伤亡惨重，炮台失陷。英军进逼虎门，琦善妥协求和，英国侵略军代表义律单方面宣布《穿鼻草约》成立。

琦善的卖国行径激起清廷上下的不满。道光皇帝认为有损天朝尊严，决定对英宣战。英军先发制人，再次进攻虎门。关天培率军坚守炮台，以身殉国。1841年5月，英军进攻广州，广州城外的泥城、四方炮台相继失守。主持军事的奕山等人失魂落魄，举白旗投降。5月27日，中英双方签订《广州和约》。

为进一步向清政府施加压力，英军攻陷厦门，定海、镇海、宁波相继陷落。道光皇帝为挽回败局，决定第二次出兵。奕经率军到达前线后，贸然出兵，全军溃败。1842年6月，江南提督陈化成战死，吴淞口陷落。7月，镇江陷落。8月，英舰到达南京下关江面。29日，清政府在英国炮舰的威逼下，与英军代表璞鼎查签订了中国近代史上第一个丧权辱国的条约——《南京条约》。

第一次鸦片战争的结果是中国割让了香港，赔款2100万银圆，开放广州、厦门、福州、宁波、上海5处为通商口岸，并且英国获得了协定关税权、领事裁判权、片面最惠国待遇等一系列特权，严重损害了中国的独立主权。《南京条约》签订后，美国、法国接踵而至，乘机索取特权，强迫清政府签订了《中美望厦条约》《中法黄埔条约》等一系列不平等条约。鸦片战争标志着中国近代史的开端，从此中国开始经受更加深重的苦难，开始沦为半殖民地半封建社会，中国人民面临着更为复杂曲折的斗争。

二、第二次鸦片战争

第一次鸦片战争后，英国资产阶级为开辟一个拥有4亿人口的广阔市场而兴奋得发狂，以为能大量销售产品，获得高额利润。英国资本家们曾幻想，“只要中国人每人每年需要一个棉织睡帽，不必更多，那英格兰现有的工厂就已经供应不上了”。但是，由于中国自给自足的自然经济对外国商品具有抗拒性，再加上中国民众购买能力的低下，他们的美梦落空了，外国的棉纺制品销售量十分有限。这也应了马克思的一句话：中国人不能同时既购买商品，又购买毒品。

英国资产阶级把贸易的失败归咎于中国开放口岸太少，英国享受的特权有限，提出修约的要求。在遭到清政府拒绝后，英国、法国借口“亚罗号事件”和“马神父事件”发动战争，第二次鸦片战争爆发。1856年10月到1860年11月，历时4年多的第二次鸦片战争，中国人民和爱国官兵保家卫国，英勇抗敌，给予侵略者以沉重的打击。但是，由于清政府的腐败无能，战争以中国失败而告终。战争中，英法联军攻占北京，火烧圆明园，所到之处，烧杀抢掠，无恶不作，使中华民族再次蒙受沉重灾难。

英法联军攻进北京，焚烧圆明园。咸丰皇帝仓皇逃往热河避暑山庄。

鸦片战争爆发后，清政府忙于对付外来殖民者和镇压太平天国革命，造成了北方边疆防备空虚。沙皇俄国乘虚而入，加紧蚕食和非法占领黑龙江流域和巴尔喀什湖以南的许多战略要地，而且一直在寻找机会想用条约的形式把所占领的中国领土合法化。

1858年5月，沙俄西伯利亚总督穆拉维约夫趁英法联军攻陷大沽口，用武力强迫当时驻守黑龙江的将军奕山签订了中俄《瑷珲条约》。根据这个条约，沙俄割占了黑龙江以北、外兴安岭以南60多万平方公里的土地，同时把乌苏里江以东约40万平方公里的中国领土划作“两国共管”。

1858年5月，英法联军侵占大沽炮台，迫使清政府签订了《天津条约》。主要内容有：公使进驻北京；开放牛庄（后为营口）、登州、台南、淡水、潮州（后为汕头）、琼州、汉口、九江、南京、镇江为通商口岸；外国商船可以自由驶入长江一带通商口岸；外国人可以到内地游历、经商；外国传教士可以到内地自由传教；中国对英、法两国赔款600万两白银。

1860年10月，英法侵略军占领北京，迫使清政府签订《北京条约》，作为《天津条约》的补充。续增的条款包括：开天津为商埠；割九龙司给英国；将已充公的天主教教堂财产发还，法国传教士可以在中国各省任意租买田地，建造教堂；对英、法两国赔款各增至800万两白银。

1860年11月，中英、中法《北京条约》签订后，英法联军开始撤离北京。沙俄驻中国公使伊格纳切夫以“调停有功”为借口，提出新的领土要求。清政府与沙俄签订《北京条约》，将乌苏里江以东包括库页岛在内的大约40万平方公里的中国领土划归俄国，增开喀什噶尔为商埠，并在喀什噶尔、库伦设领事馆。沙俄还将中俄西部边界走向强加给中国。1864年10月，沙俄强迫清政府订立《中俄勘分西北界约记》，割占中国巴尔喀什湖以东以南44万多平方公里的土地。沙俄成为第二次鸦片战争的最大获利者。

《北京条约》刚一签订，英、法、俄等公使就立即表示，只要清政府认真履行条约，就可以得到任何援助。1861年1月，清政府设立总理各国事务衙门。总理衙门成立后，任命英国人李泰国为总税务司，掌管海关行政、用人、外贸等大权。1863年李泰国离职后，又由英国人赫德继任。1862年1月，清政府确定了“借师助剿”的方针，从此中外反动势力勾结在一起，共同镇压太平天国起义，中国在半殖民地半封建的泥潭中越陷越深。

第二次鸦片战争使中国丧失了大片领土和主权，清朝统治者投靠外国侵略者，并开始成为他们的附庸和工具。中外反动势力开始勾结，共同镇压人民的反抗。为了便于倾销商品，掠夺廉价的劳动力和原料，外国侵略势力扩张到沿海各省，并伸向内地。中国传统经济受到冲击，逐步被纳入资本主义的世界体系中，从而加深了中国经济的半殖民地半封建化。

1861年8月，咸丰帝病死在行殿寝宫。咸丰帝临终前遗诏立六岁的载淳为皇太子，任命载垣等八大臣辅政，同时规定分赐皇后、懿贵妃以皇帝的御赏、同道堂玺为下达圣谕的符信，一切军政事务由辅政大臣处理。叶赫那拉氏一心想掌握清朝的大权。一方面，她以圣母皇太后的身份和其掌管的同道堂印章，取得了皇太后干预朝政的权力。另一方面，她和恭亲王奕䜣等勾结，依靠外国侵略者的支持，预谋除去辅政大臣，最后达到掌管清朝大权、实行垂帘听政的目的。

叶赫那拉氏利用咸丰梓宫运回北京的时日发动政变，逼令载垣、端华自杀，将肃顺斩首，其他辅政大臣被革职查办。东、西两太后于11月1日在宫内养心殿的东暖阁实行垂帘听政。从此，慈禧掌握清朝统治大权达47年之久。

三、中法战争

早在18世纪，法国就阴谋侵略越南，企图把越南作为侵略中国的基地。1862年，法军大举入侵越南，占领越南南部的西贡及其附近大片地区。1873年，法军又侵占河内等地。越南国王请求驻扎在越南保胜的中国广西天地会起义军别支——黑旗军——帮助抗法。黑旗军统领刘永福率部大败法军于河内近郊，毙其头目安邺，迫使法国侵略者退出河内。1882年4月，法军再次入侵越南北圻，先后占领河内、南定等地，窥视中国云南，并声言攻取黑旗军根据地——保胜。刘永福又一次应邀援越抗法，于河内近郊纸桥再败法军，击毙北圻法军司令李威业等数十人。

8月，法军攻占越南都城顺化，强迫越南签订《顺化条约》，变越南为法国的保护国。法国侵略越南的目的是为了进一步侵略中国。侵略越南后，法国加快侵华步伐，威逼清政府承认法国对越南的殖民占领，并要求与其签订不平等的商务协定及国境条约。遭拒绝后，法军向北圻的中国军队发动进攻，清军被迫应战，中法战争爆发。

中法战争第一阶段，法军与清军对峙于越南北圻。清政府虽应越南的要求增加了原驻北圻的广西清军兵力，又命云南方面派兵出境，互为声援，并派人联络黑旗军援越抗法，但总的指导思想是避战求和、消极防御。法军则采取积极进攻的战略，决定先攻山西，再取北宁，各个击破驻越清军，占领整个北圻，进而觊觎中国。1883年12月14日，法军在孤拔率领下，分水陆两路向红河中游战略要地——山西发动进攻。清军兵败，法军占领谅江、太原等地，控制了整个红河三角洲。北洋大臣李鸿章在天津与法国代表福禄诺签订《中法会议简明条约》，承认法国完全占领越南，同意撤回全部驻越清军。

中法战争第二阶段，战争扩大至中国东南沿海。《中法会议简明条约》签约不足10天，法军即迫不及待地要求进据谅山、保胜等地，炮击驻守观音桥的中国军队，挑起"观音桥事件"。

1884年，法国远东舰队主力突袭泊于马尾港内的福建海军。福建海军仓促应战，在半个多小时的战斗中，被击沉军舰9艘、其他船只13艘，阵亡770人。福建海军马江惨败，朝野震惊。清政府被迫于8月26日正式对法宣战。10月初，法国远东舰队主力扑向台湾北部的基隆、沪尾。法军占领基隆，但进犯沪尾的法军受挫，战事呈胶着状态。法舰侵入镇海海面，浙江提督欧阳利见督率守军利用预设海防工事顽强抗击，取得镇海之战的胜利。

越南北圻战场方面，滇军和黑旗军于临洮附近大败法军，西线局势渐有起色。与此同时，东线清军在帮办广西关外军务老将冯子材的正确指挥下，依托镇南关附近有利地形和野战防御工事，取得震惊中外的镇南关大捷，扭转了战局。之后，东线清军乘胜克复谅山，并向南挺进，前锋进逼郎甲、船头一带。

中法战争中，法军总兵力最多时约 2 万余人，武器装备先进，舰船方面居明显优势。清军参战兵力则达十余万人，但主要以陆军为主，武器简陋，冷兵器仍占相当比重。中国军队取得了数次作战的胜利，特别是镇南关大捷，沉重打击了法国侵略者的嚣张气焰，法国茹费理内阁被迫于 1885 年 3 月 31 日辞职。然而，清政府未能充分利用当时的有利条件发展大好形势，反而采纳李鸿章等人“乘胜即收”的主张，于 4 月 4 日与法国签订《停战协定》，随即强令前敌将领限期停战撤兵。1885 年 6 月 9 日，李鸿章与法国公使巴德诺于天津签订屈辱的《中法新约》，中法战争中国不败而败。

四、中日甲午战争

日本蓄谋吞并朝鲜、西侵中国由来已久。早在 1868 年明治天皇登基伊始，日本便极力鼓吹军国主义，实行对外扩张的基本国策，并将侵略的矛头首先指向中国。明治政府抓紧改革军制，推行近代军事教育和训练，积极扩军备战。到甲午战争爆发前，日本陆军建成 6 个野战师和 1 个近卫师，现役兵力 12.3 万人；日本海军拥有军舰 32 艘、鱼雷艇 24 艘，排水量共达 6.2 万余吨。日军还派遣大批特务，到中国和朝鲜搜集军事情报，绘制详细的军用地图。

清政府对日本的侵略野心有所察觉。北洋大臣李鸿章曾指出，日本将为“中土之患”。1874 年日本侵犯我国台湾事件发生后，尤其是中法战争后，清政府加强海防建设，以京师门户北洋为设防重点，主要防御对象为日本。1888 年，北洋海军正式编练成军，有舰艇 25 艘，官兵 4000 人。到甲午战争前，北洋舰队的大沽、威海卫和旅顺三大基地建成。然而，清朝政治腐败，军事变革基本停留在改良武器装备的低级阶段，陆军、海军总兵力虽多达 80 余万人，但体制不顺，编制落后，管理混乱，训练废弛，战斗力低下。

1894 年春，朝鲜爆发东学党农民起义，朝鲜国王请求清政府派兵帮助镇压。清军首批部队抵朝。日本以清军入朝为借口，大批调遣日军赴朝，迅速抢占从仁川至汉城一带各战略要地，设立战时大本营。东学党起义军和朝鲜官军达成协定，起义暂时平息。清政府建议中日两国军队同时撤离朝鲜。日本却强逼朝鲜政府废除《中朝通商条约》，成立傀儡政府，驱逐清军出境，中日战争一触即发。

日本联合舰队发动丰岛海战，在丰岛附近海域对中国运兵船及护航舰发动突然袭击。日本陆军向由牙山移驻成欢的清军叶志超部发动进攻，清军败退平壤。1894 年 8 月 1 日，清政府被迫对日宣战。同一天，明治天皇也发布宣战诏书。中日甲午战争爆发。

日本战时大本营在挑起这场战争之前，制定了海陆军统筹兼顾的作战方针。其战略目标是在中国直隶平原与清军进行主力决战，打败清军，压迫清政府屈服。认为能否达此目标，关键在于海军作战之胜负。为此，日本提出了两栖作战计划：首先派陆军一部进入朝鲜，以牵制清军；日本海军则寻机与中国海军主力决战，迅速夺取黄海制海权。而后作战则视海军胜败情况而定。如日本海军取胜，掌握了黄海制海权，陆军便由渤海湾登陆，实施直隶平原决战；如海上决战胜负未分，则日本以舰队控制朝鲜海峡，协助陆军主力占领整个朝鲜；如日本舰队决战失败，制海权归于中国，则日本以陆军主力实行本土防御，海军守卫本土沿海。

清军方面，战前没有明确的战略方针和作战计划。由于统治集团主战、主和意见分歧，相互掣肘，事先既未组成专门的作战指挥机构，又无统筹全局的战略指导，只寄希望于俄、英等国的调停，继而清政府在海陆战端已启的情况下仓促宣战，并命令北洋大臣李鸿章严饬出军。清军迅速进剿，沿江、沿海遇有倭人轮船驶入各海口者，即行迎头痛击，悉数歼除。实际上是实行海守陆攻的作战方针。据此，清廷决定增调陆军赴朝，先在平壤集中，然后南下驱逐在朝日军；以海军各舰队分守各自防区海口，北洋舰队集结于黄海北部，扼守渤海海峡，确保京畿门户安全，并策应在朝清军。

第一阶段，清军陆军自平壤败退鸭绿江，日本海军夺得黄海制海权。9月初，日军第五师和第三师一部由汉城等地出发，分四路向平壤推进，对平壤清军取包围之势。提督叶志超奉命总领平壤各部清军，因其战守无策，导致各部心志不齐。日军分三路总攻平壤，清军统帅叶志超驻守平壤，不做战争准备，意想弃城逃跑。总兵左宝贵坚决抵抗，亲自登上北城玄武门城头，指挥清军抗击日军进攻。他还派亲兵监视叶志超，防止他逃跑。在激烈的战斗里，左宝贵指挥清军杀伤许多敌人，炮手阵亡，他亲自放炮轰击敌人，身上多处受伤，还裹伤迎敌，最后中炮英勇牺牲。叶志超贪生怕死，弃城而逃，退至鸭绿江以北中国境内。9月17日，北洋舰队在完成护航任务后正准备由大东沟口外返航，与日联合舰队遭遇，随即爆发了著名的黄海海战。在激烈的战斗中，广大官兵奋不顾身，英勇对敌。海军提督丁汝昌受伤，由管带刘步蟾代替督战。刘步蟾指挥定远舰猛冲，击毁一只敌舰，又击中日本海军军令部长坐的军舰，迫使它狼狈逃出战场。管带邓世昌率领的致远号军舰勇往直前，多次中弹，船身严重倾斜，弹药也将用尽。在这危急时刻，邓世昌说：‘吉野’是日军先锋舰，如果撞沉它，可以打击敌军的士气。他果断下令，开足马力，向敌舰冲击。不幸被鱼雷击中，邓世昌和全舰250多人壮烈牺牲。战斗历时5个多小时，北洋舰队沉毁5舰，伤4舰；日本联合舰队伤5舰。

第二阶段，日军突破清军鸭绿江防线，并在花园口登陆。驻守鸭绿江北岸的清军共82营，约3万人，四川提督宋庆为诸军统领，防线分中、东、西三段，以九连城一带为主防御阵地，兵力成一线部署，各部之间缺乏协同、纵深，内又无强大预备队。日军第一集团军首先于九连城上游的安平河口突破成功，继而于虎山附近的鸭绿江上搭浮桥抢渡并攻占虎山。其他各部清军闻虎山失陷，不战而逃。26 日，日军未遇抵抗即占领九连城和安东。清军鸭绿江防线崩溃。

在日军第一集团军进攻鸭绿江清军防线的同一天，日军开始在旅顺后路的花园口登陆。日军的登陆活动历时十余天，清军竟坐视不管。11 月 6 日，日军攻占金州，7 日又分三路向大连湾进攻，发现清军早已溃散，轻而易举夺得大连湾。17 日，日军开始向旅顺口进逼。驻守旅顺口地区的 7 名清军统领互不统属，约一万三千名官兵军心涣散。18 日，日军前锋进犯土城子，只有总兵徐邦道指挥拱卫军奋勇抗击。22 日，日军攻陷旅顺口，并血洗全城。

在战争的第二阶段，清军节节败退，不可收拾。清廷内部的主和主张渐占上风。旅顺口失陷后，日本海军在渤海湾获得了重要的前方基地。从此，渤海湾门户洞开，北洋舰队深藏于威海卫港内，战局更加急转直下。

第三阶段，清军在山东半岛和辽东半岛两个战场全面溃败。日军攻占旅顺后，鉴于渤海湾冬季封冻，登陆困难，日军大本营决定暂时搁置直隶平原决战方案，代之以进攻威海卫，消灭北洋舰队，为日后直隶平原登陆决战提供安全保障。为此，以陆军第二集团军为基础组建“山东作战军”。另外，陆军第一集团军在辽东半岛战场进行佯攻，继续吸引清军主力。

清廷对日军主攻方向再次判断失误，以为日军第一、第二集团军将合力攻取奉天，以主力打通锦州走廊，进逼山海关，然后与从渤海湾登陆之部队会攻北京。因此，清军以重兵驻守奉天、辽阳及天津至山海关一线，关内外总兵力达 10 万以上，而山东半岛仅部署官兵 3 万余人，其中驻守荣成仅 1400 余人。至于北洋舰队，则根据李鸿章“水陆相依”的防御方针，龟缩于威海卫港内。1895 年 1 月 20 日，日军在荣成龙须岛登陆，占荣成；2 月 1 日，占领威海卫城。此后，日军水陆配合，攻击刘公岛和港内北洋舰队。北洋舰队提督丁汝昌等先后自杀殉国。17 日，威海卫海军基地陷落，北洋舰队覆灭。日军占领辽东半岛后，清廷便开始通过外交途径向日本请和。威海卫失陷后，清廷求和之心更切，遂派李鸿章为全权大臣，赴日议和。4 月 17 日，《中日马关条约》签订，甲午战争结束。

甲午战争对远东战略格局产生了深刻的影响。日本既割占台湾及其所有附属岛屿和彭湖列岛，又获 2.3 亿两白银的战争赔款，其资本主义经济以此为契机更加迅速地发展起来，并进一步扩军备战，开始成为远东的主要战争策源地。日本的崛起又改变了远东地区英、俄对立和争霸的原有格局。列强在远东的角逐日趋激烈，预示着一个更加动荡不安时代的到来。

甲午战争的失败，使中国半殖民地化速度进一步加快，民族危机日益深重，同时也促使中华民族日益觉醒，资产阶级维新运动和义和团反帝爱国运动迅速高涨。

五、八国联军侵华战争

义和团原称义和拳，是长期活动于山东、直隶等地的民间秘密组织。甲午战争后，德国占领胶州湾，强划山东全省为其势力范围，外国教会亦在山东扩展势力，纵容、包庇不法“教民”，遇有民教涉讼事件，他们往往出面干预，胁迫地方官袒教抑民，作出不公正的判决。群众对教会积恨成仇，各地反教斗争接踵而起。义和团遂成为反对外国侵略势力的重要组织形式。

义和团的主要参加者是处于社会底层的劳苦大众，贫困和愚昧使他们的反抗斗争只能沿袭过去农民起义的形式，利用秘密结社的办法，采取设立神坛的方式发展组织，操练拳术，吸引群众。各坛口往往各自进行分散的斗争，但当需要联合行动时，即使数百里外也派人接应。义和团散发各种传单、揭帖，以朴素的语言和歌谣形式，进行驱逐侵略者、保卫国家的宣传。

从义和团运动兴起时起，清政府在对待义和团问题上，一直存在着主“剿”和主抚两种不同意见。主“剿”派认为，义和团源自白莲教，必须严加取缔，坚决镇压，以防止事态扩大。主抚派认为，对义和团采取高压政策很可能给清朝统治带来严重危险，主张实行招抚，加以操纵利用。两派意见交互影响，清政府举棋不定，对义和团的镇压忽松忽紧。

1900 年 1 月 11 日，袁世凯就任山东巡抚，清政府发布一道谕旨，命令各省督抚严饬地方官，在办理教案时必须实行区别对待的政策，“只问其为匪与否，肇衅与否，不论其会不会、教不教”。这表明清政府采纳了主抚派的意见。各国驻北京公使对这道谕旨反映强烈，断定清政府有意纵容义和团。法、美、德、英等国公使会商后，于 1 月底发出照会，要求清政府全面镇压义和团。3 月上旬，他们又胁迫总理各国事务衙门，如果中国不接受要求，各国公使将报请本国政府派军舰来华，实行武装干涉。于是清政府又颁布谕旨，命令直隶、山东督抚出告示严禁义和团。

清政府对待义和团的态度反反复复，也同当时国内局势有关。戊戌政变后，慈禧太后再次垂帘听政，幽禁光绪帝，主持、拥护变法的官员或死或逃或被革职监禁，统治力量因分裂而更加虚弱。当义和团开展反侵略斗争时，中国正面临被瓜分的严重危机，因此清政府对镇压义和团不能不有所顾忌。清政府利用义和团，还同统治集团内部权力斗争和废立皇帝问题有关。端王载漪、军机大臣刚毅等顽固派力图废黜光绪帝，拥立载漪之子即位，以巩固权位，但没有得到外国公使的支持。载漪等人计划受挫，蓄意进行报复。他们看到义和团反帝斗争的巨大声势，又相信义和团的法术，幻想利用群众斗争来实现夺取皇位的目的。

清政府在“剿”与抚之间的徘徊，使义和团在受挫于山东后，又将反教斗争转至直隶地区。当地官员对此虽十分惊恐，却不敢贸然进行武力镇压。义和团因此迅速发展。当清政府下谕旨明令在直隶严禁义和团后，直隶总督裕禄才调淮军右翼统领梅东益所部六营及武卫前军邢长春马队两营到冀州、深州、河间等地镇压。义和团避实就虚，转向西北，势力大振。清军疲于奔命，顾此失彼。裕禄惊呼“燎原大祸，恐在目前”。义和团进驻涿州城，“城头上万头攒动，刀矛林立”，“老团、新团，时出时入，常有一万余人”，接着又破坏涿州到长辛店铁路沿线的车站、桥梁，逼近北京。义和团的空前发展，已使清政府既无决心又无可能在短期内将其镇压下去。

义和团运动是群众自发的反帝爱国运动，没有统一的组织、集中的领导和协同一致的行动，失败是必然的结果。但义和团群众从切身的感受中，认识到外国侵略者是中国人民最主要的敌人。从这一感性认识出发，他们奋不顾身，与帝国主义侵略者进行了前仆后继的英勇斗争，表现出中华民族不甘屈服的反抗精神。

清政府在义和团问题上犹豫摇摆，各国公使决定用武力胁迫清朝统治者就范，遂调集停泊在大沽军舰上的海军陆战队400余人，于5月底、6月初分两批到北京。6月10日，英国海军司令西摩统率英、俄、日、法、德、美、意、奥八国侵略军两千余人，从天津直趋北京，形势愈发紧张。义和团声势浩大，反抗斗争得到北京广大居民的同情和支持，部分北京驻军也倾向义和团，加之“扶清灭洋”的口号，更使清政府感到义和团无意与它为难，大可利用，而西摩联军气势汹汹、来意不明，总理衙门大臣许景澄等奉命到使馆交涉，被要求其中途折回，遭到坚决拒绝，更增加了清政府的疑惧。清政府派军机大臣刚毅等分批前往涿州观察义和团后，6月13日清政府终于承认义和团为合法团体，准许他们进入北京内城。义和团运动的大爆发，特别是义和团进入北京和清政府对外宣战，促使人民群众反帝斗争很快席卷全国。

1900年8月4日，各国联军约两万人，从天津出发进攻北京。义和团和清军在北仓阻击联军，打死打伤俄、日、英侵略军一千多人。由于清军临战溃散，北仓、杨村、通州相继失陷。14日，北京失陷。慈禧太后带领光绪皇帝和亲信王公大臣于次日清晨仓皇出逃。慈禧在流亡途中，颁布“剿匪”谕旨，通令各路官兵“剿办”义和团，要做到赶尽杀绝。联军占领北京后，大肆烧杀抢掠。北京的图书文物、国宝奇珍，遭到侵略军的洗劫。除侵略军官兵外，传教士、外交官和侨民亦有参与掠劫者。北京许多房屋成了瓦砾堆，被杀者的尸体到处可见。八国联军将北京全城分为几个占领区，实行军事统治，镇压居民反抗。英、德、法军等继续派出部队，四处攻城略地。9月间，俄军占领北塘、唐山、秦皇岛等地，控制北京、天津到山海关的铁路。德国元帅瓦德西率领两万德军到中国并任联军统帅，10月中，派出德、英、法、意军队从北京、天津两路进攻保定。瓦德西共组织了46起“讨伐队”，四处侵扰，西从娘子关、紫荆关，西北到张家口，南到直鲁边境，所到之处烧杀掠劫，无恶不作。

1900年9月7日，清政府被迫同英、法、德、俄、美、日、意、奥及荷、比、西等 11 国在北京签订了丧权辱国的《辛丑条约》。《辛丑条约》的主要内容：中国向各国赔偿白银总计 4.5 亿两，分 39 年还清，本息合计 9.8 亿两；拆毁北京至大沽的炮台，准许各国派兵驻守北京至山海关铁路沿线要地；划定北京东交民巷为“使馆界”，界内不许中国人居住，由各国派兵保护；惩办义和团运动中参加反帝斗争的官吏，永远禁止中国人民成立反帝性质的组织，对反帝运动镇压不力的官吏，“即行革职，永不续用”；总理衙门改为外务部，位居六部之首。《辛丑条约》是列强强加给中国的空前严重的不平等条约。列强勒索了巨额赔款，加剧了中国的贫困和经济衰败；外国军队长期驻扎在中国的战略要地，严重破坏了中国的主权完整和国防安全；设置特殊性质的使馆区，以武力为后盾的公使团开始凌驾于清政府之上；改变清政府外交机构的地位，更加强了列强向中国勒索、发号施令的权利；严厉“惩凶”以及为德公使建立牌坊等，极大地损害了中国人的民族自尊心和自信心；禁止中国人民的反帝斗争，企图永远奴役中国人民。《辛丑条约》的订立标志着中国半殖民地半封建社会完全形成。

六、半殖民地半封建社会的基本特点

封建时代自给自足的自然经济基础被破坏了，但是，封建剥削制度的根基——地主阶级对农民的剥削不但依旧存在，而且同买办资本和高利贷资本的剥削结合在一起，在中国的社会经济生活中占有明显的优势。民族资本主义有了某些发展，并在中国政治、文化的生活中起了颇大的作用；但是，它没有成为中国社会经济的主要形式，力量软弱，且都与外国帝国主义和国内封建主义有或多或少的联系。由于中国长期的不统一状态和地域的广大，中国的经济、政治和文化的发展表现出极端的不平衡。在帝国主义和封建主义的双重压迫下，中国的广大人民尤其是农民，日益贫困化以至大批地破产，他们过着饥寒交迫的生活。中国人民的贫困和不自由的程度，是世界少有的。

这些特点说明，近代中国的经济、政治严重地殖民地、半殖民地化。帝国主义采用一切军事的、政治的、经济的和文化的压迫手段，同中国的封建势力相勾结，残酷地统治中国。近代中国是受多个帝国主义国家支配的半殖民地，这同受某个帝国主义国家直接统治的殖民地是有区别的。帝国主义各国在侵略中国问题上的利益冲突，影响到了中国统治集团内部的统一，中国实际上长期处于军阀分裂割据的状态，造成了近代中国经济、政治和文化发展的极端不平衡。这种经济和社会发展的极端不平衡，成为近代中国国情的一个突出特点，在很大程度上阻碍了中国的发展，决定了中国革命的发展道路和方式、方法。

近代中国半殖民地半封建社会的矛盾是错综复杂的，既有内部的，又有外部的；既有对立阶级之间的，又有统治阶级内部的。帝国主义与中华民族的矛盾，封建主义与人民大众的矛盾是近代中国社会的主要矛盾。其中，帝国主义与中华民族的矛盾是各种矛盾中最主要的矛盾。帝国主义与中华民族的矛盾、封建主义与人民大众的矛盾，决定了近代中国人民始终面临着两大历史任务：一是求得民族独立和人民解放，二是实现国家的繁荣富强和人民的共同富裕。这两大历史任务的主题、内容与实现方式都不一样，不能互相替代，但又息息相关、不可分割。前一个任务为后一个任务扫清障碍，创造必要的前提；后一个任务是前一个任务的最终目的与必然要求。求得民族独立和人民解放，是要改变民族遭压迫、人民受剥削的地位和状况，是要从根本上推翻半殖民地半封建的统治秩序，主要是解决生产关系的问题；实现国家的繁荣富强和人民的共同富裕，是要改变近代中国经济、文化落后的地位和状况，是要充分发展以近代工业为主的社会生产力，主要解决生产力发展的问题，实现中国的现代化。

本章事件与人物

亚罗号事件 “亚罗号”是一艘中国船，曾为走私方便，在香港英国当局注册，但已过期。1856年10月8日，广东水师搜查停泊在黄埔的“亚罗号”走私船，拘捕了船上12名中国水手。这纯系中国内政，与英国毫不相干。但英国驻广州领事巴夏礼硬说“亚罗号”是英国船，蛮横要求送回拘捕的人，并捏造中国士兵扯下了挂在船上的英国旗，要中国向英国公开道歉。10月23日，英国军舰以此为借口，突然闯进虎门海口，进攻珠江沿岸炮台，悍然挑起侵略战争。

马神父事件 又称“西林教案”。1853年，法国天主教神父马赖非法潜入广西西林县，披着宗教外衣，进行侵略活动。马赖吸收地痞流氓入教，勾结当地官府和土豪，欺压民众，强奸妇女，无恶不作。1856年2月，新任西林知县张鸣凤根据村民控呈，调查据实后，将马赖及不法教徒共26人逮捕归案，依法判处马赖及不法教徒2人死刑，其余分别论罪处罚。1857年，法国政府遂以这个事件为借口，挑起侵华战争。

火烧圆明园 1860年8月，英法联军攻占圆明园。中国守军寡不敌众，圆明园总管大臣文丰投福海自尽。英国的全权代表詹姆士·布鲁斯以清政府曾将英国人巴夏礼等囚于圆明园为借口，将焚毁圆明园列入议和先决条件。10月18日，3500名英国侵略者冲入圆明园纵火焚烧，大火持续两天两夜，圆明园及附近的清漪园、静明园、静宜园、畅春园及海淀镇均被烧成一片废墟。安佑宫中近300名太监、宫女、工匠葬身火海。火烧圆明园，成为世界文明史上罕见的暴行。

三国干涉还辽 《马关条约》规定日本割占中国的辽东半岛。沙俄蓄谋侵占中国东北已久，对日本在朝鲜和中国的扩张耿耿于怀。中日《马关条约》签订前夕，沙皇召开御前会议商讨对策，决定联络别国共同阻止日本占据辽东半岛。俄国正式向法国、德国建议联合干涉，要求日本退出辽东半岛，如果日本不应允，即以武力相加。法国为俄国同盟伙伴，积极响应。德国在欧洲与俄有矛盾，但为把俄国视线转移到远东，使自己的势力插入中国，也表示赞同。俄、法、德三国驻日公使各遵本国政府训令，分别照会日本政府放弃占领辽东半岛。三国海军遂出没于日本海面，施加军事压力。日本政府决定采取“对俄、法、德三国虽全然让步，对中国一步不让”的方针。日本声明接受三国“劝告”，但提出中国须交“补偿金”。三国与日本商定中国补偿“赎辽”费3000万两白银；中国付清该款项之日起3个月内，日军撤出辽东半岛。三国干涉还辽充分暴露了帝国主义国家在远东地区的矛盾斗争。

日俄战争　是日本和沙皇俄国为重新瓜分中国东北和朝鲜，进而争夺亚洲及太平洋霸权而进行的一场战争。战争主要在中国东北进行，中国人民蒙受了巨大灾难，朝鲜人民也深受其害。1904年2月8日夜，日本海军联合舰队在总司令海军中将东乡平八郎率领下突然袭击泊于旅顺口外的俄国太平洋第一分舰队，揭开了日俄战争序幕。日俄战争历时19个月，日军参战总兵力约110万人，俄军参战总兵力约120万人。战争中日军伤亡、被俘约21万人，损失舰船91艘，支出军费17.2亿日元。俄军伤亡、被俘约27万人，损失舰船98艘，支出军费20亿卢布。日军在战场上虽然节节胜利，但人力、财力消耗殆尽；俄国接连失利，国内酝酿着革命危机。双方均不愿将战争继续下去。美国乘机出面调停。1905年8月，日俄在美国朴次茅斯谈判，签订《朴次茅斯和约》。战后，俄国退守中国东北北部，朝鲜和中国东北南部则成为日本的势力范围。

吴三桂（1612—1678）　江苏高邮人。明朝末期，吴三桂在宁远抵御清军入关，独守孤城，致使清军不能前进一步，为明朝东部边陲的保障。清军对吴三桂频繁劝降，信使往返不绝。吴三桂既不降清，也不毁书斩使，而是洞察时局变化。李自成占领北京，崇祯皇帝吊死煤山，在京大臣多投降起义军。吴三桂最初决定投降李自成。后吴三桂的爱妾陈圆圆在京被起义军首领刘宗敏掠去。吴闻讯后，决计降清，引清军入关。清政府封吴三桂为平西王。他率军积极配合清军，疯狂镇压农民军和南明势力。后来，他率清军攻下昆明，清政府命他在云南开藩设府。吴三桂成了割据云贵的土皇帝。康熙掌权，决定撤除三藩（云南平西王吴三桂、广东平南王尚可喜、福建靖南王耿精忠）。吴在得知撤藩的信息后，杀死朝廷委派的巡抚，联合平南、靖南二藩发动叛乱。后因战事不利，忧惧交加，病死。

清太祖　即努尔哈赤（1559—1626），1583年以十三副父祖遗甲起兵，历时30多年，统一女真各部。1616年在赫图阿拉建元称汗，国号大金，史称后金。1618年，以“七大恨”祭天，誓师征明。与明将袁崇焕在宁远交战，受重伤，死后葬于盛京（今沈阳）城东福陵。

清太宗　即皇太极（1592—1643），1626年继承后金汗位，统一东北，屡挫大明官兵。1636年4月改称帝号，建立大清帝国，将族名改称“满洲”。死后葬于盛京（今沈阳）城北昭陵。

清世祖 即福临（1638—1661），六岁承袭帝位，年号顺治，由叔父郑亲王济尔哈朗和睿亲王多尔衮辅政。1650 年多尔衮死，福临亲政。整顿吏治，注重农业生产，提倡节约，减免苛捐杂税，广开言路，网罗人才，取得一定成就。死后，葬入清东陵之孝陵内。

清圣祖 即玄烨（1654—1722），八岁即位，年号康熙，由索尼、苏克萨哈、遏必隆、鳌拜四大臣共辅政。1667 年亲政。停圈地，准壮丁“出旗为民”，奖励垦荒，蠲钱免粮。平定吴三桂、尚之信、耿精忠“三藩之乱”，派兵入台湾，平定准噶尔部噶尔丹叛乱。两次发起雅克萨反击战，沉重打击沙俄侵略势力，签订《尼布楚条约》，划定中俄东段边界。死后，葬于清东陵之景陵。

清世宗 即胤禛（1678—1636），年号雍正，在西南少数民族地区采取“改土归流”等措施，平定了青海和硕特部贵族的叛乱，反击了准噶尔部贵族的骚扰，与沙俄订立了《中俄布连斯奇界约》《中俄恰克图界约》，划定了中俄中段边界。大兴文字狱，严厉镇压知识分子中有反清思想的人士，竭力强化君主专制。有步骤地进行了多项重大改革，励精图治，取得了比较辉煌的业绩。

清高宗 即弘历（1711—1799），年号乾隆，在康熙、雍正两朝的基础上，奋发有为，勤于政事，把“康乾盛世”推向了顶峰。乾隆在位 60 年后，主动让位给儿子颙琰，自称太上皇，但仍主持朝政，是历代封建帝王中执政时间最长的一位，也是岁数最大的一位，卒年八十九岁。葬入清东陵的裕陵。

清仁宗 即颙琰（1760—1820），年号嘉庆，亲政后采取的一系列政策、措施，对于改变乾隆后期的种种弊政起了一定的作用，但未能从根本上扭转清代中衰之势。对西方殖民主义者的侵略有一定的认识。但对于一个日趋衰弱的封建的古老国家来说，不可能真正有效地对付外来侵略者，此后只能沿着衰败的道路下滑。

清宣宗 即旻宁（1782—1850），年号道光，才智平庸，徒以俭德著称。道光继位时，处于历史转折的关键时期，守其常而不知其变。想严厉禁烟，也曾下决心抗击侵略者，但不知英国来自何方，不知殖民主义为何物。签订了近代史上第一个不平等条约——中英《南京条约》。

清文宗 即奕詝（1831—1861），年号咸丰，继位时内忧外患，战乱频繁，病逝于承德避暑山庄的行殿寝宫内，葬入清东陵之定陵。

清穆宗 即载淳（1856—1875），六岁继位，年号同治。1861 年，慈禧太后发动辛酉政变，实行垂帘听政。同治亲政两年，终年 19 岁。

清德宗 即载湉（1871—1908），年号光绪，19 岁亲政。积极支持维新变法，遭到以慈禧为主的清室贵族的阻挠，戊戌变法失败。死后葬于河北易县崇陵。

溥仪（1906—1967） 年号宣统，清末代皇帝。1908 年登位，1912 年 2 月退位。1924 年废除皇帝称号，出宫。1934 年在侵华日军策划下当上“满洲帝国皇帝”。1959 年被特赦，1964 年任全国政协委员、文史研究馆馆员。著有《我的前半生》。

慈禧太后（1836—1908）　叶赫那拉氏。1851 年以秀女被选入宫，号懿贵人。1854 年进封懿嫔。1856 年生子载淳，次年进位为懿贵妃。1861 年与恭亲王奕䜣发动政变，将八名“赞襄政务王大臣”分别处死或革职，实行垂帘听政，实际控制了国家大权。1874 年立宗室载湉继承皇位，年号光绪。1898 年 9 月发动政变，扼杀新政，囚禁光绪帝于瀛台，开始复出训政。1900 年八国联军入侵北京，挟光绪出逃西安，批准《议和大纲》，并颁布了“量中华之物力，结与国之欢心”的无耻政策，签订了丧权辱国的《辛丑条约》。

林则徐（1785—1850）　福建侯官（今福建福州）人，早年熟读儒家经典，曾考取秀才、举人、进士。曾为浙江盐运使，在浙江、江苏两地处理积案，救济灾民，赢得“林青天”的美誉。1837 年升为湖广总督，参加了关于禁烟的争论，发表言论支持严禁鸦片，并在湖北大力禁绝鸦片。1838 年 12 月被委任钦差大臣，奉旨赴广东禁烟。1839 年 6 月主持虎门销烟。鸦片战争中被贬，发配新疆伊犁。后曾任陕甘总督、云贵总督，处理云南汉回矛盾。1850 年 11 月任钦差大臣赴广西镇压天地会起义，在赴任途中病死。著有《四洲志》等。

第二章　对国家出路的早期探索

第一节　太平天国农民运动

一、太平天国的建立

1843年洪秀全从梁发编的《劝世良言》中吸取某些基督教义，自行施洗，在广东花县创立拜上帝教。洪秀全借用基督教的某些教义和戒条，加上了中国传统宗教和民间信仰的某些仪式、传说，创立了一种新宗教——拜上帝会。他的同学冯云山和族弟洪仁玕加入了拜上帝教。1844年，洪秀全和冯云山到广西，深入贫苦群众中传教。不久，洪秀全回到花县。冯云山发展两千多人参加了拜上帝教。杨秀清、肖朝贵、韦昌辉、石达开等先后参加了拜上帝教，成为领导骨干。

1851年1月11日是洪秀全的37岁生日。拜上帝会众万人在广西桂平县金田村“恭祝万寿”，聚众起义。洪秀全称天王。9月太平军攻占广西永安州。封杨秀清为东王，冯云山为南王，韦昌辉为北王，石达开为翼王，规定“各王俱受东王节制”。南王冯云山制定了太平天国初期的官制、礼制和军制，又创造了一套独特历法，在太平天国内部使用，并且实行公有财产制。永安封王建制是太平天国发展过程中迈出的非常重要的一步，初步确立了太平天国的政治、军事和人事制度。1852年太平军一路攻克桂林、全州、长沙、武汉。3月19日攻占南京，改名“天京”并定为都城，建立与清政府统治对峙的农民政权。

太平天国定都天京后，于1853年颁布《天朝田亩制度》。它是太平天国的基本纲领，其基本内容是关于土地改革制度，同时提及中央及地方政制，还涉及经济制度。《天朝田亩制度》将土地按亩产高低分为九等，按人口平均分配。凡16岁以上的男女，每人分一份土地，16岁以下减半。根据“凡天下田，天下人同耕”和“无处不均匀”的原则，不论男女，按人口平均分配土地。根据“天下人人不受私，物物归上主”的原则，规定每户留足口粮，其余归圣库的产品分配原则，目的就是要建立一个“有田同耕，有饭同食，有衣同穿，有钱同使，无处不均匀，无人不饱暖”的理想社会。此外，《天朝田亩制度》还规定了军政合一、军民合一的制度，选官制度以及宗教教育制度等。

《天朝田亩制度》把农民千百年来渴望土地的要求和建立理想社会的愿望系统化，纲领化，是太平天国在政治、经济、文化等方面的建国制度和政策，也是以解决土地问题为中心的中国近代史上第一个农民革命纲领。但是这个制度所制定的平分土地的办法，并不切合实际，要在小生产的基础上废除封建土地所有制和平均一切社会财富，以求人人平等，是农民平均主义的空想。

1859 年 4 月，洪仁玕从香港来到天京。不久，洪秀全封他为干王，总理全国政事。为了仿效西方资本主义国家，洪仁玕写了《资政新篇》一书，提出改革内政和建设国家的主张。主要有：兴办近代工矿交通企业，制造火车、轮船，鼓励民间开发矿产；开办银行，设立邮局、报馆，奖励私人发明等。《资政新篇》反映鸦片战争以后一部分先进的中国人发展资本主义的愿望。

二、太平天国运动的失败

太平天国定都天京后，太平天国农民领袖身上固有的农民小生产者的阶级局限性日益暴露出来，农民政权所具有的浓厚封建性也日趋严重。在政治上，实行封建等级制和世袭制，追求特权和树立个人权威。在组织上，结成宗派集团，争权夺利。在生活上，贪图安逸，奢侈腐化。天京事变是太平天国由盛至衰的转折点，集中地体现了农民阶级的局限性。

东王杨秀清自恃功高，另有图谋，假“天父下凡”迫洪秀全封自己为“万岁”。洪秀全被迫应允，却付密诏给北王韦昌辉。韦昌辉秘密由前线返回天京突袭东王府，杨秀清及其家人被杀，东王部属共 2 万多人亦被杀。翼王石达开抵达天京后，责备韦昌辉滥杀，两人不欢而散。当晚韦昌辉率部包围石达开住所，石达开逃出城外，韦昌辉尽杀翼王府中家属。石达开从安庆起兵，声讨韦昌辉，此时在天京以外的太平军大多支持石达开。洪秀全为平众怒，11 月 2 日将韦昌辉处死。天京变乱使太平天国损失很多优秀的军事将领和士兵，对后来太平天国的政治和军事产生了很恶劣的影响。

天京事变后，石达开奉诏回京，被军民尊为“义王”，合朝同举“提理政务”。在石达开的部署下，太平军稳守要隘，伺机反攻，陈玉成、李秀成等后起之秀开始走上一线，独当一面，内讧造成的被动局面逐渐得到扭转。但洪秀全见石达开深得人心，心生疑忌，对石达开百般牵制，甚至意图加害。石达开“负气出走”，离开太平天国根据地，流动作战。1963 年 5 月，石达开和他的军队在四川大渡河边陷入清军的包围。石达开被俘，死在敌人的屠刀之下。他率领的军队全部覆没。1864 年 6 月 1 日，洪秀全病逝，幼天王洪天贵福继位。7 月 19 日，天京陷落。至此，太平天国运动彻底失败。

气势磅礴的太平天国运动坚持 14 年，势力发展到 18 个省，先后攻占 600 多座城市，其光芒不会泯灭。太平天国革命达到了中国旧式农民战争的最高峰，沉重打击了清王朝的反动统治，加速了清朝统治的衰落和崩溃。打击了外国侵略者，阻滞了中国半殖民地化的进程。太平天国的反抗精神鼓舞了中国人民的革命热情。太平天国革命也是当时世界人民革命斗争的一部分，推动了亚洲民族解放运动。

第二节　洋务运动

一、洋务运动的开展

19世纪中叶，由于太平天国、捻军起义和鸦片战争的打击，清政府第一次感到了生存危机。面对这种局面，总理衙门大臣奕䜣、两江总督曾国藩、闽浙总督左宗棠、直隶总督李鸿章等地方实力派，提出为抵御外侮维护清廷的统治地位，应当抛弃陈腐的“祖宗之法”，引进西洋先进技术，以“中学为体，西学为用”倡导洋务。由于这批洋务派的代表人物都是握有大权的军政重臣，且以慈禧太后为首的顽固派也已看到了要维护自身统治不得不借助西方国家的火枪大炮，因而默许了洋务派的提议，于是洋务运动在举国上下“办洋务”的热潮中开始了，史称“同光新政”。

洋务运动的开展主要集中在以下几个方面。

第一，创办近代军事工业。19世纪六七十年代洋务运动前期，洋务派以自强为旗号，采用西方先进技术，创办近代军事工业，先后创办了安庆军械所、江南制造总局和福州船政局等。近代军事工业的产生，不但搬来了西方的枪炮、轮船、弹丸，而且外国机器也由此运入中国，中国社会因之出现了若干大规模机器生产的场所。

第二，创办民用工业。19世纪70年代至90年代为洋务运动后期，洋务派打出求富旗号，兴办民用工业。这些企业的建立，一方面是为了适应各军工企业对燃料、材料的需要，另一方面是获取利润的需要。洋务派举办军用工业以来，屡患经费不足，连年内外战争，又闹得民穷财尽。他们也意识到“求强”没有经济实力是不行的。当时外商在华企业的高额利润和买办的暴富，又给他们以很大刺激，“分洋商之利”也是举办民用企业的动机。因此，他们在求强的同时着手兴办以求富为目的的民用工业，这些企业涉及采矿、冶炼、纺织等工矿业和航运等交通运输业。其中，李鸿章在上海开办的轮船招商局是中国第一家轮船公司，是洋务派兴办的第一个民用工业。

第三，筹划海防。19世纪70年代中期起，中国正式开始筹建海军。到19世纪80年代中期，近代海军初步建成，包括北洋、南洋和福建三支海军，其中规模最大的是北洋海军。洋务派筹建海军的目的和作用与他们创办军事工业一样具有两重性，一方面担负着维护清王朝封建统治秩序，镇压国内一切反抗势力的使命，另一方面又负有抵抗外侮的责任。

第四，创办新式学堂。直到洋务运动兴起以前，中国还没有近代新式学校。第二次鸦片战争以后，洋务派为适应中外交涉和开展洋务运动的需要，开始创办新式学堂。1862年成立的京师同文馆是洋务派创办的第一所新式学堂，以培养外语翻译和外交人才为目的。此后，洋务派在各地相继开办了一些科技学堂和军事学堂。这些近代学堂是文化教育领域中前所未有的事物，其培养了一批翻译、军事和科技人才，为近代中西文化交流和学习西方近代科技打开了一扇窗口。

为了培养人才，洋务派还有计划地向西方国家派遣留学生。这些留学生不但学到了外国语言文字和近代自然科学、军事技术以及某些社会科学知识，而且得以了解西方资本主义国家的社会情况。他们中的不少人，在以后的政治、军事、外交和经济文化活动中发挥了积极作用，如严复、詹天佑等。

二、洋务运动的失败

洋务运动开始的时期正是日本发生巨变的明治维新时代。这就是说，中国近代工业的起步并不比日本晚。但为什么洋务运动与明治维新的结果却完全不同呢？到20世纪初期，日本这个“蕞尔小国”已成为一个工业和军事强国，而号称地大物博的中国仍然积贫积弱。明治维新是一场和平式的资产阶级革命，君主立宪的本质是资产阶级民主制，而洋务运动只是封建制度下的“经济振兴”。洋务派提倡“中学为体，西学为用”，希望利用西方先进的技术维护封建统治。洋务运动不触动封建制度，只吸收西方先进技术，其失败命运是不可避免的。

第一，洋务运动的封建性。所有现代化发展成功的国家，必须有一个能够主导现代化发展的中央政府，以及与此相适应的政治结构。因为洋务运动由清王朝统治集团中的洋务派主持，其根本目的在于维护封建专制统治，所以，他们大规模引进的只是西方的物质文明与科学技术，对西方的社会经济制度却讳莫如深，对西方资本主义的政治制度则坚决抵制和反对。洋务运动封建性的非常重要的表现，是洋务派不敢也不愿对清王朝的政治制度作任何真正的改革。在不触动腐朽的封建制度的前提下，洋务派试图利用西方资本主义的某些长处来维护封建专制统治。这种变革手段与社会基础之间的矛盾，使洋务运动不可能从根本上改变中国近代社会历史的发展方向，变革注定是不可能成功的。同时，洋务运动处处受到顽固派的阻挠和破坏，从而加大了洋务运动的阻力。这就注定了这场地主阶级自救运动的悲剧。

第二，洋务运动的依赖性。洋务运动的目的之一是抵御外侮，但洋务派在主持外交活动中，坚持“外须和戎”，对外妥协投降，他们所创办的近代企业有抵御外侮和“稍分洋人之利”的作用，但却不能改变中国半殖民地半封建社会地位。洋务运动所办的企业、学堂、海陆军，在设备、装备、技术、管理、训练等方面都要依靠外国人。因此，它不敢，也不能坚决维护国家主权或坚决抵抗外国侵略，一味迷信所谓“国际公法”，希望用妥协换取清朝统治的苟安。甲午战争的失败，洋务派标榜的“自强”“求富”目标未能实现，洋务运动基本失败。

第三，洋务运动的腐朽性。从根本上说，洋务运动的腐朽性是由其封建性决定的。洋务派所兴办的企业均由洋务官僚操纵，经营管理大权都被其委派的总办、会办、帮办或提调等把持，他们经营不善，管理腐败，不可避免地使企业内部充满了封建性。这些企业在封建性的严重束缚下，或瘫痪停办，或被帝国主义侵吞，或转让私人经营。在落后和腐朽的政治、经济制度未改变的前提下，腐朽性是必然的产物。由于洋务派本身的阶级局限性，决定了他们既是近代工业的创办者和经营者，也是其摧残者和破坏者，其封建衙门和官僚式的体制，必定导致洋务企业的失败。洋务企业除少数采取官办或官商合办方式外，多数采取官督商办的方式。洋务企业充斥着任人唯亲、营私舞弊、贪污受贿、挥霍浪费等官场恶习，使企业无法维持。朝廷、地方官府、官员个人都要谋取利益，越来越多的官员把创办或经营企业视为牟利的新手段。

第四，洋务运动的阶级局限性。洋务运动的指导思想是“中体西用”，企图在不改变中国固有的制度和道德的前提下，以吸取西方近代生产技术为手段，来达到维护和巩固中国封建统治的目的，这就严重限制了洋务运动的发展。洋务运动的变革措施与中国传统的义利观和本末观发生了冲突，受到传统心理定势的束缚和阻碍。中国是农业大国，重农抑商是历代统治者沿袭的基本国策，重义轻利是历代统治者提倡的修身准则，这些深深植根于传统文化之中。僵化少变的生活方式，使人们习惯于安定平静的生活，具有较强的心理惰性，面对社会变革，求稳怕乱，抗拒抵制。尽管西学的输入打乱了中华民族独立发展的轨迹，但长期以来形成的民族发展的惯性，使很多中国人仍然按照本民族特有的观念去看待世界和社会，这就妨碍了他们去接受新的事物，同时也妨碍了民族资本主义在中国的发展。

第三节　戊戌变法

一、维新变法运动的开展

民族资产阶级产生于19世纪70年代，在甲午战争前发展很缓慢。据统计，在甲午战争前20多年间，商办的近代工厂企业共53家，资本总额约为470万元。民族资产阶级在半殖民地半封建社会的生存环境异常艰难。华商办一企业，“或督抚留难，或州县留难，或某局某委员留难。有衙门需索，有局员需索，更有幕府需索，官亲需索。不遂其欲，则加以谰言，或谓其资本不足，或谓其人品不正，或谓其章程不妥，或谓其与地方情形不合，甚或谓夺小民之利，夺官家之利。路矿则谓碍风水，碍坟墓，又添出绅士之需索矣。内河行轮，则谓碍民船，碍厘金，又添出厘员之需索矣。种种留难，凡待华人莫不如是”。如此繁多的留难和勒索，令民族资本裹足不前。

在1895—1898年的甲午战争期间，民族资本发展迅速。新增加的商办企业，其资本在万元以上的约有62家，资本总额约为1247万元。民族资产阶级作为一股社会政治力量开始走上政治舞台，它不满意帝国主义和封建势力的压迫，要求参与政权以保护自己的利益，并渴望通过独立发展资本主义以解救严重的民族危机。主要由官僚、地主、商人、买办转化来的民族资产阶级，同帝国主义和封建势力又保持着各种联系，因此它便选择了改良主义这一温和的政治变革方式。早期维新派的代表人物有王韬、郑观应、马建忠、薛福成等。

维新派的变法活动，引起顽固派和洋务派的恐慌和憎恨，他们竭力攻击维新派的变法主张。张之洞还专门写了一本小册子《劝学篇》，企图把变法运动纳入到洋务派的轨道上来。于是双方展开激烈论战，论战主要围绕着要不要变法、要不要兴民权、要不要兴新学三个问题展开，核心是要不要兴民权。

顽固派根据“天不变，道亦不变”的古老信条，坚持“祖宗之法不可变”，声称“宁可亡国，不可变法”。在他们看来，中国之所以贫弱，不是因为制度不好，而是因为“人心不古”。洋务派主张变法，但他们的变法只在一些枝节方面，而不在根本方面。洋务派认为，一些具体的制度是可以因时变通的，但是由三纲五常所维系的封建伦理和政治制度是不可改变的。维新派主张进行根本性变革。他们根据进化论和中国古代的变易思想，指出“变者天下之公理”，而且认为这种变化不是一个循环往复的过程，而是一个不断更新的过程，进化是自然界和人类社会的普遍规律。维新派批判洋务派的枝节变法，指出洋务派虽搞了一些新政，但“根本未变”“未易骨髓”，主张“别立堂基，涤除旧弊”，进行全面变法。

顽固派和洋务派认为，“使民权之说一倡，愚民必喜，乱民必作，大乱四起”。洋务派坚守“中学为体，西学为用”的原则，认为中国传统文化的核心“三纲五常”是“体”，是不可动摇的，引入的西方文化只能作为传统文化的补充，而不能改变传统文化的基本价值系统。维新派指出，中国贫弱的根源就在于“君权日益尊，民权日益衰”，要改变这种状况，就必须兴民权，设议院。维新派强调学习西方的政治学说。梁启超把西学分为政学和艺学，主张学习西学应该“以政学为主义，以艺学为附庸”。严复也指出，西方国家“以自由为体，以民主为用”，至于自然科学技术“皆其形下之粗迹”，“而非命脉之所在”。

维新派同顽固派、洋务派的思想论战对于变法运动具有重要意义，推动了变法运动走向高潮。这次论战是作为新经济力量和政治力量代表的资产阶级第一次向封建思想文化提出挑战。在论战中，维新派以进化论批判“天不变，道亦不变”的形而上学思想，以民权观念批判君权至上的封建专制思想，并阐明了要救国，只有维新，要维新，只有学外国的道理。经过论战，资产阶级新思想广泛传播，形成了中国近代第一次思想解放潮流。

这次论战也暴露了维新派的一些弱点和缺点。他们所宣传的进化论是庸俗进化论，只承认事物发展的渐进过程，不承认有突变。在政治上，他们主张对旧制度进行改良，反对革命。他们所宣传的民权只是资产阶级和开明士绅的参政权，并不包括广大人民群众应享有的政治权利。他们要求实行君主立宪，但又以“民智未开”为理由，主张暂缓实行，表现出很大的妥协性。他们对封建文化进行了批判，但很不彻底，在很多方面与旧思想、旧文化划不清界限。

1895年4月康有为、梁启超在北京参加会试期间，传来日本逼迫中国签订《马关条约》的消息，群情激愤。康有为起草《万言书》，提出拒签和约、迁都抗战、变法图强三项建议，并详细论述富国、养民、教民等变法图强的具体措施。康有为、梁启超联合1300多名举人上书。历史上称这次上书为“公车上书”。公车上书是19世纪70年代出现的资产阶级维新思潮发展为政治运动的起点，是近代中国知识分子第一次作为一种社会政治力量参与其中的群众性爱国行动。虽然参加者均是举人，社会阶层狭窄，但联系广泛，对社会的震动和影响很大。

为了把维新变法推向高潮，1895年8月康有为、梁启超等人在北京创办《中外纪闻》，宣传变法，组织强学会。1896年8月《时务报》在上海创刊，成为维新派宣传变法的舆论中心。1897年冬，严复在天津主编《国闻报》，成为与《时务报》齐名的在北方宣传维新变法的重要阵地。1898年2月谭嗣同、唐才常等人在湖南成立了南学会，创办了《湘报》。在康、梁等维新志士的宣传、组织和影响下，全国议论时政的风气逐渐形成，到1898年学会、学堂和报馆达300多个。

1897年11月，德国强占胶州湾，全国人心激愤。12月，康有为第五次上书，陈述列强瓜分中国的罪行，强调形势发展到了“瓜分豆剖，渐露机芽”，“揭竿斩木，已可忧危”的地步。1898年1月29日，康有为上奏《应诏统筹全局折》，即《上清帝第六书》。在这封上书中，康有为提出了系统而具体的变法建议。大誓群臣以定国是，开制度局以定新制，另设法律局、税计局、学校局、农商局等12局以行新法，各省设民政局，实行地方自治。康有为借鉴西方政体三权分立的原则，试图将议政和行政分开。但制度局在本质上不是三权分立政体下的议政机构，其成员不是经过民选的，而是由皇帝亲自擢拔的，制度局对皇帝负责，而不对选民负责，没有议决政事的权力。1898年6月11日，光绪皇帝颁布由户部尚书、军机大臣翁同龢草拟的“明定国是”诏书，变法运动正式开始。

在经济方面，设立农工商总局，鼓励垦荒、私人办实业，奖励发明创造，成立铁路、矿务总局，鼓励商办铁路、矿业；裁撤驿站，设立邮政局；改革财政，创办国家银行，编制国家预算。在政治方面，广开言路，准许大小官员和普通民众上书言事，严禁官吏阻挠；删改则例，撤销重叠闲散机构，裁汰冗员；取消旗人寄生特权，准许他们自谋生计。在军事方面，裁减绿营，裁汰冗兵，采用新法练兵，增强海军力量。在文教方面，废除八股文，改试策论；将各省书院和过多的祠庙改为学堂，鼓励地方和私人办学堂，创设京师大学堂，各级学堂一律兼习中学和西学。允许自由创办学会、报馆。设立译书局，编译外国新书。派人出国游历、留学。

维新派这些改革，触犯了以慈禧太后为首的顽固派的利益，遭到他们极力反对。6月15日，慈禧太后强迫光绪帝下令，免去赞成变化的翁同龢的职务，任命荣禄为直隶总督，统帅北洋军队，控制北京、天津。形势越来越危急，光绪帝要康有为、谭嗣同商量对策。谭嗣同密访荣禄部下袁世凯，要他保护皇帝。袁世凯表面答应，暗中向荣禄告密。9月21日，慈禧太后和荣禄等发动政变，囚禁了光绪皇帝，发布训政诏书，再次临朝“训政”。维新变法共进行103天，史称“百日维新”。9月28日，谭嗣同、林旭、刘光弟、杨深秀、康广仁、杨锐戊戌六君子喋血北京菜市口，戊戌变法失败。

二、戊戌变法的意义及教训

戊戌变法颁布的法令虽然绝大多数都是纸上谈兵，从来没有真正实行过，但它要求的历史走向是进步的。在政治上，维新派深刻地批判了封建制度，主张设立议会，限制过重的皇权，希望通过改良的道路逐步变封建专制制度为资本主义的君主立宪制度，促进了资产阶级革命的发展。在经济上，维新派要求在中国发展资本主义，符合历史发展的趋势。

刚刚登上政治舞台的中国民族资产阶级，面对着19世纪末帝国主义掀起的瓜分狂潮，挺身而出，为救亡图存奔走呼号，呼吁“保国”，反对“瓜分”，是近代中国摸索救国救民真理的一场爱国运动。对激发人们的爱国思想和民族意识，起了重要的作用。

维新派创办了中国最早的近代报刊，把旧式书院和私塾逐渐转变为近代学校，广泛建立了政治性和学术性的社团，大力宣传西方的社会政治学说，科学知识和天赋人权、自由平等的观念，打开了知识分子的眼界，使他们重新认识世界，为后来人们接受新思想扫除了一些障碍。戊戌变法之后，人们追求的社会目标有了明显的变化，地主阶级知识分子中的优秀人才已不仅向官僚阶层聚集，也转而开始向其对立面转化。戊戌思潮过后，不仅大量的青年学生倒向革命阵营，相当数量的老一代知识分子也退出了封建官僚集团，另择他途。

戊戌变法也是一次思想启蒙运动。维新派提倡新学，批判旧学，着重宣传“兴民权”，大大地提高了全社会的民主意识和参政意识。从此，民主主义成为汹涌的社会思潮，极大地改变了中国思想文化界的面貌。中国资产阶级新文化在维新变法运动时期和稍后几年初步建立起来。资产阶级的新学术——哲学、历史学、经济学、文学理论等已经萌生，“诗界革命”“文体革命”“小说界革命”“戏剧改良”等相继而起。资产阶级的新文化，无论在内容上还是形式上，开始成为中国近代文化的主流。

本章事件与人物

北洋水师 1875年，李鸿章受命督办北洋海防事宜。1876年起，陆续派遣学生到英、法各国学习海军知识。1879年，在天津设立海军营务处，办理海军事务。1880年，在天津设立水师学堂。1881年起，先后在旅顺和威海卫修筑军港，聘请英国人、德国人担任训练海军的主要职务，建成北洋海军。北洋舰队，共有军舰25艘，官兵4000余人，全部军舰中只有铁甲舰2艘、巡洋舰7艘。中日甲午战争中，北洋海军全部覆灭。1909年，清政府成立海军事务处，将南洋、北洋各舰改编为巡洋舰队和长江舰队，北洋海军名称取消。

南洋水师 1875年，南洋大臣沈葆桢受命督办南洋海防事宜。期间大力扩充南洋海军，几年间南洋海军的实力与北洋不相上下。至1879年，沈葆桢病死，筹办海军事务由李鸿章一手主持。南洋海军共有大小舰船26艘，其中巡洋舰5艘，无铁甲舰。1909年，清政府成立海军事务处，将南洋、北洋各兵舰改编为巡洋舰队和长江舰队。

洪秀全（1814—1864） 广东花县人。七岁入塾读书，十八岁受聘为本村塾师。先后4次赴广州参加科举考试，都没有考取秀才。1843年春，创立了拜上帝教。先后写成《百正歌》《原道救世歌》《原道醒世训》《原道觉世训》等，表达了推翻清朝的决心。1851年1月11日，洪秀全等在金田村起义，建号太平天国。1853年3月，定都天京，进行北伐、西征、东征。天京事变，太平天国由盛至衰。洪秀全沉溺于宗教迷信，无力挽救。1864年6月1日，病逝于天京。

石达开（1831—1863） 广西贵县人。早年加入拜上帝会，与洪秀全、冯云山等共谋举义。金田起义后，被封为左军主将，旋封翼王。在太平军由广西向南京进军途中，任开路先锋，屡建战功。曾指挥九江、梅家洲守军顽强抗敌，将湘军水师的小船困锁于鄱阳湖内，重创其笨重大船于长江水域，由此西征军扭转战局。协同燕王秦日纲等部，摧毁清军江南大营，共解天京之围。天京爆发内讧，石达开奉诏回京辅政，合朝拥戴。因受洪秀全疑忌，率十余万众，脱离皖、赣根据地，转战浙、闽，后折入湖南，进图四川，与湘军作战失利，被迫撤入广西。1863年夏在今四川石棉县安顺场，为大渡河所阻，进退无路，陷于绝境，在四川成都遇害。

曾国藩（1811—1872） 湖南湘乡人。二十二岁考取秀才。二十八岁考中进士，并成为军机大臣穆彰阿的得意门生。先后任内阁学士，礼部、工部、刑部、吏部侍郎等职。1853年奉命帮办团练，后扩编湘军。发布《讨粤匪檄》，镇压太平军。曾国藩创建的湘军，是中国近代第一支军阀队伍。曾国藩是中国近代第一个军阀，是晚清出现督抚专政局面的始作俑者。曾国藩力主洋务运动，为近代工业在中国的出现，作出了一定的贡献。曾任两江总督、直隶大臣等。著有《曾文正公全集》。

魏　源（1794—1857） 湖南邵阳人。道光进士，官至江苏布政使。学识渊博，著述很多，主要有《老子本义》《圣武记》《元史新编》《海国图志》等。《海国图志》是其中有较大影响的一部，也是他作为地理学家的代表作。该书有50

卷本、60 卷本和百卷本三种。他以林则徐主持编译的《四洲志》为基础，1842 年编成 50 卷本，1847 年扩充为 60 卷本。1848 年，徐继畬的《瀛环志略》问世，魏源吸取该书和其他资料，于 1852 年增补为 100 卷本。《海国图志》内容丰富，记述了世界各国的地理、历史、经济、政治、军事和科学技术，乃至宗教、文化等情况，并附有世界地图、各大洲地图和分国地图等。此书旨在唤起国人学习外国的长技，兴利除弊，增强国力，抵抗外来侵略。它与成书时间相近的《瀛环志略》是中国学者编写的最早的两部世界地理著作。魏源留给后人的一句名言是："师夷长技以制夷"。

李鸿章（1823—1901）　安徽合肥人。1847 年中进士。1853 年受命回籍办团练，多次领兵抵抗太平军，后入曾国藩幕府襄办营务。1861 年编练淮军，逐渐形成淮系军阀。1865 年署两江总督，镇压了东、西捻军。1870 年任直隶总督兼北洋通商大臣，掌管清廷外交、军事、经济大权，成为清末权势最为显赫的封疆大吏。主张洋务，相继开办近代军事工业，先后设立江南制造局、轮船招商局、开平煤矿、天津电报局、上海广方言馆等。多次充当清王朝全权代表，同帝国主义列强签订了许多卖国条约：1876 年与英国签订《烟台条约》；1885 年与法国订立《中法新约》；1895 年与日本订立《马关条约》；1901 年与八国联军签订《辛丑条约》。著有《李文忠公全集》传世。

左宗棠（1812—1885）　湖南湘阴人。1832 年中举。曾在湖南招募 5000 人，组成"楚军"，赴江西、安徽与太平军作战。1862 年，组成中法混合军，称"常捷军"，先后攻陷金华、绍兴等地，升浙闽总督。1866 年上疏奏请设局监造轮船，获准试行，即于福州马尾择址办船厂，开始造船和培养海军人才。1867 年，奉命为钦差大臣，督办陕甘军务，率军入陕西"攻剿"西捻军和西北反清回民军，残酷镇压了陕甘回民起义。在陕甘任职期间继续从事洋务，创办兰州制造局。平定阿古柏叛乱，收复除伊犁地区外的新疆全部领土。著有《左文襄公全集》。

严　复（1854—1921）　福建侯官（今福建福州）人。十四岁时，以第一名考入马尾船政学堂。1877 年作为首批海军留学生入英国皇家海军学院学习。在英国期间除学习海军专业外，还精心研读西方哲学、社会政治学著作。学成归国后，任福建船政学堂教习、天津北洋水师学堂总教习、会办、总办。先后翻译《天演论》《原富》等西方名著达 160 多万字，是近代中国系统翻译介绍西方资产阶级学术思想的第一人。辛亥革命后，思想日趋保守。1915 年参加拥护袁世凯复辟帝制的筹安会，为该会理事。著有《严译名著丛刊》等。

詹天佑（1861—1919）　广东南海人。十一岁作为中国第一批官办留美学生留学美国。1881 年以优异成绩毕业于耶鲁大学。1894 年，英国工程研究会选举詹天佑为该会会员。领导了京津路、萍醴路等铁路的建筑。1902 年完成了新易铁路（高碑店至易县）的设计与施工，开中国人自修铁路之先河。1906 年任京张铁路总办兼总工程师，设计完成了著名的“人”字型京张铁路。

王 韬（1828—1899） 18岁考中秀才，后接受英国传教士麦都思邀请，来到上海墨海书馆，从事编译西学书籍工作13年。因在太平天国运动中受牵连，开始了长达23年的流亡生活。其间主要居住在香港，协助英华书院院长理雅各将中国的四书五经译成英文。1874年2月，在香港创办了著名的《循环日报》，是中国第一家以政论为主的报纸。林语堂称王韬是“中国新闻报纸之父”。

郑观应（1842—1922） 广东香山人。1858年到上海学商，咸丰时为英商买办，后成为独立经营之实业家。光绪初历任上海机器织布局、轮船招商局、上海电报局总办、奥汉铁路公司总办。后隐居澳门6年，撰成《盛世危言》一书宣传维新变法思想。晚年拥护“立宪”，反对革命。

马建忠（1845—1900） 1853年入外国人办的徐汇公学，学习法文和拉丁文等课程，成了一位学贯中西的新式人才。1880年春结束了在法国的留学，回到天津，重新在李鸿章幕下办理洋务。1890年撰写《富民说》。1896年出版了《适可斋记言记行》。著有《马氏文通》。

薛福成（1838—1894） 1865年夏开始了作为曾国藩幕僚的生涯。1889年出使英、法、意、比等国。1892年与英国就滇缅边界划分和通商条约问题进行了多次谈判，收回了滇边部分领土和权益。著有《筹洋刍议》等。

康有为（1858—1927） 广东南海人。中法战争后，第一次上书光绪帝，提出变成法、通下情、慎左右三事。刊印《新学伪经考》《孔子改制考》，创办万木草堂，为变法维新进行理论准备。1894年发动“公车上书”，请求拒和、迁都、练兵、变法，初步形成资产阶级改良主义的变法纲领。维新变法中，将所撰《俄罗斯大彼得变政记》《日本变政考》进呈光绪帝，领导了维新变法运动。戊戌变法后，成为保皇派首领，鼓吹“虚君共和”，发表反对共和、保存国粹的言论，并任孔教会会长。

梁启超（1873—1929） 广东新会人。十二岁考中秀才，十七岁考中举人，师从康有为，求学于万木草堂，接受维新变法思想。通过强学会、《时务报》等积极宣传维新变法理论，领导了戊戌变法运动。戊戌政变后，创办《清议报》《新民丛报》，广泛宣传西方资产阶级的政治思想和社会学说。辛亥革命后，曾任司法总长、币制局总裁、财政总长等。组织策划了反对袁世凯称帝的“护国战争”。1918年离开政界，转而专注于学术和教育事业，主持清华大学国学研究院，与王国维、赵元任、陈寅恪等合称为清华四导师。曾任京师图书馆馆长、北京图书馆馆长。一生著述颇丰，结集为《饮冰室合集》。

谭嗣同（1865—1898） 湖南浏阳人。努力提倡新学，呼号变法，并在家乡组织算学社，在南台书院设立史学、掌故、舆地等新式课程，开湖南全省维新风气之先。创建南学会，主办《湘报》，积极宣传变法，成为维新运动激进派代表人物。著有《仁学》，生平遗著编入《谭嗣同全集》。

第三章　辛亥革命：一次没有成功的资产阶级革命

第一节　资产阶级民主思想的启蒙与传播

一、辛亥革命爆发的历史条件

孙中山领导的辛亥革命之所以在20世纪的中国发生，与当时中国民族危机加深，社会矛盾激化密切相关。一方面，进入帝国主义阶段的资本主义列强对中国的侵略范围日益扩大，它们不仅掌握了中国经济的命脉，也逐渐控制了中国的政局。《辛丑条约》签订后，列强加紧了瓜分中国，竭力扩展在华经济势力。日本与沙俄为了争夺中国东北的权益，1904—1905年在中国东北进行了日俄战争，中国人民深受其害。1904年英国入侵西藏，取得许多政治、经济特权。德国巩固其在山东半岛权益的同时，将侵略的触角伸向长江中下游。另一方面，社会矛盾激化，民变四起。巨额的对外赔款，使清政府不能承受，只能转嫁给民众。人民负担沉重，各地反洋教斗争，抗捐、抗税、抗租斗争，工人罢工斗争，商人罢市斗争，少数民族与会党起事层出不穷。从1902年到1911年，各地民变达1300余起。这期间还发生了拒俄、拒法、抵制美货等爱国运动，以及收回利权和保路运动等。全国性的民变和爱国运动，反映了广大人民再也无法照旧生活下去，预示着一场暴风雨的来临。

在民族危难如此深重的局势下，清政府为了保住自己的阶级统治，缓和人民的仇恨情绪，安抚统治阶级内部各派和拉拢民族资产阶级改良派，从1901年起不得不实行一系列所谓的“新政”。清末“新政”涉及面很宽。一是改革官制，整顿吏治。1901年7月改总理各国事务衙门为外务部，“班列六部之首”，新设商部、学部和巡警部等中央部门。二是改革兵制，训练新军，各省筹建武备学堂，淘汰绿营和防勇。三是改革学制，提倡新学。从1906年起，废除科举考试。四是奖励工商，兴办实业。1906年，清政府宣布“预备立宪”，仿照日本实行君主立宪制，1908年颁布《钦定宪法大纲》。清政府虽然同意立宪，但迟迟不答应资产阶级立宪派提出的关于迅速召开国会的要求，还镇压了立宪派的国会请愿运动。1911年5月责任内阁成立，国务大臣共13人，其中满族9人，皇族成员多达7人，被讥讽为“皇族内阁”。“皇族内阁”的出笼不仅引发了立宪派的不满，而且加剧了统治集团内部汉族与满族官僚的矛盾，清政府陷入无法照旧统治下去的境地。

二、民主思想的传播

1901 年至 1905 年间，资产阶级民主革命思想得到广泛传播。20 世纪初，到国外留学的人数也急剧增多。1906 年，留日学生达八千人左右，去英、美、法、德、俄等国的留学生也日渐增多，许多进步留学生接受了资产阶级革命思想，资产阶级、小资产阶级革命知识分子的队伍迅速壮大起来。他们把西方资产阶级革命时期的天赋人权、自由平等学说，作为革命斗争的思想武器。他们同国内的革命力量相互呼应，希望中国走资本主义革命的道路，他们翻译出版了卢梭的《民约论》、孟德斯鸠的《万法精理》，以及《美国独立战争》《法国革命史》等书籍，还创办了《国民报》《游学译编 》等进步报刊，大力宣传资产阶级民主革命思想。上海和日本的东京成为宣传革命的中心。章炳麟、邹容、陈天华等人是著名的民主革命思想家和宣传家。

第二节　资产阶级革命派的活动

一、资产阶级革命团体的建立

1894 年夏，孙中山上书李鸿章要求改革被拒绝后，他于秋间出国到檀香山，倡议集结团体，共谋救国大计。11 月 24 日，20 多名赞同孙中山主张的进步华侨，在夏威夷的檀香山聚议成立了中国第一个资产阶级革命团体——兴中会，通过了孙中山草拟的《兴中会章程》。《章程》斥责清王朝昏庸误国，招致严重的民族危机，以“振兴中华，挽救危局”为宗旨，成为中国早期资产阶级民主革命运动最主要的领导者和组织者。1904 年 2 月 5 日，黄兴、宋教仁、刘揆一、章士钊等人在湖南长沙领导成立华兴会，提出“驱除鞑虏，恢复中华”的口号。次年，中国同盟会成立，会员相继加入，华兴会遂停止活动。

1904 年冬，蔡元培、徐锡麟、秋瑾、陶成章等在上海成立光复会，激烈宣传革命，宗旨着重“反满”，有着比较浓重的汉族传统和民族思想色彩。光复会活动重点在联络会党，会员大抵是浙江籍人，主要的活动范围在浙江、安徽和上海。1907 年 7 月，徐锡麟在安庆刺杀安徽巡抚恩铭，发动起义，事败被杀。同月，秋瑾也在绍兴被捕就义。此后，光复会无形解体。1910 年 2 月，光复会在日本东京重建，以章太炎为会长，陶成章为副会长。其成员大多是对孙中山抱有各种不满的原同盟会会员，其中也有一部分光复会旧人。章、陶两人都受汉族传统和民族思想影响较深，“反满”特别激烈。重建的光复会在政治上的准备并不充分，没有独立提出完整的政纲，注重教育和暗杀，而轻视群众性的武装起义。1912 年陶成章被暗杀，从此光复会实际上即不再存在。

二、资产阶级政党的建立

1905 年 8 月 20 日，孙中山联合黄兴、宋教仁等人，以兴中会和华兴会为基础，在日本东京成立中国第一个资产阶级政党——同盟会。同盟会以“驱除鞑虏，恢复中华，创立民国，平均地权”为革命纲领，本部暂设于东京（后迁上海），本部机构在总理之下设执行、评议、司法三部。国内在上海、重庆、汉口、香港、烟台分别设东、西、中、南、北 5 个支部，国外在新加坡、布鲁塞尔、旧金山、檀香山分别设南洋、欧洲、美洲、檀岛 4 个支部，支部之下则为各省区分会。同盟会推举孙中山为总理，黄兴为执行部庶务。同盟会以《民报》作为机关刊物。

同盟会作为全国革命运动的中心，在准备辛亥革命时期，主要做了两方面的工作。一是通过《民报》与维新派掌管的《新民丛报》之间的激烈论战，批判和清除保皇派君主立宪主义的影响，向人民广泛宣传民族民主革命思想。二是举行多次武装起义，如 1906 年的萍浏醴起义，1907 年的防城和镇南关起义，惠州七女湖起义、潮州黄冈起义，1908 年的河口起义、钦廉上思起义，1910 年的广州新军起义，1911 年 4 月的广州黄花岗之役等。这些起义虽然由于孤立无援和指挥失当而先后失败，但不断地扩大了同盟会的影响。

同盟会作为一个不够成熟的资产阶级政党，其组织比较松懈，内部政见亦多分歧。其本部虽然设立执行、评议、司法三部，但很难维持会员步调的一致。南京临时政府成立以后，同盟会本部由沪迁宁，并于 1912 年 3 月 3 日召开会员大会。会议通过了新的总章草案，选举产生了新的领导人：总理孙中山，协理黄兴、黎元洪。1912 年 4 月 25 日迁往北京。1912 年 8 月 25 日同盟会改组为国民党，成员更加复杂，固有的革命性质因此消磨殆尽。

三、发动反清武装起义

同盟会成立后最重要的实践活动，就是策划和发动一系列反清武装斗争。1906 年初，同盟会会员刘道一、蔡绍南联络会党，宣传革命，在江西、湖南交界的萍（乡）浏（阳）醴（陵）地区，积极准备发动起义。12 月 4 日，起义正式爆发。起义军基础是会党群众、安源煤矿的矿工、贫苦农民和部分防营兵勇。在不到 10 天时间，起义队伍便扩充至 3 万多人，形成了浩大的声势。清政府大为震惊，调集大批军队进行“围剿”。起义军浴血奋战，坚持了一个多月，最终失败。萍浏醴起义虽然失败了，但它不仅扩大了同盟会的社会影响，而且鼓舞了同盟会进一步发动武装起义的信心。

1910 年 11 月 13 日，孙中山在马来半岛的槟榔屿召集同盟会主要干部会议，商定具体起义计划。1911 年 1 月 18 日，黄兴、赵声在香港建立统筹部，两人分任正副部长，并在广州设立秘密机关 38 处。黄兴还组织了一支 800 人的敢死队，作为起义的中坚力量，同时联络了新军与会党。敢死队成员纷纷表示，愿为革命抛头颅，洒鲜血。林觉民在参加起义前给他妻子的诀别信说，我决心“以天下为念”，“为天下人谋永福”，而甘愿牺牲自己的生命和家庭的幸福。4月27日下午4时，黄兴率敢死队120余人毅然起义。他们臂缠白布，勇猛攻入总督衙门。两广总督张鸣岐吓得爬后墙逃走。黄兴等放火焚督署后复出，途遇大批清军，双方展开激战。革命党人虽重创敌人，但自己也伤亡惨重。黄兴多处受伤，后化装突围。另一队革命党人，从后面攻打总督衙门。喻培伦胸前挂着满满一筐炸弹，边冲锋，边投弹，身受重伤，弹尽力竭，被俘英勇牺牲。经过一昼夜激战，由于众寡悬殊，起义失败。此役同盟会牺牲会员100多名，其中72人的遗骸被收葬于广州东郊黄花岗，故称黄花岗起义。

1911年5月，清政府假铁路国有之名，将已归民间所有的川汉、粤汉铁路筑路权收归国有，马上又出卖给英、法、德、美四国银行团，激起湘、鄂、粤、川等省人民的强烈反对，掀起了保路运动。保路运动在四川省尤其激烈，各地纷纷组织保路同志会，推举立宪党人蒲殿俊、罗纶为正副会长，以“破约保路”为宗旨，参加者数以10万计。清政府下令镇压，四川总督赵尔丰逮捕罗纶、蒲殿俊等保路同志会代表，枪杀数百名请愿群众，下令解散各处保路同志会。清政府的暴行激起四川人民更大愤怒，他们将各处电线捣毁，沿途设卡，断绝官府来往文书，并在同盟会龙鸣剑、王天杰等人组织下，掀起武装暴动，把保路运动推向高潮。湘、鄂、粤、川等省人民的保路斗争，成为武昌起义的先声。

四、中华民国的建立

武汉地处长江中游，为九省通衢之地，是当时仅次于上海的中国第二大工商业城市。张之洞长期督鄂，热心洋务，在这里建立了一大批近代化的工商企业和文化教育设置。因此武汉地区的民族资产阶级、小资产阶级及其知识分子的力量较为雄厚。同时，张之洞编练的湖北新军注意吸收知识分子参加，是一支易于接受革命思想的近代化军队。这些都为革命的发生提供了客观的条件。

湖北革命党人长期坚持艰苦深入的宣传和组织工作，使这些有利的客观条件得以进一步转化为现实的革命力量。从科学补习所、日知会、湖北军队同盟会、群治学社、振武学社，直到文学社、共进会，湖北革命党人先后组织了许多革命团体，表现出前仆后继、不屈不挠的斗争精神。为策反新军，他们中许多人投笔从戎，不惜从下级士兵做起。由于他们的努力，新军有5000多人转向革命，约占湖北新军总数的三分之一，这为武昌起义的爆发奠定了基础。

1911年的广州起义和四川保路风潮，使全国革命形势迅速高涨，清王朝的统治愈加风雨飘摇，客观上为武昌起义提供了良机。9月24日，共进会和文学社正式联合成立了统一的起义领导机构，推举文学社领导人蒋翊武为革命军总指挥，共进会领导人孙武为参谋长。10月8日，孙武在汉口俄租界宝善里制造炸弹时不慎爆炸，起义计划泄露。10月10日，新军工程第八营的革命党人在熊秉坤率领下首先起义，一举占领了楚望台。随后，步兵、炮队、辎重各营和陆军测绘学堂的学生闻风响应，齐集楚望台，推举原日知会会员吴兆麟为临时总指挥，向总督衙门发起进攻。瑞澂打穿督署后墙，仓皇逃命。经一夜激战，革命军攻克督署，占领了武昌，起义取得了胜利。11日、12日，汉阳、汉口的新军也先后起义，武汉三镇全部被占领。

武昌起义后，各省纷纷响应，革命浪潮迅速席卷全国。首先响应武昌起义的是湖南、陕西两省。10月22日，湖南革命党人焦达峰、陈作新发动会党、新军在长沙起义，建立了湖南军政府，两人被推举为正副都督。湖南独立巩固了武汉革命军的后方，并派遣军队有力支援了武汉的战斗。同一天，陕西革命党人钱鼎等也在西安发动起义，并于25日组成军政府。

武昌起义后不到两个月，内地18个省中已有14个省举旗独立。革命浪潮激荡全国，也带动了广大农村地区农民群众自发性反抗斗争的发展。从武昌起义到1912年底，全国农村较大规模的群众起事达150多次，有力地冲击了农村的旧秩序。各省的纷纷独立和人民群众的自发斗争，汇成了资产阶级民主革命的高潮。清王朝的统治四面楚歌，陷于土崩瓦解。

随着各省政权的相继建立，创设统一的中央政府问题被提到了日程上来。建立全国性的革命政权是资产阶级革命的既定目标，也是独立各省为统一步调，进一步与清王朝作斗争提出的迫切要求。但是，江浙、湖北等地方集团都力图控制中央政府，在湖北、上海两地，几乎同时都开始了筹建中央政府的活动。11月9日，湖北以都督黎元洪名义通电各省，请派代表赴鄂商议成立中央政府。同时，集中在上海的革命党人与立宪派也在沪建立各省联合机构。12日，江苏都督程德全、浙江都督汤寿潜联合上海都督陈其美通电各省，要求派代表赴沪会议设立临时议会机关。15日，上海召开第一次各省代表大会，定名“各省都督府代表联合会”。联合会虽议决承认湖北军政府代行中央军政府职权，但是强调代表会应在上海召开。湖北方面表示异议，派居正等到上海，坚持代表会应移往武汉举行。同时，多数省代表已经抵鄂，黄兴、宋教仁等同盟会重要领导人也在武汉。上海方面只好同意各省代表赴武汉开会，但仍要求各省留一人在沪，以“联络声气”。

11月30日，各省代表会在汉口英租界举行。会议通过《临时政府组织大纲》二十一条。大纲规定：临时大总统由各省督府代表选举，参议院由各省都督府各派参议员三人组成。但是会议没有讨论如何组织力量打退作为清廷钦差大臣、节制湖北水陆各军的袁世凯的进攻，争取革命在全国的胜利，反而通过“如袁世凯反正，当公举为大总统”的决议。包括革命派在内，南方各派势力从一开始便对袁世凯抱有幻想。12月25日，孙中山抵上海，革命派的声势大振。他们立即决定推举德高望重的孙中山为临时大总统。立宪派和旧官僚也认为在争取袁世凯反正以前，过渡总统“非孙莫属”。12 月 29 日，孙中山当选为临时大总统。

1912 年 1 月 1 日，孙中山在南京宣誓就职，宣告中华民国临时政府成立。次日，通电各省改用阳历，以 1912 年为中华民国元年。

临时政府的人选，经反复磋商，最后由孙中山、黄兴提出一个包括革命派、立宪派和旧官僚在内的 9 名国务委员名单，组成南京临时政府：陆军总长黄兴，海军总长黄钟英，外交总长王宠惠，司法总长伍廷芳，财政总长陈锦涛，内务总长程德全，教育总长蔡元培，实业总长张謇，交通总长汤涛潜。孙中山根据同盟会确定的“部长取名、次长取实”的原则直接任命各部次长，除海军次长汤乡铭外，其余都是同盟会的重要骨干。在 43 名参议员中，同盟会成员占了 35 人，立宪派只有 8 人。同盟会基本把持了领导权，但临时政府的地方机关则主要掌握在立宪派和旧官僚手中，临时政府事实上很难对他们行使中央政府的权力。

南京临时政府是一个以革命党人为主体的资产阶级民主政府，它在短短三个月中颁布了不少有利于发展资产阶级民主政治、发展民族资本主义经济、文化教育以及有关社会习俗革新的政策法令。在政治方面，宣布人民享有选举、参政等公权和居住、言论、出版、集会、信教自由等私权；各民族所享权利和所负责任，一视同仁；在法律上公民一律平等；保护华侨，禁绝贩卖华工；禁止买卖人口和蓄奴；禁止刑讯，体现了资产阶级自由平等、保障人权的原则。在经济方面，它保护人民的私有财产，颁布了一些保护工商业的法令规章，提倡人民兴办实业，鼓励华侨在国内投资，鼓励民间开办银行。在文教方面，倡导以“自由平等博爱为纲”的公民道德，规定小学可以男女同校，改善了学校教育中女子的地位。在社会习俗革新方面，严禁种植、吸食鸦片和一切赌博，革除清时官府“大人”“老爷”等称呼，限期剪辫，劝禁缠足，禁止欺压妇女，提倡男女平等，力图树立一种新的社会风尚。

南京临时政府的各项政策法令体现了民族资产阶级的利益，具有一定的进步意义。不过，由于民族资产阶级缺乏反帝反封建的坚定性，南京临时政府对于农民的土地问题缺乏必要的关注，对于地主阶级利益没有根本的触动，这就使南京临时政府得不到农民的支持。在对外政策上，南京临时政府为了换取帝国主义的承认，主动承担过去的外债和赔款，承认清政府和帝国主义国家签订的一切不平等条约，保护列强在华的各种特权和利益。这一切充分暴露了资产阶级的软弱性和妥协性。

第三节　辛亥革命的胜利与失败

一、辛亥革命的意义

辛亥革命是中国近代史上一次伟大的资产阶级民主革命。辛亥革命发生于中国半殖民地半封建社会的完全形成时期，帝国主义与中国封建势力的相互勾结严重阻碍了中国资本主义的发展，造成了中国的贫困与落后。中国民族资产阶级领导的辛亥革命，旨在推翻清王朝腐朽统治，建立资产阶级共和国，消除资本主义发展道路上的障碍。从这个意义上说，辛亥革命是一次反帝反封建的资产阶级民主革命。

辛亥革命使中国的政权体制发生了变化。这种变化表现在：辛亥革命前统治中国的是腐朽的清王朝，是持续了两千多年的封建君主专制政体。辛亥革命爆发后，以孙中山为首的资产阶级革命派建立了中华民国，确立了资产阶级的共和政体。尽管这种政体后来名存实亡，但这毕竟是历史的一个进步。辛亥革命的功绩还表现在人民权利的获得和民主共和观念的深入人心。后来无论是袁世凯复辟帝制，还是张勋复辟，都遭到全国人民的唾弃，没有逃出失败的下场。

辛亥革命沉重地打击了帝国主义的侵略势力。南京临时政府为求得帝国主义的支持，曾发表声明，表示承认清政府与帝国主义列强签订的不平等条约继续有效。这在某种程度上说明了资产阶级的软弱性和妥协性，是革命不彻底的表现。但辛亥革命推翻了帝国主义走狗——清王朝——的统治，也就打击了其主子——帝国主义——的势力。此后，帝国主义不得不一再更换代理人，从袁世凯到北洋各派军阀，从旧军阀到新军阀。但它们始终找不到能够控制全局的统治工具。中国大地上军阀林立，混战连年，帝国主义已无力在中国建立比较稳定的统治秩序。

辛亥革命促进了中国民族资本主义的发展。南京临时政府在其存在的短短几个月时间里，颁布了一系列保护、鼓励工商业的法令，一定程度上扫除了中国民族资本主义发展道路上的障碍，使民族资产阶级倍受鼓舞，在民国初期形成了兴办实业的热潮。伴随着民族资本主义经济的发展，无产阶级队伍也迅速壮大起来。辛亥革命前，中国的产业工人仅有 50 多万，到 1919 年五四运动前夕已发展到 200 多万。无产阶级队伍的壮大，为中国从旧民主主义革命向新民主主义革命的转变奠定了阶级基础。

辛亥革命对近代亚洲各国被压迫民族的解放运动也产生了比较广泛的影响。中国是一个人口众多、地域辽阔的亚洲大国，其政局变动和革命运动必然会影响周边国家。在欧洲还保留着许多君主、亚洲还是君主制一统天下的时候，中国建立了共和制度，其影响是非常深远的。辛亥革命推动了亚洲民族解放运动的兴起。

辛亥革命中，资产阶级暴露出了其软弱性和局限性。第一，他们没有提出一个明确的彻底反对帝国主义和封建制度的政治纲领，许多人在推翻清朝政府以后便以为大功告成，失去了继续前进的明确方向。第二，他们没有发动并依靠占中国人口最大多数的下层劳动人民，因而在强大的旧势力面前便觉得自己孤立无援，找不到把革命进行到底的力量源泉。第三，他们没有形成由一大批有着共同理想和严格纪律的先进分子组成的党，革命队伍没有核心力量，因而难以在极端复杂的环境中顽强地进行坚韧不拔的斗争。

二、共和制的蜕变

1912 年 2 月 12 日，清宣统帝下诏退位。根据临时政府的诺言，孙中山向南京参议院提出辞临时大总统的职务。3 月 10 日，袁世凯在北京就任中华民国临时大总统。袁世凯经南京临时参议院同意，任命唐绍仪为国务总理，在南京组织内阁。唐内阁要害部门虽由袁世凯控制，但包括唐在内的 10 名阁员中，同盟会员占半数，故又有“同盟会中心内阁”之称。袁世凯虽窃得了政权，但慑于民主潮流方兴未艾的声威，还不敢公开反对共和制度，相反只能信誓旦旦，表示忠于共和，“谨守宪法”。同时，以孙中山为代表的资产阶级革命派让出了中央的主要权力，但仍控制着南方数省和参议院的多数，并且在人民中间依然具有较大的影响。以梁启超为代表的立宪派虽依附于袁世凯，但也要求改良政治，而且他们还直接或间接地控制着云、贵两省，故其在北洋军阀与革命派之间，隐然举足轻重。在此种政治格局下，从辛亥革命到“二次革命”的一年多时间里，中国的社会政治生活出现了前所未有的民主宽松的局面，它同时激发了时人尝试政党政治的热情。

从同盟会分裂出来的章太炎与江浙立宪派组成统一党。孙武、刘成禺等湖北部分同盟会员则拥护黎元洪组成民社。1912 年 5 月，统一党又联合民社等政团，组成共和党，推黎元洪为理事长，主张“保持全国统一，取国家主义”。章太炎等复退出共和党，重组统一党。此外，还有蔡锷、王芝祥、孙毓筠等的统一共和党，林长民、汤化龙等的共和建设讨论会，江亢虎的中国社会党等大小政治团体 300 多个。

政党林立固然反映了人们参政意识的增强，但当时大多数人对于政党政治的理解仍是很幼稚的，党同伐异之风盛行。同时，政治团体数目虽繁，其背景皆未超出原有的革命派、立宪派、旧官僚三派势力的分合。就其政治倾向而言，又只有同盟会派和非同盟会派之分。其中，同盟会、共和党、统一共和党为三大党。同盟会在参议院居优势地位，共和党拥袁，统一共和党则接近同盟会。同盟会希望通过责任内阁约束袁世凯，唐绍仪内阁在施政上也多少反映了同盟会的要求，但袁世凯对此十分不满。袁世凯破坏“责任内阁制”，任命亲信内务总长赵秉钧组阁。对此，同盟会内部反应不一。以宋教仁为代表的另一部分人，主张以“议会政治”和“政党内阁”为武器，与袁世凯作合法的政治斗争，以推进中国民主制度的最终确立。

宋教仁是一位通晓西方资产阶级社会政治学说的出色政治家，他向往西方议会政治和政党内阁，并以此为终生的奋斗目标。武昌起义爆发后，宋教仁一心想把西方共和制度移植到中国来。但他过于迷信一纸宪法的威力和议会政治的形式，相信借此即可制服袁世凯。宋教仁一再动员孙中山将大总统的职位让与袁世凯，主张通过改组同盟会，建立第一大党，进而组织责任内阁，以分取袁世凯的政治权力。

1912 年 8 月 25 日，同盟会与统一共和党、国民共进会、国民公党、共和实进会等几个小党合并，在北京改组成国民党，推举孙中山为理事长，黄兴、宋教仁等为理事。但实际上整个党务由宋教仁代理，实权由宋教仁掌握。国民党宣布以“巩固共和，实行平民政治”为宗旨。国民党仍然是资产阶级的政党，但其政纲把“平均地权”改为含混的“采用民生政策”，又删除了体现反封建精神的“男女平权”的主张，革命精神显然大为减退。国民党在“新旧合作”的口号下，把大批官僚、政客、投机分子拉入党内，组织也更加涣散。同盟会改组为国民党，它自身也由一个革命党变成了鱼龙混杂和愈益脱离群众的议会政党。

1912 年 12 月至 1913 年初，全国举行第一次国会选举。国民党在众参两院中获得了 392 个议席，共和党、民主党、统一党合计仅占 223 个议席。国民党取得压倒多数的竞选胜利，使宋教仁兴奋不已。他路径湖南、湖北、安徽、江苏到达上海，沿途发表演说，反对袁世凯专权，主张成立责任内阁，制定民主宪法。

深感威胁的袁世凯决心除掉宋教仁。1913 年 3 月 20 日，宋教仁在上海车站遇刺，为建立资产阶级民主制献出了宝贵的生命。宋教仁的悲剧，再次暴露了中国资产阶级的软弱性，同时也宣告了资产阶级政党政治幻想的破灭。

三、辛亥革命的继续

宋教仁被害使孙中山看清了袁世凯的反动面目，认识到“非去袁不可”，极力主张出兵讨袁，发动二次革命。但是，国民党领导人中，除了江西都督李烈钧等人支持孙中山外，黄兴等多数人不同意发动武装反袁，主张用法律解决。孙中山和黄兴的意见分歧导致二次革命迟迟不能发动。袁世凯一方面阻挠宋案的司法审判，一方面与英、法、德、日、俄 5 国银行团达成了 2500 万英镑的大贷款，以充实军费。有了帝国主义的支持，袁世凯的胆子更大了，先后罢免了李烈钧、胡汉民、柏文蔚的都督职务，同时命令事先已集结在九江、南京附近的军队发起进攻。

1913 年 7 月 12 日，李烈钧在江西湖口宣布独立，发表讨袁通电，“二次革命”爆发。7 月 15 日，黄兴赶到南京响应。随后，安徽、上海、广东、福建、湖南和四川重庆等地，也相继宣布独立。但是，“二次革命”的领导者没有发动广大人民群众参加。仓促上阵的讨袁军缺乏战略计划和统一指挥，缺乏战略协同，他们冷冷清清，孤军奋战，甚至连多数国民党议员都还在北京留恋议席。在这种情况下，袁世凯靠帝国主义的支持，以优势的武力，很快把讨袁军打败。8月18日，南昌失陷，9月1日，南京又被攻占。原来宣布独立的各省，在战争失利的情况下，先后撤销独立。“二次革命”不到两个月便失败了。

1914年8月第一次世界大战爆发，英、美等西方列强陷入欧战，无暇东顾，于是日本便企图乘机独占中国。它借口对德宣战，派兵在中国的山东半岛登陆，夺得了德国在山东的侵略地位。1915年1月18日，日本向袁世凯秘密提出灭亡中国的“二十一条”。日本驻华公使日置益对袁说：“若开诚交涉，则日本希望贵大总统再高升一步。”露骨地暗示，只要袁世凯接受“二十一条”，日本政府就可以支持他称帝。

“二十一条”共分为5号，其主要内容：第1号，中国承认日本接管德国在山东所享有的一切权利，并加以扩大。第2号，中国延长日本租借旅顺、大连及南满、安奉两铁路的期限为99年，并承认日本在南满及内蒙东部的特殊权利。第3号，中日合办汉冶萍公司，附近矿山未经公司同意，不准他人开采。第4号，中国沿海港湾及岛屿，不得租借或割让与他国。第5号，中国中央政府须聘用日本人为政治、军事、财政等顾问；中国警政及兵工厂由中日合办；日本在武昌到九江、南昌至杭州、潮州间有铁路修筑权；在福建有投资修建铁路与开矿的优先权，等等。

“二十一条”是灭亡中国的条件。袁世凯当儿皇帝心切，急于争取日本的支持，不惜卖国求荣。他派外交总长陆征祥、次长曹汝霖与日本公使秘密谈判。经过数月交涉，日本以最后通牒方式，迫使袁世凯于5月9日接受了除第5号外的全部要求。

袁世凯在接受“二十一条”，获得日本支持后，便自以为万无一失，开始放手推进帝制活动。1915年8月，首先由袁世凯的洋顾问古德诺（美）和有贺长雄（日）出面，先后发表《新约法论》《共和与君主论》等文章，诬蔑中国人民知识低下，“无研究政治之能力”，说什么中国实行共和“断无善果”，“如用君主制，较共和制为宜”，甚至公然鼓吹，中国应由袁世凯做皇帝，统揽大权。12月12日，袁世凯接受“推戴”为中华帝国皇帝，下令改次年为“洪宪”元年。

在袁准备称帝期间，孙中山的中华革命党和梁启超的进步党等组织曾派人赴云南策动武装起义。前云南督军蔡锷与云南将军唐继尧等人，于1915年12月25日在昆明宣布云南独立，旋即建立云南都督府，组织约2万人的讨袁护国军。袁世凯急令北洋军和川、湘、粤等省军队共约8万人，从川、湘、桂三路攻滇，企图一举歼灭云南护国军。经过四川之役、湘西之战、滇桂边之战，袁世凯三路攻滇计划失败，加上在广东、山东等地袁军亦遭到打击，外交上又连受挫折，做了八十三天皇帝的袁世凯被迫于1916年3月22日宣布撤销帝制，企图保留大总统的职务。5月8日，为彻底推翻袁的独裁统治，已独立的滇、黔、桂、粤等省在广东肇庆成立对抗北洋政府的军务院。不久，陕西、四川、湖南等省相继宣布独立。反对袁世凯的风暴不断扩大，袁世凯无法继续维持统治，于6月6日在绝望中死去。

袁世凯死后，黎元洪继任大总统，段祺瑞为国务总理兼陆军总长，冯国璋为副总统，政府的实权却操纵在段祺瑞的手中。围绕着“参战”问题，亲英美的黎元洪集团与亲日的段祺瑞集团之间，展开了争夺权力的斗争。

1917年2月，美国宣布与德国断交，准备参加第一次世界大战，要求中国与它采取一致行动。亲美的黎元洪接受美国的要求，国会通过对德绝交。日本不甘落在美国之后，也想通过唆使北洋政府参战，进一步控制中国。段祺瑞则企图以参战为名，向日本借款练兵，扩充皖系势力，因此积极主张参战。美国见中国参战将促进日本与段祺瑞勾结，反而不利于自己，又转而指使黎元洪等抵制参战。4月，段祺瑞在北京召开以皖系军阀为骨干的“督军团会议”，通过对德宣战案，迫使黎元洪在提案上盖印。黎元洪在国会的支持下，于5月23日下令将段祺瑞免职。段则指使皖系八省督军宣布脱离中央，并在天津设立“独立”的各省总参谋部。黎元洪陷入困境，邀请张勋调停，这就给张勋复辟提供了良机。

自清政府被推翻时起，清朝复辟活动就未曾停止过，国内存在着几股较大的复辟势力。张勋曾被清廷任命为江苏巡抚兼署两江总督、南洋大臣。辛亥革命后，委身袁世凯，成为民国的上将军。他统率的军队一直拖着辫子，以示不忘清朝，被称为“辫子军”。在短短几年内，“辫子军”扩充到2万多人。陕甘总督升允，在辛亥革命中曾负隅顽抗，后逃窜哈尔滨，勾结沙俄和日本，招收马贼和旗军残部，组“勤王军”和“满蒙举事团”等复辟武装，盘踞在哈尔滨，成为清朝复辟的一股策源地。恭亲王溥伟、肃亲王善耆当年在清廷举行“让国御前会议”时，溥伟等人即坚决反对逊位，拒绝“优待清室条件”，同时也反对把最高权力让与袁世凯。清朝垮台后，他们投靠俄国、德国、日本，从事复辟活动。以康有为、劳乃宣、胡思敬为代表的封建遗老，是清朝复辟势力中人数最多、分布最广的一支，散居在上海、青岛、天津、徐州、北京、南昌、苏州等南北各大城市。这些人顽固不化，与民主共和格格不入，高叫“思恋故主，当每饭不忘”，为“复辟”“雪仇”，“愿忍泪加餐”。他们或成立“孔教会”“读经会”各色团体，或著书立说，攻击民主共和，为帝制复辟制造舆论，在社会上产生了颇大的影响。

1917年6月7日，张勋以调停“府院之争”为名，率3000名辫子军北上。他先到天津会见段祺瑞，段表示只要解散国会，赶走黎元洪，“复辟一事，自可商量”。于是张勋致电黎元洪，迫其于13日解散了国会。14日，张勋率部入京。各地王公贵族和封建遗老喜出望外，纷纷涌入北京。7月1日凌晨，张勋率文武官员300余人，拥年仅十二岁的溥仪登基，宣布清朝复辟，恢复清末旧制，大封百官。一时间，北京城里三角龙旗翻飞，封建余孽个个粉墨登场，弹冠相庆，一片乌烟瘴气。

张勋复辟引起了全国反对，北京市民纷纷拒挂龙旗，许多报纸自动停刊，以示抗议。湖南、广东、上海等地人民举行集会，愤怒声讨张勋的复辟罪行，要求"护法讨贼"。

段祺瑞借助张勋解散国会，赶跑黎元洪，达到了自己的目的。他看到全国人民一致声讨复辟，便乘机组织"讨逆军"，自任总司令，宣布讨伐张勋。"讨逆军"攻入北京，辫子军溃散，溥仪再次宣布退位。这次复辟前后只维持了12天，就宣告破产。

张勋复辟失败后，黎元洪通电下野，由冯国璋代理大总统。段祺瑞获得了"再造共和"的桂冠，重新继任国务总理。北京政府不仅依旧由北洋军阀当政，而且大权仍然操纵在段祺瑞的手中。段祺瑞政府对德宣战。在参战的名义下，它向日本大借外债，以扩充皖系军阀的实力，总额高达5亿日元。这些借款大都由日本政客西原龟三经办，所以通称西原借款。段祺瑞政府为了获得这些借款，不惜向日本出卖大量国家权益：承认日本继承德国在山东的侵略权益，并将东北的吉长、吉会铁路以及所谓满蒙五铁路和吉林、黑龙江两省的金矿、森林以及印花税、常关税、交通银行等抵押给日本；允许日本派遣军官训练中国军队。俄国十月革命爆发后，段祺瑞政府又与日本订立反苏的军事协定，允许日本在中国驻军，战时日本可以向中国军队派遣"联络主任"，实际上使日本得以指挥中国军队。日本也正是通过这些对华贷款，进一步控制了中国的政治、经济和军事大权，达到了它在袁世凯时期所未能达到的侵略目的。日本首相寺内下台后，曾恬不知耻地自我夸耀说："大畏内阁向中国要求'二十一条'，惹中国人全体之怨恨，而日本却无实在利益，本人在任期间，借与中国之款，三倍于从前之数，实际扶植日本对于中国之权利，何止十倍于'二十一条'。"

第一次世界大战爆发后，美国无力东顾，在中国问题上转而求与日本妥协。1917年11月，美国国务卿兰辛与日本外务相石井菊次郎在华盛顿签订了《兰辛石井协定》，规定美国承认日本在中国有"特殊利益"，日本也重申尊重美国的门户开放政策。这个协定以牺牲中国的利益为前提，暂时实现了美日两国间的妥协，同时又为日本独占中国提供了有利的机会。

段祺瑞对外卖国，对内则谋专制独裁。国会和《临时约法》是共和国的象征。当张勋复辟、解散国会时，孙中山就发出了"护法"的号召。张勋复辟失败后，孙中山又致电段祺瑞，要他恢复《临时约法》，实行资产阶级民主制度。但是段祺瑞等置之不理，公开宣布：一不要约法，二不要国会，三不要总统。段祺瑞试图另行组织临时参议院，目的是要抛弃国会和约法，实现皖系军阀的独裁统治。孙中山看到了在段祺瑞等北洋军阀的统治下，中华民国依然有名无实，明确提出要打倒假共和，建立真共和，号召拥护临时约法，恢复国会。

1917 年 7 月 17 日，孙中山南下广州，举起了护法的旗帜。海军总长程壁光拥护孙中山的主张，率第一舰队南下参加护法。同时，原国民党议员也纷纷到达广州。西南军阀想借孙中山的政治威望对抗段祺瑞，以求保存和扩大自己的实力，所以暂时也支持孙中山的护法主张。8 月 25 日，国会非常会议在广州举行。9 月 1 日，成立护法军政府，选举孙中山为中华民国军政府大元帅，唐继尧、陆荣廷为元帅。9 月 10 日，孙中山宣誓就职，宣布段祺瑞等人为叛逆，并出师讨伐。

西南军阀参加护法是对付段祺瑞以求自保的权宜之计，而非真正拥护孙中山的护法主张，在与直系军阀有了勾结之后，便开始多方排斥孙中山。1918 年 1 月，唐继尧、陆荣廷等成立“中华民国护法各省联合会”，推岑春煊为议和总代表，加紧谋求与北洋军阀妥协。2 月，西南军阀刺杀坚持拥护孙中山护法的海军部长程壁光。5 月，改组军政府，废元帅制为总裁制，迫使孙中山辞去大元帅职。改组后孙中山虽被推为七总裁之一，但实际权力已为唐继尧、陆荣廷等西南军阀所篡夺。孙中山见事不可为，便于 5 月 21 日愤而离开广州，前往上海。护法运动失败了。

孙中山领导的护法运动与“二次革命”、护国运动一样是一场反对军阀专制统治，挽救民主共和制度的斗争，在性质上同样属于资产阶级民主主义革命的一部分。孙中山倡导护法，以国会和约法为武器，反对北洋军阀的专制统治，所高举的旗帜，仍不失为一面进步的旗帜。

北洋军阀是清末和民国初年由袁世凯建立的封建买办军阀集团。1895 年，清政府命袁世凯在天津小站编练“新建陆军”，归北洋大臣李鸿章节制。1901 年，袁世凯因出卖维新派和镇压义和团运动有功，被任命直隶总督兼北洋大臣，所建新军称为北洋军。1905 年，北洋军六镇练成，形成北洋军阀武装政治集团。1912 年，袁世凯窃取中华民国临时大总统之职，建立控制中央和地方政权的北洋军阀统治。

1916 年，袁世凯病死，北洋军阀分化为直、皖、奉三系：直系首领为直隶人冯国璋，后为曹锟、吴佩孚，受英美支持；皖系首领为安徽人段祺瑞；奉系首领为奉天人张作霖，以日本为后台。

四、新文化运动

近代以来，为了挽救国家的危亡，中国的先进分子曾经历尽千辛万苦，向西方国家寻找真理。但是，中国人学习西方的努力在实践中却一而再、再而三地碰壁。特别是辛亥革命促成了旧体制的瓦解和新体制的建立，使中国历史因此而越出了改朝换代的旧规。但是，在北洋军阀统治时期，在文化领域里推行的却是复古尊孔反动政策。

一些先进的中国知识分子在失望、苦闷和痛苦中反思辛亥革命失败的教训，他们认为，以往少数先觉者的救国斗争之所以成效甚少，是因为国民对之“若观对岸之火，熟视无所容心”。国民的性质与行为的堕落，乃是“亡国灭种之病根”。因此，“欲图根本之救亡”，要建立名副其实的共和国，必须从根本上改造国民性。认为长期的封建专制文化是中国国民思想的囚笼，不打破这个精神枷锁，国民性的改造是不可能的。必须像西方文艺复兴时期从封建神学思想中解放出来那样发动一场新的启蒙运动，以期廓清蒙昧、启发理智，使人们从封建思想的束缚中即蒙昧状态中解放出来，造就新一代适应资本主义民主宪政制度的国民。

新文化运动中，涌现出了很多杰出人物，李大钊、陈独秀是其中的杰出代表。新文化运动以 1915 年 9 月陈独秀在上海创办《青年杂志》（后改名《新青年》）为标志。1917 年 1 月，北京大学校长蔡元培聘请陈独秀为北京大学文科学长，《新青年》编辑部也随之迁至北京。李大钊、胡适、鲁迅都成为该刊物的主要撰稿人。《新青年》在当时知识分子中有很大的影响，特别是对青年知识分子的思想产生了巨大的引领作用。新文化运动从北京、上海等城市扩展到全国许多城市，各地各种学社、刊物雨后春笋般涌现出来，新文化运动逐渐在全国教育界、知识界形成潮流。《新青年》杂志和北京大学成为了新文化运动的主阵地。

新文化运动的口号是民主和科学。提倡民主，反对专制；提倡科学，反对愚昧和迷信；提倡新道德，反对旧道德；提倡个性解放，反对封建伦理道德；提倡新文学，反对旧文学。新文化运动以民主和科学为口号，以反对封建专制文化为内容，以文学革命为突破口，对封建文化进行了几乎是不留余地的批判，起到了振聋发聩的作用。总之，五四运动之前的新文化运动性质是资产阶级民主主义的反对封建文化的思想启蒙运动，提出了怎样才能拯救中国危亡这个根本性的问题，为新思想的传播打开了大门，为中国知识分子和工人阶级接受马克思主义创造了思想条件。

新文化运动也存在着一些弱点。第一，从根本上说，新文化运动所提倡的资产阶级民主主义，并不能成为当时人们认识中国、改造中国的有效思想武器，不能有效地对中国社会进行改造。第二，把改造国民性置于优先的地位，夸大了文化对当时社会的作用，而没有认识到文化的发展是与经济、政治的发展不可分的。离开改造产生封建思想的社会环境的革命实践，仅仅依靠少数人的呐喊，依靠有限的宣传手段，要根本改造由这种社会环境产生的思想、所造成的国民性，是不可能的。第三，在批判中存在很大的片面性，坏就是绝对的坏，好就是绝对的好。特别是对传统文化缺乏科学的态度，新文化运动多少有否定一切民族传统的倾向。这种形式主义地看问题的方法，影响了这个运动后来的发展。

新文化运动在宣传西方式的资产阶级民主主义时，部分先进知识分子就已经开始对它有所怀疑和保留了。陈独秀在赞颂法国文明时，就把创立社会主义（指空想社会主义）看做法国人对于近代文明所作的三大贡献之一，认为这是“反对近世文明之欧罗巴最近文明”。新文化运动左翼人士对资产阶级民主主义的怀疑，推动着他们去探索挽救危亡的新的途径，为他们以后接受马克思主义准备了适宜的思想土壤。正因为如此，五四以后的新文化运动就分成了两个潮流：一部分人继承了它的科学和民主精神，并在马克思主义的基础上加以改造，成为了早期的马克思主义者，使新文化运动成为无产阶级的马克思主义思想传播运动；另一部分人则沿着资产阶级的道路继续走了下去，成为否定马克思主义者，并在一定程度上走向了新文化运动继续发展的对立面。

第四节　孙中山与20世纪中国历史性巨变

一、孙中山

孙中山（1866—1925），名文，字德明，号日新（后改逸仙）。诞生于1866年11月12日，广东香山（今中山市）翠亨村人。1879年随母赴檀香山，比较系统地接受西方式的近代教育。1892年毕业于香港西医书院，随后在澳门、广州等地行医。

1894年11月从上海去檀香山，组织兴中会，以“驱除鞑虏，恢复中国，创立合众政府”为誓词，建立了中国第一个资产阶级革命团体。1896年10月，在英国伦敦曾被清公使馆诱捕，经英国友人营救脱险。1905年8月，以兴中会、华兴会等革命团体为基础，在日本东京创建全国性的资产阶级革命党同盟会，被推举为总理，提出“驱除鞑虏，恢复中华，创立民国，平均地权”同盟会纲领。在同盟会机关报《民报》发刊词中，首次提出民族、民权、民生三大主义。从1906年到1911年，领导同盟会在华南各地组织多次武装起义，但各次起义都因缺乏群众基础、组织不够严密而失败。1911年武昌起义爆发，被17省代表推举为中华民国临时大总统。在南京宣誓就职，组成中华民国临时政府，结束长达两千多年的君主专制制度，颁布带有资产阶级共和国宪法性质的《中华民国临时约法》，建立了共和国。

1912年，宋教仁血案发生，孙中山领导和发动二次革命。1914年6月，在东京组织中华革命党，希望恢复和发扬同盟会的精神。1917年，领导了护法战争。从1918年到1920年，完成《建国方略》，对以往的革命经验进行总结，提出了改造和建设中国的宏伟计划。1923年1月，与苏联代表越飞发表《孙文越飞宣言》，奠定了联俄政策的基础。1924年1月，中国国民党第一次全国代表大会在广州召开，确立了联俄、联共、扶助农工三大政策，标志着孙中山的革命思想和革命事业发展到了一个新阶段。1925年3月12日，孙中山因患肝癌在北京逝世。逝世前夕签署《国事遗嘱》、《家事遗嘱》和《致苏俄遗书》三个文件。在国事遗嘱中，总结了40年的革命经验，号召“必须唤起民众，及联合世界上以平等待我之民族，共同奋斗"，"革命尚未成功，同志仍须努力"。1929年，孙中山遗体由北平移葬南京紫金山。

孙中山是中国伟大的民主革命先行者，为了改造中国耗尽毕生的精力，建立了不可磨灭的功勋。其著述多次被结集出版，有中华书局1986年出版的十一卷本《孙中山全集》，台北1969年、1973年、1985年出版的《国父全集》等。

二、孙中山与20世纪中国历史性巨变

中华民族在20世纪走过了一条漫长而曲折的道路，经历了三次历史性巨变。辛亥革命是这段发展进程中的一个重要台阶，推翻了统治中国几千年的君主专制制度，开创了完全意义上的近代民族民主革命，为中国的进步打开了闸门。从这个意义上说，也可以把中国新民主主义革命和社会主义的胜利，看做是辛亥革命的继续和发展。

19世纪和20世纪相交的10年间，在中国土地上接连发生了中日甲午战争、八国联军侵华战争和日俄战争。前两次战争都以清朝政府签订丧权辱国的条约而告终；中国对外赔款共达六亿八千万两白银，比当时全国8年财政收入的总和还多；台湾被日本割占；列强还取得从北京到山海关的驻军权。后一次战争竟是两个帝国主义国家在中国东北大地上的厮杀，居民惨遭屠戮，庐舍化为灰烬。在此期间，列强还在中国强行划分势力范围，攫取种种特权。中国人痛切地感到国家已面临被瓜分和灭亡的直接威胁。

在极端深重的民族危机面前，谁能领导人民抵抗外来的侵略，把祖国从危难中拯救出来，谁就能得到人民发自内心的信任和支持；否则，就会被人民所抛弃。辛亥革命是由中国近代民主革命的伟大先行者孙中山先生领导的一场伟大的资产阶级民主革命。辛亥革命的出发点，是反对帝国主义侵略、实现中华民族的独立和解放。"振兴中华"这个激励着一代又一代中国人的响亮口号，就是孙中山在檀香山兴中会成立时率先喊出来的。

孙中山领导的革命活动，在中国历史上第一次举起民主共和的旗帜，这是一件有着破天荒意义的大事。民主共和是同君主专制相对立的。中国自有文字记载以来，几千年实行的都是君主专制制度。皇帝被称为"天子"，仿佛代表着天意来实现人间的统治。"君为臣纲"之类的说教，经过几千年灌输和熏陶，仿佛已成为天经地义，连产生一点怀疑的念头都是"大逆不道"的事情。要从如此沉重的传统束缚下摆脱出来，提出以另一种政治制度来代替君主制度，其难度可想而知。太平天国的洪秀全做了天王，其实还是皇帝；戊戌维新运动，希望靠光绪这个"好皇帝"自上而下地推行变法；义和团运动，旗帜上写的还是"扶清灭洋"。中国同盟会的宗旨中明确规定要"创立民国"，这是一个全新的观念，而且从此逐步深入人心。同盟会的《革命方略》写道："今者由平民革命以建国民政府，凡为国民皆平等以有参政权。""敢有帝制自为者，天下共击之。"这些话在今天

看来似乎平淡无奇，但在当时产生了石破天惊的震撼力量。

在近代，中国人面对的问题成千上万。孙中山提出民族独立、民主政治、民生幸福这三个目标，并且坚决主张用革命的手段来实现它。这就指明了一个新的方向，集中地反映了时代的要求和人民的愿望。为什么当时会有那么多人奋不顾身地奔集到孙中山高举的旗帜下来，原因就在这里。

1911 年爆发的辛亥革命，推翻了清朝政府，结束了统治中国两千多年的君主专制制度，建立了民主共和制度，这是改变中国历史面貌的一件大事。亲身参加过辛亥革命的林伯渠同志曾很有感慨地说："对于许多未经过帝王之治的青年，辛亥革命的政治意义是常被过低估计的。这并不足怪，因为他们没有看到推翻几千年因袭下来的专制政体是多么不易的一件事。"这场变革，为中国人走向独立和解放的道路扫除了一个巨大的障碍物。

诚然，民主共和制度在当时的中国只是徒具形式，但这个形式在人们观念上引起的深刻变革决不能小看。孙中山曾说，在南京所订《民国约法》，内中只有中华民国主权属于国民全体一条是他主张的。有了这一条，民主共和便成了正统，人们不再把自己看做皇上的"子民"，开始意识到自己是国家的主人。各种政党、社会团体和报章杂志像雨后春笋般涌现出来，政治生活空前活跃，民主精神普遍高涨，为中国的继续前进创造了重要条件。

南京临时政府成立后，社会上迅速掀起一股如火如荼的兴办实业的热潮，对中国工业化的发展起到了推进作用。南京临时政府还采取许多移风易俗的措施，如剪除发辫、改变服饰；废除跪拜、请安等礼节，代以鞠躬、握手；取消"大人""老爷"等称呼，代以"先生""君"等，使人们的精神面貌发生了很大变化。辛亥革命离五四运动只有 7 年多时间，中间的发展脉络清晰可见。可以说，没有辛亥革命，便没有五四运动，便没有以后历史的发展。把辛亥革命称为 20 世纪中国的第一次历史性巨大变化，当之无愧。

辛亥革命又是失败的，这次革命并没有达到它所预期的目标，没能从根本上改变帝国主义和封建势力对中国的统治，没有真正实现民族独立、民主政治和民生幸福。西方列强在中国的支配地位没有受到削弱，在农村没有出现一场社会大变动，中国近代社会的基本矛盾一个也没有得到解决。革命的果实又落到旧势力的代表袁世凯手里。

辛亥革命的失败，同样也给后人留下宝贵的精神财富。振兴中华，实现祖国的繁荣富强和人民的共同富裕，这是一个宏伟而艰巨的目标，决不是靠一两次革命冲击就能实现的，也不可能在一两代人手里完成。辛亥革命后建立起来的共和国，照搬了西方国家民主政治的模式。许多人以为民主共和国既经成立，人民生活在优良政治之下，进步一定很快，种种根本改革都将顺利实现。可是，事实却使人大失所望：普选徒具形式；多党制成了拉帮结派，党同伐异；议会里大多是一些政客在那里吵吵嚷嚷，争权夺利；国民党在大选中取得国会议席中的大多数，但对国民党的实际作用却很少裨益。热切的期望，得到的却是冰冷的回报。等到袁世凯代表的旧势力做好了准备，突然猛扑过来，就连那些形式上的东西也被抛到九霄云外。

在深重的民族危机和社会危机面前，旧的路走不通了，中国的先进分子便不能不开始新的探索，寻找新的出路。早期的中国共产党人，年长的大多参加过辛亥革命，并且加入了孙中山领导的同盟会，如董必武、林伯渠、吴玉章、朱德等；陈独秀虽然没有参加同盟会，但同样积极地投身辛亥革命，并且担任过独立不久的安徽都督府秘书长。林伯渠描述了自己在辛亥革命后的思想历程："从同盟会起到民国成立后十年中，自己亲自参加了每个阶段的民族民主的革命斗争，经过了多少的挫折失败，也流尽无数志士的鲜血，然而反动势力仍然是此起彼伏地统治着中国，政局的澄清总是那样遥远无期。虽然对于造成这种形势的真正原因还不完全了解，但总觉得不能再重复过去所走的路，应该从痛苦的经验中摸索出一条新路。"他又说："从自身的经历中，也体验到一个彻底的民主主义者，他所走向的是共产主义的道路。辛亥革命前觉得只要把帝制推翻便可以天下太平，革命以后经过多少挫折，自己追求的民主还是那样的遥远，于是慢慢地从痛苦的经验中，发现了这条路不通，终于走上了共产主义的道路。这不仅是一个人的经验，在革命队伍里是不缺少这样的人的。"

早期共产党人在思想上几乎都受过辛亥革命风暴的洗礼和激励，成为他们投身中国近代民族民主革命的起点；随后，又从辛亥革命的失败中接受了教训，看到它存在的严重弱点，认识到在中国的历史条件下建立资产阶级共和国是不可能的，必须寻找新的救国救民的道路，继续向前走。他们在俄国十月革命的影响下，接受马克思列宁主义的指导，走到工人和农民中间去，从中国的实际国情出发，脚踏实地地开始新的斗争，终于找到了正确的前进方向，找到了足以把祖国从危难中拯救出来的力量源泉。

本章事件与人物

《民报》 中国同盟会的机关刊物，月刊。1905 年 11 月 26 日创刊于日本东京。负实际主编责任的先后有胡汉民、章炳麟、汪精卫等。共出 26 期，附《天讨》1 册。《民报》发刊词为同盟会领导人孙中山所撰，提出了民族主义、民权主义和民生主义。《民报》的编辑方针，贯彻孙中山的三民主义，对内主张颠覆现今之恶劣政府，建设共和政体，土地国有。其所载文章，以政论文为主，间亦附记时事述评，登载少数译著小说、学术论文。《民报》与梁启超等改良派所主办的《新民丛报》之间的尖锐论战，驳斥改良派的君主立宪、开明专制，反对土地国有等主张，抵制改良派的政治影响，促进革命运动的发展，指导广大革命群众斗争的方向，一时成为革命斗争的号角，起了重要的进步作用。

《中华民国临时约法》 以孙中山为首的南京临时政府公布的，具有资产阶级共和国宪法性质的文献。1912 年 3 月 8 日南京临时参议院通过，11 日公布施行。计分总纲、人民、参议院、临时大总统副总统、国务员、法院、附则等七章，计五十六条。规定立法权属于参议院，临时大总统行使职权须有国务总理副署，法官有独立审判权，规定中华民国主权属于国民全体，国民有人身、财产、言论、通信、居住和信教等自由，有请愿、选举、被选举的权利。这一系列的规定对于促进人民的觉醒，废除封建等级制度，有着极其重要的作用。在国家机构体制上，实行内阁制，内阁总理由议会多数党产生，总理对总统要办的事项，如不同意，可驳回，总统颁布命令须由内阁总理副署才能生效。其中，参议院有权弹劾临时大总统的规定，内阁制中内阁总理对于临时大总统权力的制约规定等。这些规定明显具有维护共和制度的色彩和限制袁世凯专制独裁的目的，同时也是资产阶级对民主革命纲领的理论再现。孙中山认为，只有用法律把民主共和制度确立下来，才能使专制为之推翻。临时约法体现了这种愿望和要求，反映了资产阶级革命所要达到的基本目的，是辛亥革命成果的一个具体体现。

《中华民国临时约法》是中国历史上第一部具有资产阶级共和国宪法性质的法典。它仿照西方资产阶级的“三权分立”原则，以根本大法的形式废除了两千多年来的封建君主专制制度，开创了资产阶级民主政治的新局面。特别是强调中华民国主权属于国民全体，是历史的一个巨大进步。

章炳麟（1869—1936） 浙江余杭人。又名绛，字枚叔，号太炎。近代民主革命思想家、学者。1897 年任《时务报》撰述，因参加维新运动被通缉，流亡日本。1903 年因发表《驳康有为论革命书》并为邹容《革命军》作序，触怒清廷，被捕入狱。1904 年与蔡元培等人发起光复会。主编同盟会机关报《民报》，与改良派展开论战，传播了资产阶级民主革命思想。著有《章氏丛书》。

黄　兴（1874—1916） 湖南长沙人。1902 年赴日本留学，1904 年组织华兴会，同盟会成立，任执行部庶务。先后参与或指挥钦廉防城起义、镇南关起义、钦廉上思起义、云南河口起义、广州起义。1912 年南京临时政府成立，任陆军总长兼参谋总长。组织领导了二次革命，讨伐袁世凯。有《黄兴集》传世。

黎元洪（1864—1928） 湖北黄陂人。1883 年入天津北洋水师学堂学习，参加过中日甲午海战。1906 年，擢升暂编陆军第二十一混成协统领。武昌起义时，因革命党领袖均不在武汉，革命党人缺乏经验和自信，强迫他出任湖北军政府都督。南京临时政府成立时，当选为副总统。袁世凯死后，由副总统继任总统。与国务院总理段祺瑞发生“府院之争”，段祺瑞利用张勋将黎元洪驱走，由冯国璋代理大总统。晚年投资实业，1928 年病死于天津。

宋教仁（1882—1913） 湖南桃源人。1903 年进武昌文普通中学堂，不满清朝腐朽统治，倾向革命。1904 年与黄兴等在长沙创立华兴会，任副会长。1905 年后创办《二十世纪之支那》《民报》《民主报》等反清革命刊物。1911 年南京临时政府成立后，任法制院院长。8月将同盟会改组为国民党，被选为理事，并代理理事长。1913年初在长沙、上海等地发表竞选演说，主张成立责任内阁，反对袁世凯专政。3月20日，宋教仁在沪宁路上海站被袁世凯所派刺客以枪击伤，22日逝世。

蔡　锷（1882—1916）　湖南邵阳人。两度赴日，曾在日本士官学校学习军事。1911年到云南，任新军第十九镇第三十七协协统。武昌起义爆发后，在昆明策动新军响应，被推为临时革命总司令。云南军政府成立，任都督。1915年当袁世凯加紧策划称帝之时，以赴津诊病为名，化装逃出北京，转道日本潜回云南。与唐继尧等人通电宣告云南独立，声讨袁世凯。1916年病逝于日本，遗体送回国内，葬于长沙岳麓山。文章编为《蔡松坡集》。

袁世凯（1859—1916）　河南项城人。1882年8月任驻汉城清军总理营务处，会办朝鲜防务。1895年12月被派扩练驻天津小站的定武军，小站练兵是清末新式军队发展的转折点，也奠定了袁世凯一生事业的基础。1899年6月署理山东巡抚，残酷镇压义和团运动，一跃而成为中外瞩目的实力人物。因出卖维新革命，升任工部右侍朗、巡抚，1901年又任直隶总督兼北洋大臣。1902年在保定编练北洋常备军（简称北洋军），至1905年北洋六镇编练成军。武昌起义爆发，被任命为内阁总理大臣。1912年2月任中华民国临时大总统。期间极力图谋专制独裁统治，逼迫国民党人退出内阁，裁减南方各省的革命军队，派人刺杀国民党的领导人宋教仁。1913年镇压了“二次革命”，废除具有民主主义精神的《临时约法》。1915年5月接受了日本提出的“二十一条”要求中的大部分条款，以取得日本政府对帝制的支持。1916年复辟帝制，仅当了八十三天皇帝，便在护国运动的举国声讨声中死去。

段祺瑞（1865—1936）　安徽合肥人。1885年考入天津武备学堂炮兵科。1889年赴德国学习军事。1896年调往天津小站任新建陆军炮队统带兼武卫右军各学堂总办。1903年清廷成立练兵处，段祺瑞成为袁世凯扩编北洋军的重要帮手，段祺瑞与冯国璋、王士珍被人们称为“北洋三杰”。1909年，调充第六镇统制。1912年为陆军总长。1913年一度代理国务总理，调兵镇压“二次革命”。1916年6月任国务总理兼陆军总长，掌握北京政府实权。张勋复辟乱平后，拒绝恢复《临时约法》和国会。孙中山发起护法运动。1920年7月直皖战争爆发，皖军败北，段祺瑞去职移居天津。1924年10月被推为“中华民国临时执政”，抵制孙中山所主张的国民会议。1936年在上海病死。

冯国璋（1859—1919）　直隶河间人。北洋武备学堂毕业。1896年协助袁世凯在天津小站训练新军。辛亥革命爆发后，任北洋军第一军总统，率军到湖北镇压革命。1913年“二次革命”时，奉袁世凯之命攻下南京，任江苏都督。1916年袁世凯死后，北洋军阀分化，成为直系军阀首领。1916年当选副总统，次年代理总统。1918年被皖系军阀段祺瑞胁迫下台。

吴佩孚（1874—1939）　山东蓬莱人。早年中过秀才，后投奔清军第三镇统制曹锟，以其才智和灵活，逐渐得到曹锟的赏识和重用，成为直系首领。1923年残酷镇压京汉铁路工人运动，是二七惨案的罪魁。1924年在第二次直奉战争中失败。1926年被北伐军打败，1932年回北平，1939年去世。

张作霖（1875—1928）　奉天海城人。清末任巡防营前路统领，1911年后任二十七师师长。袁世凯称帝后，被封为盛武将军，督理奉天军务兼巡按使。袁死后，被北京政府任命为奉天督军兼省长、东三省巡阅使，依靠日本控制了辽吉黑三省，成为奉系首领。此后，张作霖以东北为基地，向关内扩张势力。第一次直奉战争失败后撤回关外，任东三省保安总司令，宣布东北三省“独立”“自治”。第二次直奉战争，占据山东，一度扩展到苏、皖，直至上海。1926年任安国军总司令，宣言“反共讨赤”，封闭进步报馆，杀害李大钊等共产党人和进步人士。1927年6月在北京成立安国军政府，自称陆海军大元帅，企图以黄河为界南北分治。因慑于东北人民的反日浪潮，对日本的侵略要求未予全部承诺，因而激怒日本军方，在沈阳西郊皇姑屯被日本关东军预埋的炸药炸成重伤，当日逝世。

陈独秀（1879—1942）　中国共产党的创始人和早期领导人之一。安徽怀宁（今安庆）人。早年留学日本。1915年创办《新青年》杂志，举起民主与科学的旗帜。1917年任北京大学文科学长。1918年和李大钊创办《每周评论》，提倡新文化，宣传马克思主义，是五四新文化运动的主要领导人之一。1920年在共产国际帮助下，在上海进行建党活动。1921年7月在中共一大上被选为中央局书记。后被选为中央委员会总书记。大革命后期，主张放弃统一战线中的领导权，犯了右倾投降主义错误。1927年在八七会议上被撤销总书记职务。后接触到托洛茨基主义的文件，转向托派，在党内组织托派小组织，要求中央接受托派路线。1929年11月，被开除党籍。主要著作收入《独秀文存》。

胡　适（1891—1962）　安徽绩溪人。1910年留学美国，入康乃尔大学，后转入哥伦比亚大学。1917年在《新青年》上发表《文学改良刍议》，成为新文化运动中很有影响的人物。1919年发表《多研究些问题，少谈些主义》，主张改良主义。1938年任国民政府驻美国大使。1946年任北京大学校长。1958年任台湾“中央研究院院长”。1962年在台北病逝。一生在哲学、文学、史学、古典文学考证诸方面都有成就。著有《五十年来之中国文学》《白话文学史》等。

李大钊（1889—1927）　中国共产主义运动的先驱，无产阶级革命家，中国共产党的主要创始人之一。河北乐亭人。1913年天津北洋法政专门学校毕业，赴日本留学，入东京早稻田大学政治科。1918年任北京大学图书馆主任，发表《布尔什维主义的胜利》等文章，号召走十月革命的道路。发表的《我的马克思主义观》，是最早系统地介绍马克思主义学说三个组成部分的文章。与提倡实用主义的胡适展开“问题与主义”论战。1920年3月在北京发起成立共产主义小组、北京社会主义青年团。1921 年 8 月任中国劳动组合书记部北京分部主任，在京奉、京汉、京海等铁路开展工人运动。参与筹备国民党一大，被选为五人主席团成员之一。1927 年 4 月 28 日被奉系军阀张作霖杀害。遗作编为《李大钊选集》等。

鲁 迅（1881—1936） 现代文学家、思想家。原名周树人，浙江绍兴人。1902 年留学日本。青年时代受进化论、尼采超人哲学和托尔斯泰博爱思想的影响。1918 年 5 月首次用“鲁迅”的笔名发表中国现代文学史上第一篇白话小说《狂人日记》，奠定了新文学运动的基石。五四运动前后，参加《新青年》杂志编辑工作，成为新文化运动的主将。1921 年 12 月发表的中篇小说《阿 Q 正传》，是中国现代文学史上的不朽杰作。1930 年起，先后参加中国自由运动大同盟、中国左翼作家联盟和中国民权保障同盟。1936 年 10 月 19 日因肺结核病逝于上海。其著作编为《鲁迅全集》十六卷。

第四章　开天辟地的变化

第一节　五四运动与马列主义的传播

一、五四运动

五四运动是中国近代史上一个划时代的事件。这场运动是在新的时代条件和社会历史条件下发生的，具有特定的时代背景。第一，新的社会力量成长、壮大。在 1914 年至 1918 年第一次世界大战期间，中国的资本主义经济得到了相当迅速的发展，资产阶级和工人阶级的力量也进一步成长起来。特别是工人阶级队伍的壮大并逐渐成熟，为运动的发生准备了社会基础。五四运动之前，中国工人阶级的人数已经达到 260 万人。这样，五四运动就获得了比以往的革命斗争更加广泛的群众基础。第二，新文化运动掀起思想解放的潮流。十月革命以后，新文化运动的倡导者和一些进步青年转变为具有初步共产主义思想的知识分子，他们在社会上宣传马克思主义，从而为五四运动准备了骨干力量。第三，俄国十月革命的影响。十月革命的胜利，使中国人民看到了民族解放的新希望，极大地鼓舞了追求民族解放和人民幸福的中国人民革命斗争的激情。陈独秀就说，十月革命以后，中国人也受了两个教训：一是无论南北，凡军阀都不应当存在；一是人民有直接行动的希望。毛泽东也说，俄罗斯以民众大联合打倒贵族、驱逐富人的事实，使全世界为之震动。

1919 年 1 月 18 日至 6 月 28 日，第一次世界大战的战胜国和战败国在巴黎召开了和平会议。会议标榜通过媾和建立世界永久和平，实际上是英、法、美、日、意帝国主义战胜国分配战争赃物，重新瓜分世界，策划反对无产阶级革命和民族解放运动的会议。

为确立美国在战后世界的霸权，早在战争期间，美国总统威尔逊即授命其助理豪斯组成专门机构研究战后和会问题。英国外交部也组织一批专家，探讨一旦大战结束英国对和会的对策。1918 年 1 月，威尔逊提出“十四点”计划后，豪斯奉命到巴黎，与法、英、意等国政府首脑就召开战后和会问题进行磋商。1919 年 1 月 13 日至 17 日，英、法、美、日、意五国举行巴黎和会准备会议，背着多数国家制定了和会的议事规则。巴黎和会自始至终在帝国主义战胜国的操纵下进行。参加巴黎和会的中国代表在中国人民舆论的压力下，向会议提出废除袁世凯与日本订立的不平等条约“二十一条”，要求将德国在山东的租借地、胶济铁路以及其他权利归还中国。同时还提出七项希望条件：废除势力范围；撤退外国军队、巡警；裁撤外国邮局及有线无线电报机关；撤销领事裁判权；归还租借地；归还租界；关税自主等。但这些要求和希望均遭到参加“和会”的帝国主义国家拒绝。不仅如此，会议还决定将德国在山东掠夺的权利全部让予日本，并将其写进了《凡尔赛和约》。至此，中国在巴黎和会上的外交完全失败，但北洋军阀政府竟准备在和约上签字。

巴黎和会上中国外交的失败，成为五四运动爆发的导火索。1919 年 5 月 4 日，北京学生 3000 余人在天安门前集会，高呼“外争国权，内惩国贼”“取消二十一条”“拒绝和约签字”等口号，举行了游行示威。愤怒的爱国学生痛打了亲日派官僚章宗祥，并放火焚烧了亲日派官僚曹汝霖的住宅。北洋政府派军警镇压，逮捕学生 30 多人。

北京学生立即实行总罢课，并通电全国表示抗议。天津、上海、长沙、广州等地的学生也纷纷游行示威，声援北京学生。在日本、法国等国的中国留学生以及南洋华侨学生都开展了爱国活动。6 月 3 日至 4 日，北洋政府又逮捕北京学生近千人，激起全国人民的更大愤怒。上海、南京、天津、杭州、武汉、九江及山东、安徽等地的工人举行了中国历史上第一次政治罢工，上海和全国各主要城市的商人也先后举行罢市。至此，五四运动发展到新的阶段，即从开始的共产主义知识分子、革命的小资产阶级知识分子和资产阶级知识分子三部分人的统一战线运动，发展为以工人阶级为主力军，包括城市小资产阶级和民族资产阶级参加的全国范围的革命运动，运动的中心也由北京移到上海。6 日至 10 日，北洋军阀政府被迫释放被捕学生，罢免卖国贼曹汝霖、章宗祥、陆宗舆的职务，拒绝在和约上签字。

五四运动是在新的时代和社会历史条件下发生的，具有辛亥革命为代表的旧民主主义革命所不曾有的一些特点。第一，表现了彻底的不妥协的反帝反封建性。毛泽东在《新民主主义论》中指出，五四运动杰出的历史意义，在于它带着为辛亥革命还不曾有的姿态，这就是彻底地不妥协地反帝国主义和彻底地不妥协地反封建主义。在这场运动中，提出了“改造强盗世界，不承认秘密外交，实行民族自决”和“另起炉灶，组织新政府”这样的口号，表明中国人民反帝反封建的斗争提升到了一个新的水平。第二，它是一场真正的群众运动。由学生运动扩展为群众性的革命运动，特别是促进了工人阶级自觉地、有意识地登上了历史舞台，并逐渐成为中国革命的中坚力量，这在中国近代革命的历史上是没有先例的。第三，促进了马克思主义在中国的传播及其与中国工人运动的结合。五四运动显示了中国工人阶级的伟大力量，使具有初步共产主义思想的知识分子看到了中国工人阶级和广大民众的力量，促使他们到工人中去宣传马克思主义，也就促进了马克思主义和中国工人运动的结合，为中国共产党的成立作了思想上和干部上的准备。

五四运动发生于俄国十月社会主义革命之后，在中国虽然是反帝反封建的民主主义革命性质，但从时代和世界范围来看，已经不再属于世界资产阶级革命范畴，而是属于世界无产阶级革命的一部分。因此，它开辟了中国革命历史的新纪元，是中国新民主主义革命的开端。五四运动过程中，中国的工人阶级作为一支独立的政治力量登上了历史舞台，表明中国的工人阶级已经由不成熟的阶级变为成熟的阶级，并成为了中国新民主主义革命的领导力量。在五四运动中，工人阶级显示了伟大的力量。工人在斗争中起到了决定性的作用这个事实，给予先进的知识分子以真切的教育。上海学生联合会在告同胞书中说："学生罢课半月，政府不惟不理，且对待日益严厉。""工界罢工不及五日，而曹、章、陆去。""五四运动中有一部分学生领袖，就是从这里出发'到民间去'，跑到工人中去办工人学校，去办工会。"那些接触了社会主义思潮、初步掌握了马克思主义的知识分子脱下学生装，穿上粗布衣，开始到工人中去进行宣传工作和组织工作。而先进知识分子与工人群众相结合的过程，也就是马克思主义与中国工人运动相结合的过程。五四运动时，虽然中国共产党还没有成立，但已经有了具有初步共产主义思想的知识分子。他们在运动的发展过程中，已经开始用马克思主义作为理论指导，并指引着运动向着彻底的反帝反封建方向发展。瞿秋白曾说，对于五四运动，绝不能望文生义地去解释它。中华民族几十年来受剥削，到今日才感受到殖民地的状况。帝国主义压迫的切骨的痛苦，触醒了空泛的民主主义的噩梦，所以学生运动倏然一变而倾向于社会主义。而在这些倾向于社会主义的知识分子中，一些人经过比较，开始在马克思主义的旗帜下集合起来。正因为如此，五四运动也就成了中国革命的新阶段，即新民主主义革命阶段伟大的开端。

二、马列主义的传播

十月革命的一声炮响，给中国先进的知识分子送来了马克思主义。1917 年 11 月，列宁领导的十月社会主义革命的胜利，给陷于苦闷、彷徨中的中国先进知识分子以极大的鼓舞。他们迅速地由学西方转向学习十月革命，从资产阶级民主主义革命转向了社会主义革命。

十月革命昭示人们，资本主义制度并不是永恒的，无产阶级和其他劳动群众一旦觉醒起来、组织起来，完全可以依靠自身的力量创造出维护绝大多数人利益的崭新社会制度。由于这场革命发生在中国学习西方的努力遭到失败、中国的先进分子陷于彷徨和苦闷之中的时候，它确实使中国人看到了民族解放的新希望。李大钊说，十月革命所开始的"是世界革命的新纪元，是人类觉醒的新纪元。我们在这黑暗的中国，死寂的北京，也仿佛分得那曙光的一线，好比在沉沉深夜中得一小小的明星，照见新人生的路"。

十月革命的胜利，对中国社会产生了深刻的影响：第一，它给予中国先进知识分子这样一个启示，即经济文化落后的国家可以用马克思主义作为指导，去争取民族解放斗争的胜利。第二，列宁领导的苏俄以平等的态度对待中国，使中国人民真正体会到了获得平等地位的滋味。第三，十月革命中俄国工人、农民和士兵的广泛发动并赢得胜利的事实，也给中国先进分子提供了可借鉴的革命新方法，即通过人民群众运动来改造旧社会。

十月革命以后，中国的思想界产生了一批赞成十月社会主义革命、具有初步共产主义思想的知识分子。他们“以俄为师”，学习、研究并且在社会上宣传十月革命和马克思主义，使社会主义开始在中国形成一股有相当影响的思想潮流。不过，在开始时人们对社会主义还只是一种朦胧的向往。正如瞿秋白所说：“社会主义的讨论，常常引起我们无限的兴味。然而究竟如俄国十九世纪四十年代的青年思想似的，模糊影响，隔着纱窗看晓雾，社会主义流派，社会主义意义，都是纷乱、不十分清晰的。”无政府主义、革命的工团主义、基尔特社会主义、社会民主主义以及新村主义、泛劳动主义等，各种社会主义流派的观点，在各种报刊上纷然杂陈。起初，在各种社会主义的思想中，无政府主义占据优势。中国的先进分子是经过反复的比较和推求，才选择了马克思主义的科学社会主义。

五四运动以后，马克思主义理论开始在进步知识界中得到传播，以李大钊为代表的具有初步共产主义思想的知识分子作出了杰出的贡献。李大钊与陈独秀一起，以《新青年》为主要阵地，在社会上开始宣传马克思主义。1919 年李大钊发表了《我的马克思主义观》一文，第一次向中国人民系统地介绍了马克思主义的唯物史观、政治经济学和科学社会主义的基本观点。陈独秀也接受了马克思主义，并在上海建立了马克思主义研究会，号召青年从事宣传运动、工人运动。毛泽东、邓中夏、蔡和森、恽代英、瞿秋白、周恩来、赵世炎、董必武、陈潭秋、李达、李汉俊等一大批先进青年和具有初步共产主义思想的知识分子也分别经过各种努力，走上无产阶级革命道路，成为马克思主义者。

早期的马克思主义者队伍，主要由三类人组成。一是五四运动以前的新文化运动的精神领袖，代表人物为李大钊、陈独秀。他们在五四运动之前，就是新文化运动的旗手，在中国当时的思想界颇有影响。五四运动以后，他们由提倡“民主”与“科学”转而开始研究、宣传马克思主义，并成为了中国社会最早的马克思主义者。二是五四爱国运动的左翼骨干，代表人物为毛泽东、周恩来等。三是一部分原中国同盟会会员、辛亥革命时期的活动家，代表人物为董必武等。这些人原来与孙中山一起搞革命，后来逐渐认识到只有马克思主义才能真正解决中国的革命问题，转而信仰马克思主义。

早期马克思主义者在中国掀起了一场研究、传播马克思主义的思想运动。这个运动具有以下几个特点。第一，重视全面地把握马克思主义的科学体系及其革命立场，明确而坚决地同第二国际的修正主义划清了界限。第二，注意从中国的实际出发，学习、运用马克思主义的理论。主张运用它去研究和解决中国面临的实际问题，做到“有的放矢”，注重把马克思主义与中国实际相结合。第三，提出了知识分子应当同劳动群众相结合的思想。

如果说，五四运动以前的新文化运动主要是资产阶级民主主义的新文化反对封建主义的旧文化的斗争，那么，五四以后的新文化运动已经发展到了一个新阶段，传播马克思主义开始逐步地在思想文化领域中起主导作用了。

1919年5月，李大钊发表了《我的马克思主义观》。对此，胡适发表了《多研究些问题，少谈些主义》，指责思想界空谈主义，呼吁人们多研究些现实的社会问题。他说，第一，主义是阿猫阿狗都能做的事情，主义只是留声机。第二，主义是没有用的，想要用马克思主义对中国问题作"根本解决"，那是"自欺欺人的梦话"，"是中国思想界破产的铁证"。第三，谈主义很危险，谈主义是一个问题也解决不了。针对胡适的攻击，李大钊写了《再论问题与主义》进行反击。李大钊说，解决问题离不开主义，空谈主义的危险不在主义本身，而在于空谈主义的人。解决社会问题，必须依靠社会上多数人的共同运动，而要有多数人的共同运动，就必须有一个共同的理想、主义作为准则，因此，谈主义是必要的；不宣传主义，没有多数人参加，不管你怎样"研究"，社会问题是永远也没有解决的希望的。中国问题需要一个根本的、总体的解决，不进行根本的解决，就不能够前进。只有运用马克思主义学说，号召民众，聚集革命力量，先从根本上解决问题，才能够一个个地解决其他问题。

问题与主义之争基本划清了马克思主义与实用主义的界限，引起了很多社团的分化，一批先进的青年站在李大钊一边，先后加入了中国共产党。毛泽东强调说，主义好比一面旗帜，旗帜树立起来了，大家才知所趋附。当然，胡适也有一批追随者，如傅斯年、罗家伦、段锡朋等，这些人后来成了国民党的政要人物。

1920年10月，梁启超邀请英国学者罗素来中国讲学。罗素到中国后，由梁启超的学生张东荪陪同，到全国巡回演讲。在演讲中，罗素大力宣扬他的基尔特社会主义。"基尔特"指行业工会。罗素主张通过发展实业，建立有资本家和工人参加的行业工会，可以和平进入社会主义。梁启超和张东荪发表文章，主张解决社会问题应该采取"平和的或渐进的"办法，在现行制度下开发实业，增加财富，发展资本主义，然后通过建立"基尔特"管理方式，和平进入"基尔特社会主义"。他们认为，中国的病症是贫穷，贫穷的原因不是剥削，而是天灾人祸。救治的方法，只有用资本主义发展实业一条路。而发展实业，只有依靠"绅商阶级"。要靠"绅商阶级"，就不能发动革命。如果发动革命，就是"伪劳农革命"，结果只不过是在"过去的许多内乱上再添一个内乱罢了"。

针对梁启超、张东荪的观点，李达、陈独秀等发表文章进行反驳。他们说，发展实业，增加社会财富，这些都对，但问题是用什么方法来达到这个目的。只有社会主义才能给发展实业创造条件。中国的无产阶级和农民不仅受本国的地主和资产阶级的剥削压迫，而且受国际帝国主义的残酷掠夺和压迫，民众中有着强烈的革命要求，"革命的爆发乃是必然的趋势"，这是不以人的主观意志为转移的。和平改良的办法在中国行不通，已经被无情的事实所证明。

这场争论，实质上是关于中国是走社会主义道路还是走资本主义道路、是实行社会革命还是实行社会改良的争论。争论持续了1年多，由于梁启超等既无法说明在中国现有的条件下如何实行基尔特社会主义，也无法抹杀在帝国主义与封建主义统治下，中国资本主义无从发展的事实，基尔特主义只好草草收场。

无政府主义鼓吹绝对自由，反对一切国家、反对一切权威。五四运动时期，宣扬无政府主义的书刊有70多种。由于无政府主义与马克思主义的世界大同论似乎一致，所以，很多进步青年在接受马克思主义思想的同时，也相信无政府主义。特别是黄凌霜的无政府主义工团思想吸引了更多的青年。他们相信通过互助合作，搞工读互助团体，就能够达到世界大同。对于无政府主义思潮的泛滥，陈独秀、李达等奋起批判。他们指出，无政府主义的错误在于它不加区别地反对一切国家。对于推行官僚政治的国家，是应该反对；但对于铲除官僚政治的国家，不仅不应该反对，而且应该维护。“推翻了资产阶级国家之后，一定要建设无产阶级国家；否则，革命就不能完成，共产主义就不能实现。”针对所谓的“绝对自由”，他们指出，人类社会的自由只能是相对的，不存在“绝对自由”。一个团体内意见不同的分子可以自由退出，但一个家庭、一个社会、一个国家内的意见不同分子或团体，又有什么办法可以自由退出呢？一盘散沙的现象，绝对不利于工人阶级的解放事业。

经过这场争论，基本划清了马克思主义与无政府主义的界限，使不少原来信仰无政府主义的人转向了马克思主义。刘少奇在谈到这场争论时说：“在起初各派社会主义的思潮中，无政府主义是占着优势的。马克思主义的拥护者到处都与无政府主义的拥护者争论着，斗争着。马克思主义直至在各方面克服无政府主义以后，才成为政治生活中一个雄伟的力量。”

第二节　中国共产党的成立与工人运动的兴起

一、中国共产党的成立

五四运动前，中国产业工人已经发展到200万人左右。无产阶级的产生和发展，为中国共产党的建立奠定了阶级基础。1917年俄国十月革命的胜利给中国送来了马克思列宁主义，使中国的先进分子找到了救国救民的真理。马克思列宁主义在中国的广泛传播，为中国共产党的建立奠定了思想基础。1919年爆发的五四运动，促进了马克思主义同中国工人运动的结合，为中国共产党的建立作了干部上的准备。

1920年初，李大钊、陈独秀等开始了建党的探索和酝酿。4月，俄共（布）西伯利亚局派维经斯基等一行来华，了解中国情况，考察能否在上海建立共产国际东亚书记处。他们先在北京会见了李大钊，在上海会见陈独秀，共同商谈讨论了建党问题，促进了中国共产党的创立。从 5 月开始，陈独秀邀约李汉俊、李达、俞秀松等人多次商谈建党的问题。8 月，陈独秀在上海成立了共产主义小组。10 月，李大钊在北京建立了共产主义小组。接着在湖南、湖北、山东、广东等地相继建立了共产主义小组，同时在法国和日本也由留学生中的先进分子组成了共产主义组织。

各地共产主义小组建立以后，开展了多方面的革命活动。为了广泛传播马克思列宁主义，统一建党思想，1920 年 9 月上海发起组把《新青年》杂志改为党的公开刊物。11 月，创办了《共产党》月刊，在全国主要城市秘密发行，这是中国共产党历史上第一个党刊。新青年杂志社翻译出版了《共产党宣言》《国家与革命》等马克思列宁主义经典著作以及多种宣传马克思主义的通俗小册子。各地共产主义小组创办了一批面向工人的通俗刊物，在上海有《劳动界》，北京有《劳动音》和《工人月刊》，济南有《济南劳动月刊》，广州有《劳动者》等，对工人进行阶级意识的启蒙教育。在此基础上，各地共产主义小组积极深入工人群众中，举办工人夜校，建立工会组织。各地还建立了社会主义青年团，发展了一批团员，青年团成为党的有力助手和后备军。

中国共产党的早期组织成立后，开展了多方面的工作，主要集中在以下几个方面。第一，进一步研究和宣传马克思主义。共产主义小组成员开始着重从马克思、恩格斯的原著来学习马克思主义，同时也开始学习列宁的著作。他们在《新青年》杂志、《共产党》月刊以及《民国日报》等报刊上发表文章，宣传马克思主义和俄国革命的经验。上海、北京的共产主义小组还积极进行马克思主义著作的译介工作。1920 年 8 月，陈望道翻译的《共产党宣言》中文全译本公开出版。同月，恩格斯的《科学的社会主义》也公开出版。之后，还陆续出版了若干种介绍马克思主义的著作，如《马克思＜资本论＞入门》《唯物史观解说》等。第二，到工人中去进行宣传和组织工作。为了能够用马克思主义指导中国的工人运动，各地共产主义小组的成员，自觉地深入到工人群众中去。为了能在工人群众中有效地开展工作，一些先进的知识分子穿起工人的服装，学习工人的语言，从事工人的劳动，力求与工人打成一片。上海小组成员俞秀松改名换服，到厚生铁工厂做工。创办了一批专门供工人阅读的进行马克思主义启蒙教育的刊物，向工人进行马克思主义理论宣传。还创办了各种形式的工人学校，其中影响最大的是邓中夏在北京长辛店、李启汉在沪西小沙渡分别开办的劳动补习学校。经过宣传教育，觉悟的工人有了组织起来的要求。1920 年 11 月，共产党早期组织领导的第一个工会——上海机器工会宣告成立。1921 年五一国际劳动节，长辛店成立工人俱乐部。武汉、长沙、广州、济南等地的工人也相继成立工会。工会开始发动工人开展罢工斗争。工人的觉悟程度在斗争中得到了进一步提高，组织性在斗争中得到了进一步加强。第三，进行关于建党问题的讨论和实际组织工作。在马克思主义进一步广泛传播和中国工人运动大发展的情况下，各地的共产主义者对建党问题展开了讨论。1920 年 11 月，党的发起组制定了《中国共产党宣言》，阐述“共产主义者的理想”、“共产主义者的目的”和“阶级斗争的最近状态”。《宣言》虽然没有向外公开发表，不过以此为收纳党员的标准。在上海共产主义小组的领导下，1920 年 11 月，社会主义青年团宣告成立。其后，北京、天津、武汉、长沙等地也成立了团的组织。各地团组织通过引导青年学习马克思主义，参加实际斗争，为党造就了一批后备力量。

通过共产主义小组成立后进行的这些活动，促进了马克思主义的传播及其与中国工人运动的结合。在这个过程中，初步确立了共产主义信念的知识分子，其思想感情进一步转变到工人阶级方面来；同时，一部分工人由于受到马克思主义的教育而提高了阶级觉悟。这样，就形成了一批工人阶级的先进分子，在中国创建工人阶级的先锋队——中国共产党的条件基本具备了。

1921 年 3 月，在俄共远东局和共产国际的建议和支持下，召开了各共产主义小组的代表会议，发表了关于党的宗旨和原则的宣言，并制定了临时性的纲领，确立了党的工作机构和工作计划，表明了党组织对社会主义青年团、工会、行会、文化教育团体和军队的态度。这次会议为党的成立作了必要的准备。维经斯基回国不久，1921 年 6 月共产国际派马林等到上海。他们建议召开党的全国代表大会，正式成立中国共产党。上海党的发起组在李达的主持下进行了全国代表大会的筹备工作，并向各地党的组织写信发出通知，要求各地选派两名代表出席大会。来自北京、汉口、广州、长沙、济南和日本的各地代表于 7 月 23 日全部到达上海。参加会议的各地代表有李达、李汉俊、张国焘、刘仁静、毛泽东、何叔衡、王尽美、邓恩铭、陈潭秋、董必武、周佛海、陈公博，包惠僧受陈独秀派遣参加了会议，他们代表着全国 50 多名党员。共产国际代表马林和尼科尔斯基列席了会议。在会议进行过程中，突然有法租界巡捕闯进了会场，会议被迫中断。于是最后一天的会议，便转到了浙江嘉兴南湖的一艘游艇上举行。大会确定党的名称为“中国共产党”，党的纲领是“革命军队必须与无产阶级一起推翻资本家阶级的政权”，“承认无产阶级专政，直到阶级斗争结束”，“消灭资本家私有制”，以及联合第三国际。大会讨论了实际工作计划，决定集中精力领导工人运动，组织工会和教育工人。大会选举产生了党的领导机构——中央局，陈独秀为书记，李达、张国焘分管组织和宣传工作。

党的一大宣告了中国共产党的正式成立。中国共产党成立使中国革命有了坚强的领导核心，中国人民有了可依赖的组织者和领导者，保证了中国革命的胜利发展；使中国革命有了马列主义科学的指导思想，并与中国实际相结合，为中国人民指明了斗争的目标和走向胜利的道路；使中国革命有了新的革命方法，并沟通了中国革命与世界革命的联系，为中国革命获得国际援助等提供了客观可能性。

中国共产党是在幅员广大、人口众多、情况复杂、经济文化落后的半殖民地半封建的旧中国开展活动的，从何处着手进行革命，如何把马克思主义的基本原理同中国革命的具体实践正确地结合起来，搞清楚民主革命与社会主义革命的区别和联系，制定出符合中国国情的民主革命纲领，需要有一个探索的过程。1922年7月16—23日，中国共产党根据在莫斯科召开的远东共产党及民族革命团体第一次代表大会的精神和列宁关于民族和殖民地问题的理论，为制定中国民主革命的纲领，团结全国人民进行革命斗争，在上海南成路辅德里625号召开了第二次全国代表大会。出席这次大会的代表有陈独秀、张国焘、李达、蔡和森、高君宇、王尽美、邓中夏、施存统、李震赢、杨明斋、陈望道、项英12人，代表党员195人。大会分析了国际形势和中国社会政治经济状况，讨论了党的任务。大会选举了党的中央执行委员会。陈独秀、李大钊、蔡和森、张国焘、高君宇当选为中央委员，邓中夏、向警予当选为候补委员，陈独秀为中央执行委员会委员长。

党的二大正确地区分了民主革命和社会主义革命，在中国人民面前第一次明确地提出了彻底的反帝反封建的革命纲领，从而为中国人民指明了争取解放的道路和斗争的目标，也表明用马克思列宁主义武装起来的中国共产党，在中国革命最主要的问题上，已经开始把马克思主义普遍原理与中国的具体实践结合起来。中国民主革命纲领的制定，标志着中国共产党建党工作的完成，预示着中国革命高潮即将到来。

中国共产党是在特定的社会历史条件下成立的，与西欧许多资本主义国家的工人阶级政党相比，具有以下特点。第一，中国共产党成立于俄国十月革命取得胜利、第二国际修正主义遭到破产之后，是以俄国布尔什维克党为榜样，并且得到列宁领导的共产国际的帮助，按照马克思列宁主义建党原则建立起来的。它所接受的是没有被修正主义阉割的马克思主义完整的科学世界观和社会革命论，是在帝国主义和无产阶级革命时代发展了的马克思主义即列宁主义，是在斗争中同资产阶级、小资产阶级社会主义划清了界限的科学社会主义。中国共产党从一开始，在思想和组织上都没有受到欧洲社会民主党和第二国际的影响。第二，中国共产党是在半殖民地半封建社会环境中产生的。在这样的社会条件下，中国的工人阶级深受帝国主义、本国资产阶级和封建势力的三重压迫，具有坚强的革命性，在这个阶级中，不存在欧洲那种工人贵族，没有社会改良主义的基础，也没有欧洲那样的资本主义和平发展时期容许工人阶级进行和平的议会斗争的条件，他们很少对资产阶级民主制度抱有幻想和期望。中国共产党一开始就是一个以马克思列宁主义理论为基础的党，是一个区别于第二国际旧式社会改良党的新型工人阶级革命政党。

中国共产党的成立是一件开天辟地的大事，给灾难深重的中国人民带来了光明和希望。中国人民从来就有勤劳勇敢、富于斗争的传统。他们的斗争之所以屡遭挫折和失败，重要原因之一是由于没有一个先进的坚强的政党作为凝聚自己力量的领导核心。中国共产党的成立，标志着中国革命终于有了一个坚强的领导核心，它不仅是中国工人阶级先锋队，也是中国人民可以信赖的组织者和领导者。中国共产党的成立，还沟通了中国革命与世界革命的联系，使中国革命成为了世界无产阶级社会主义革命的一部分。正如毛泽东所说："自从有了中国共产党，中国革命的面貌就焕然一新了。"

当然，中国共产党创建之初也具有一些不足。由于中国共产党产生于半殖民地半封建的社会环境中，工人阶级的人数不多，又比较年轻，决定了在以后的发展过程中，农民和小资产阶级出身的党员必然占相当大的比例，新生的中国共产党不能不受到小资产阶级思想的严重影响。要克服小资产阶级的阶级局限性，改造小资产阶级可能带到党内来的各种非无产阶级思想，是中国共产党面临的一项长期的任务。因此，中国共产党要把马克思列宁主义同中国实际全面地、正确地结合起来，制定出适合中国情况的路线、方针、政策，不能不经历一个曲折的探索的过程。此外，党创建之时，马克思主义在中国传播的历史还不太长，党的理论准备还不足，再加之党成立以后又立即投入到领导革命斗争的实际工作中去了，而没有充分的时间进行马克思主义思想教育。这就使得在中国共产党的幼年时期，"左"倾和右倾错误能够在一定时期内曾在党内占据了统治地位，给革命事业带来损失。因此，加强党的马克思主义教育，提高全党的思想觉悟和理论水平，就成为中国共产党进行党的建设的重要而紧迫的任务。

二、第一次工人运动高潮

中国共产党成立后，把领导工人运动作为主要工作。1921 年 8 月，在上海成立了领导全国工人运动的公开机构——中国劳动组合书记部，并在北京、武汉、长沙、广州、济南建立了分部。劳动组合书记部还创办刊物，开办补习学校，派党员深入到工人群众中去，宣传马克思主义，启发工人觉悟。

1922 年 1 月至 1923 年 2 月，全国兴起了第一次工人运动高潮。第一次工人运动高潮是在中国共产党的领导下进行的，它显示了党的组织发动能力，显示了中国工人阶级的斗争力量。当然，这个时期党领导的工人斗争，也为以后的革命发展提供了重要的经验教训。第一，中国革命的敌人是异常强大的。为了战胜强大的敌人，仅仅靠工人阶级孤军奋战是不够的，必须争取一切可能的同盟者。第二，在半殖民地半封建的中国，工人没有起码的民主权利，几乎所有规模较大的工人斗争都遭到反动军警的镇压，因此，没有革命的武装斗争，仅仅依靠罢工或其他合法斗争是不行的。

1922 年 1 月 13 日，香港海员为要求增加工资，取消包工制，改良待遇而举行罢工。起初，只有 1500 人参加。后来，由于港英当局迟迟不答复工人群众的罢工要求，并以武力相威胁，因此激起工人的义愤，于是举行总同盟罢工，罢工工人增至十多万，约有几万海员陆续离港回广州。这次罢工使香港海运、内河航运中断，工业生产和商业贸易几乎完全停止，生活用品来源断绝，物价上涨，使繁荣的香港变成了“死港”。由于罢工得到各方面的支持，经过56天斗争，到同年3月6日，终于迫使港英当局接受了工人的要求，同意增加工资20%，宣布撤销封闭工会的命令，送还海员工会的会牌和物品，释放被捕工人，并抚恤被杀害的工人。罢工斗争取得了完全胜利。

安源路矿是萍乡煤矿和株萍铁路的合称。株萍铁路是专为运输萍乡煤矿的煤炭而建的。路矿两局共有工人1.3万余人。萍乡煤矿是当时中国最大的工业企业——汉冶萍公司的主要厂矿之一。汉冶萍公司是当时最大的官僚买办企业，受日本帝国主义的控制。安源路矿工人在帝国主义、封建势力和官僚买办的压榨下，过着悲惨的生活。安源路矿成为中国共产党最初开展工人运动的重点区域。1921年秋，毛泽东到安源路矿工人中开展工作。随后，党又派李立三同志去安源常驻，先后在工人中建立起社会主义青年团组织和共产党支部，成立了工人俱乐部。1922年，资本家请萍乡县署正式布告查封俱乐部。路矿当局一连三个月拖欠工人工资，使工人生活陷入绝境。工人俱乐部提出的保护俱乐部和改善工人待遇等要求没有得到答复。9月14日，安源路矿工人大罢工爆发，李立三任罢工总指挥。工人们挫败路矿当局收买工贼复工、企图暗杀李立三等阴谋。中国共产党又派出刘少奇为代表与路矿当局进行谈判，迫使他们答应了工人提出的13项条件。18日，双方在复工条件上签字，罢工取得了完全的胜利。

罢工胜利后不久，工人俱乐部的成员就由罢工前的700多人猛增到12000多人。路矿全体工人团结起来，形成了以中国共产党组织为领导核心、以工人俱乐部为公开组织形式的阶级队伍。在此基础上，安源工人俱乐部同粤汉铁路工人联合成立了粤汉铁路总工会，并发起成立了湖南全省工团联合会和汉冶萍总工会，又与湖北全省工团联合会建立了联系。最后，铁路工会联合起来成立了全国铁路总工会筹备委员会，从而大大推动了工人阶级的全国大联合。安源路矿工人大罢工影响深远，成为中国工运史上一次著名的罢工事件。

1923年2月1日，京汉铁路总工会在郑州召开成立大会，军阀吴佩孚派军警包围大会会场，不准工人开会。工人代表毅然冲进会场，宣布京汉铁路总工会成立。当天，总工会会所被反动军警捣毁。总工会移到湖北江岸办公，决定举行京汉铁路总同盟罢工，号召工人“为自由而战，为人权而战”。2月4日，从长辛店到江岸1000多公里长的京汉铁路，各种车辆在三小时内全部停开，大罢工开始。到第三天，武汉各工团代表和江岸一万多名工人举行了大规模的游行示威。2月7日，军阀吴佩孚在帝国主义的支持下，调动军队，在汉口、郑州、长辛店等地疯狂屠杀罢工工人，打死50余人，伤数百人，被捕40余人，制造了震惊中外的“二七惨案”。总工会江岸分会委员长、共产党员林祥谦被敌人绑在车站的电线杆上，敌人向他身上连砍数刀，逼他下令复工。林祥谦坚强不屈，大声喊道："头可断，工不可上！"最后，慷慨就义。武汉工团联合会法律顾问、共产党员施洋面对敌人的屠刀，从容地说："你们杀了我一个施洋，还有千百万个施洋！"2月9日，为了保存革命力量，京汉铁路总工会和湖北工团联合会联合发出复工的命令。大罢工失败，此后全国工人运动暂时转入低潮。

第三节　国共合作与大革命运动

一、国共合作

京汉铁路工人罢工失败后，中国的工人运动暂时转入了低潮。在严酷的斗争中，中国共产党进一步认识到，工人阶级虽然是一个最有觉悟、最有战斗力的阶级，但单凭一个阶级的力量不能取得革命胜利。工人阶级要取得反帝反封建的民主革命的胜利，就必须团结一切可以团结的革命阶级和阶层，组成革命的统一战线。正是基于这样的认识，在二七惨案之后，中国共产党决定采取更为积极的步骤去实现与当时在社会上有一定影响的孙中山领导的国民党进行合作。

孙中山领导的国民党，是代表资产阶级和城市小资产阶级的政党。尽管其成分复杂、组织松散且严重脱离群众，但在当时仍不失为代表革命的政党。第二次护法斗争失败后，孙中山痛苦地认识到利用军阀之间的矛盾根本不可能实现他的政治理想，必须寻找一条新的革命道路。共产国际、苏联、中国共产党都向他伸出了援助之手，并建议实行国共合作。孙中山以满腔的热情开始了他一生中最伟大的转变。

中共二大以后不久，共产国际代表马林来到中国，向中国共产党传达了共产国际关于建立国共合作的建议。在马林的提议下，1922年8月中国共产党在杭州西湖召开特别会议，经过两天的讨论，决定接受共产国际的建议，在孙中山按民主原则改组国民党的条件下，共产党员和社会主义青年团员以个人的名义加入国民党，与国民党实行"党内合作"，以推动革命统一战线的建立。1923年6月12—20日，中国共产党在广州召开第三次全国代表大会。大会指出，中国的中心任务是反对帝国主义者及其在中国的封建代理人，国民党与年轻的中国共产党互相配合行动是必要的，但党必须保持自己本身的组织和严格集中的机构，无论如何不应当与它合并，不应当在这些运动中卷起自己的旗帜。大会最后决定全体共产党员以个人名义加入国民党，以建立各民主阶级的统一战线，同时保持共产党在组织上、政治上的独立。中共三大根据马克思列宁主义的策略思想，结合中国的具体情况，正确地确定了革命统一战线的方针政策，促进了国共合作的形成。但是，大会对于无产阶级领导权问题、农民问题和军队问题还没有给予应有的重视。

1924年1月20—30日，在中国共产党人的参加与帮助下，孙中山在广州召开了国民党第一次全国代表大会。大会通过了共产党人起草的以反帝反封建为主要内容的宣言，确定了联俄、联共、扶助农工的三大政策，从而把旧三民主义发展为新三民主义。大会选举出中国国民党中央执行委员会，共产党员李大钊、谭平山、毛泽东、林祖涵、瞿秋白等 10 人当选为国民党中央执行委员或候补执行委员，约占委员总数的四分之一。会后，在国民党中央党部担任重要职务的共产党员有：谭平山任国民党组织部部长，林祖涵任国民党农民部部长，毛泽东任国民党宣传部代理部长，等等。随后，全国大部分地区以共产党员和国民党左派为骨干改组或建立了各级国民党党部。

国民党第一次全国代表大会的召开，正式宣告了国民党改组的完成和国共合作的实现，标志着反帝反封建的革命统一战线的建立。改组后的国民党的性质发生了重大变化，即由原来的资产阶级政党改变为工人、农民、小资产阶级和民族资产阶级的革命联盟。以国共两党合作为特征的革命统一战线的建立，加速了中国革命的进程，在中国革命历史上出现了轰轰烈烈的大革命。

在国民党一大上，孙中山对同盟会的纲领“三民主义”进行了新的阐释。具体地讲，就是在民族主义中突出了反帝的内容，强调对外实行中华民族的独立；在民权主义中主张民主权利应“为一般平民所共有”；在民生主义中则提出了“平均地权”和“节制资本”两大原则，并提出了“耕者有其田”的思想。孙中山在解释“三民主义”时还指出，新三民主义与联俄、联共、扶助农工三大政策是联系在一起的。总之，新三民主义有了明确的反帝反封建内容，并且同联俄、联共、扶助农工三大政策结合起来，民权为“平民所共有”和“节制资本”的口号，这表明对旧三民主义建立资本主义社会和资产阶级专政的思想，采取了批判的态度。“反对帝国主义”和“耕者有其田”的口号，使新三民主义具有明确的反帝反封建的政治内容。尽管新三民主义斗争的彻底性、革命最终目标、指导思想与共产党的民主革命纲领还有着本质区别，但与共产党的民主革命纲领的各种原则基本一致，成为国共合作的政治基础。

改组后的国民党是工人、农民、小资产阶级和民族资产阶级的民主革命联盟，但也有一些地主买办阶级分子混杂在其中。因阶级利益和对革命态度的不同，国民党内自然形成了左、中、右三个不同的政治派别，随着革命的深入发展，他们之间围绕着坚持还是反对国民党一大所确定的革命纲领和联俄、联共、扶助农工的三大政策，分歧越来越严重，斗争越来越激烈。以蒋介石、戴季陶为首领的新右派，加紧进行排斥共产党、篡夺革命领导权的活动。

戴季陶是国民党右派的理论家，发表了《孙文主义之哲学的基础》《国民革命与中国国民党》，系统地提出了一套反动理论，被称为戴季陶主义。戴季陶主义在思想上，把孙中山的三民主义歪曲为以“仁爱”为核心的“道统论”，反对马克思主义的唯物史观。在政治上，鼓吹阶级合作，反对马克思主义的阶级斗争学说，反对工农进行阶级斗争。在组织上，宣扬团体的“排拒性”，反对国共合作。戴季陶主义是一种反对马克思主义和排斥中国共产党的反动思潮，是资产阶级右翼妄图篡夺革命领导权、实现资产阶级独裁统治的企图在理论上的集中表现，是对孙中山新三民主义和三大政策的歪曲。由于戴季陶主义披上了信守孙中山三民主义的伪装，具有较大的欺骗性，因而适应了国民党右派反俄反共而苦于没有理论的需要，成为他们修改孙中山的革命策略、排斥左派、反俄反共的理论依据。在戴季陶主义的鼓动下，“孙文主义学会”等右派小团体出现了，各种各样的右派刊物出版了，形成了一股新的反共逆流，为蒋介石篡夺革命领导权和最后叛变革命作了舆论、组织上的准备。

1926 年 3 月 18 日，蒋介石以黄埔军校驻省办事处名义，通知海军局代局长、共产党员李之龙，速派两艘有战斗力的军舰，到黄埔听候调遣。当军舰驶入黄埔，国民党右派分子乘机散布“共产党阴谋暴动”的谣言。蒋介石以谣言为借口，擅自决定调动军队，断绝交通，宣布戒严，拘捕李之龙，控制中山舰；包围省港罢工委员会，收缴工人纠察队枪支，逮捕工人领袖；监视共产党领导机关及著名共产党员住宅。蒋介石命缪斌、惠东升拘捕在第二师工作的共产党员 40 余人，同时密令第一师师长何应钦将在潮汕第一军中的共产党员逮捕，一时间广州笼罩在白色恐怖之中。

中山舰事件发生后，蒋介石大讲广州出现“倒蒋运动”，说军校中的共产党员攻击他是军阀；又说汪精卫和苏联顾问季山嘉共同指使李之龙企图加害于他，并收买他的部下反对他。蒋介石的倒行逆施引起共产党和国民党左派人士的震惊和不安，纷纷提出质问。蒋介石对事态发展前景尚无充分把握，于是又施展反革命两面手法，一方面表示“误会”，释放被拘捕的共产党员，发还被缴的枪支，向军事委员会检讨“专擅之罪”；另一方面迫使苏联同意撤换蒋介石不喜欢的顾问季山嘉，逼走了与他有矛盾的国民政府主席、军事委员会主席汪精卫，坚持取消第一军的党代表制度，强迫共产党员、国民党左派退出第一军。接着又以消除黄埔军校中两派对立为名，下令左派组织“青年军人联合会”和右派组织“孙文主义学会”同时“自动解散”，另行组织统一的由他控制的黄埔同学会，以达到他完全控制军校和第一军的目的。

中共代表毛泽东、陈延年、周恩来等主张坚决反击蒋介石的反革命行为。但是，身为中共中央总书记的陈独秀却拒绝了毛泽东等的正确主张，采取妥协退让政策，使蒋介石的阴谋得逞。4 月 16 日，国民党中央执行委员会与国民政府委员会举行联席会议，推举蒋介石为中央军事委员会主席。从此，蒋介石不仅牢牢掌握了黄埔军校和第一军，而且取得了国民党的军事领导大权，也大大加强了他在政治上的地位。

中山舰事件后，蒋介石即策划从国民党的领导机构中排挤共产党、全面控制国民党的党权。1926 年 5 月 15—22 日，国民党二届二中全会在广州召开。蒋介石提出所谓《整理党务决议案》，其主要内容是：加入国民党的共产党员在国民党中央、省、特别市党部中担任执行委员的数额不得超过该党部委员数额的三分之一；共产党员不得担任国民党中央各部部长；国民党员不得加入共产党；共产党须将加入国民党的共产党员名单交国民党中央主席保存；共产党对参加国民党的共产党员的指示，须事先提交国共两党联席会议讨论通过方能下达等。

国民党左派何香凝、柳亚子等都投票反对。中共中央领导人陈独秀和苏联顾问鲍罗廷采取妥协退让的态度。他们派张国焘等到广州指导出席国民党二届二中全会的中共党团。张国焘强迫参加会议的共产党员接受蒋介石的提案，使《整理党务决议案》得以顺利通过。随后，原任国民党中央部长的共产党员全部离职，换上了国民党右翼分子：张静江代理国民党中央常务委员会主席；叶楚伧任国民党中央党部秘书长；顾孟余代理中央宣传部部长；邵元冲任中央青年部部长；蒋介石任中央组织部部长兼军人部部长，随后又任国民党中央常务委员会主席和国民革命军总司令。蒋介石一手控制了国民党的党、政、军大权。从此，右派势力在国民党中央占据了优势。

二、大革命运动的兴起与失败

黄埔军校诞生于国共第一次合作时期，军校创办后，国共两党都选派重要干部到校任职。蒋介石任校长，廖仲恺任国民党党代表，中国共产党人周恩来担任政治部主任。军校以孙中山提出的“创造革命军，来挽救中国的危亡”为宗旨，以“亲爱精诚”为校训，采取军事与政治并重、理论与实践相结合的教育方针，为国共两党培养了大批军事政治人才。在国民党方面，黄埔师生被授予上将军衔的有近 40 人。在共产党方面，中国人民解放军十大元帅中有 5 人出自黄埔，10 名大将中黄埔出身的占了 3 位，1955 年授衔的 57 名上将中有黄埔师生 8 人。

国共合作的建立，成为中国革命高涨的起点，加速了革命的步伐。以广州为中心，汇集全国的革命力量，很快开创了一个反对帝国主义和封建军阀的革命新局面，国民革命迅速兴起。这次革命斗争规模之大，参加群众之广泛，社会震动之深刻，都是近代中国革命运动史上前所未有的。

国共合作革命统一战线的建立，为工农运动的发展创造了有利条件。1924 年 7 月，中国共产党领导广州沙面工人罢工并取得胜利，中国工人运动在经历了低潮后开始复兴。同时，农民运动也有了初步的发展，特别是广东的农民运动发展更为迅速。为培养农民运动的骨干，国民党中央农民部还从 1924 年 7 月起，先后由共产党人彭湃、毛泽东等在广州连续举办了六届农民运动讲习所，有力地推动了各地农民运动的发展。

1925 年 5 月上旬，上海日本纱厂工人为了抗议日本资本家无理开除中国工人和克扣工资，举行罢工。日本资本家对罢工工人进行报复，开枪打死工人共产党员顾正红，激起上海工人、学生和市民的极大愤慨。5 月 28 日，中共中央决定进一步动员群众开展反对帝国主义的政治斗争。5 月 30 日，上海学生 2000 余人到租界内进行演讲，声援工人斗争，号召收回租界。近百名学生被英警逮捕。随后万余名群众集中在公共租界南京路巡捕房前，要求释放被捕学生。英警开枪屠杀群众，打死13人，伤多人，逮捕数十人，造成震惊中外的“五卅惨案”。

中共中央立即号召全上海人民结成反帝统一战线，开展罢工、罢课、罢市斗争，抗议英帝国主义的暴行。在共产党人的领导下，上海举行了20余万工人的总同盟罢工、5万余学生的罢课，绝大部分商人也举行了罢市。6月7日，由上海总工会、上海学生联合会和各马路商界联合会推举代表组成工商学联合会，提出惩凶、取消领事裁判权、废除英日对中国一切不平等条约等17项交涉条件。与此同时，北京、南京、汉口、广州、青岛、天津、重庆、长沙等近500个城镇的人民，奋起举行游行示威、罢工、罢课、罢市以及通电、捐款等，表示坚决支持上海人民的斗争。由此，形成全国规模的反帝爱国运动，揭开了大革命高潮的序幕。

1924年冬，占据广东东江地区的军阀陈炯明，趁孙中山离广州北上的机会，在帝国主义和北洋军阀的支持下，自称“救粤军总司令”，向其所部下达进攻广州的作战命令。为统一广东，顺利北伐，广州革命政府于1925年1月15日发布《东征宣言》，组成以杨希闵为总司令的东征联军，讨伐陈炯明军。东征联军约5万人，于2月1日分三路向陈炯明部发起进攻，打败了军阀陈炯明，取得了第一次东征的胜利。

1925年9月，原已被打败的广东军阀陈炯明残部，乘东征军主力回师广州，平息杨希闵、刘震寰叛乱之机，再次叛乱，重占潮州、汕头；盘踞广东东南部的军阀邓本殷也与其配合，企图向广州进攻。广州国民政府为彻底消灭广东省的军阀势力，统一广东革命根据地，遂决定进行第二次东征。东征军辖第一、第二、第三纵队，由总指挥蒋介石、政治部主任周恩来率领，向东江地区陈炯明残部发动进攻。10月14日，东征军在省港罢工工人、东江农民的配合下攻占惠州，而后兵分三路，向东江腹地继续进攻。11月4日，东征军收复潮州汕头，28日，相继又攻占五华、兴宁、梅县、大埔，乘胜追击残部，直至闽边永定一带。至此，陈炯明残部流窜于闽赣边，再也无力袭扰东江。与此同时，国民革命军另一部又先后消灭了邓本殷在高州、雷州及海南岛的部队，使广东革命根据地基本趋于统一，为国民革命军举行反对北洋军阀的北伐，奠定了较为可靠的后方基地。

1926年5月初，国民政府派遣国民革命军第四军叶挺独立团及第七军一部分率先入湘作战，揭开了北伐战争的序幕。6月，国民党中央正式通过国民革命军迅速出师北伐案。7月1日，蒋介石以军事委员会主席的名义颁布了北伐动员令。9日，国民革命军在广州誓师，北伐战争正式开始。

北伐战争的对象是北洋军阀，当时主要有三支：一是直系吴佩孚，二是奉系张作霖，三是从直系分化出来的孙传芳。根据敌强我弱的形势和军阀内部的矛盾，北伐军采纳了苏联军事顾问加仑将军提出的集中兵力、利用矛盾、各个击破的战略方针。即首先集中兵力进攻两湖，打垮对国民政府威胁最大而且又是北洋军阀中力量最为薄弱的吴佩孚；然后移主力于东南，消灭孙传芳；最后再向长江以北推进，消灭张作霖。

北伐军分兵三路。西路进攻湖南、湖北；中路取江西；东路夺福建、浙江。西路为北伐军的主攻方向。在西路两湖战场上，北伐军以叶挺独立团为先锋，以第四军为主力，第三、第七、第八军相配合。7 月，北伐军攻克了长沙。8 月夺取平江、岳阳，取得了军事要隘汀泗桥、贺胜桥战役的胜利，打垮了吴佩孚的主力。9 月和 10 月，北伐军先后攻占武汉三镇，夺取了两湖战场上的决定性胜利。在中路江西战场上，北伐军以第二、第六军为主力，9 月初，挺进江西。11 月，攻克九江、南昌后，沿江东下，克安庆、芜湖，于 1927 年 3 月，占领南京，打败了孙传芳的主力。在东路闽浙战场，以国民革命军第一军为主力，10 月，攻占福建安定，福建军队倒戈，很快占领福建全省。浙军有的起义自治，有的倒戈，1927 年 2 月占领杭州。3 月，由于上海工人第三次武装起义的胜利，北伐军不费枪弹就进驻上海。至此，孙传芳的军队彻底溃败，长江中下游地区大部分为北伐军所得。

北伐军出师以来，不过半年时间，打垮了吴佩孚、孙传芳的主力，将革命推进到长江、黄河流域，取得了重大的胜利。在这场革命中，中国共产党起着独特的、不可替代的作用。第一，大革命是在反对帝国主义、反封建军阀的政治口号下进行的，而提出这一口号的正是中国共产党。在中共二大上，中国共产党就提出了“消除内乱，打倒军阀，建设国内和平”的最低纲领，逐步得到了以孙中山为首的国民党的认同，并成为国共合作的一个重要基础。第二，大革命是在以国共合作为基础的革命统一战线的组织形式下进行的，而中国共产党正是国共合作的倡导者和统一战线的组织者。第三，大革命是近代中国历史上空前广泛而深刻的群众运动，而中国共产党正是人民群众的主要发动者和组织者。第四，大革命的主要斗争形式是革命战争。共产党人不仅推动了国民革命军的建立，而且在军队中进行了卓有成效的政治工作，积极提高国民革命军的素质，增强了它的凝聚力和战斗力。共产党员在战斗中还身先士卒，起着先锋作用和表率作用。

1927 年 3 月，蒋介石从江西到达上海，在外国列强、帮会势力和江浙财阀的支持下，决定发动政变。从 4 月 1 日开始，蒋介石召开一连串秘密会议，商谈“清党”反共的问题，加紧进行反革命事变的准备。12 日，上海发生大规模的查封革命组织、捕杀共产党员和革命群众的事件，即震惊中外的四一二反革命政变。继上海“清党”之后，浙江、福建、广东、广西、安徽、四川、湖南、江西、江苏等省，也陆续开展“清党”运动，无数共产党人和革命群众惨遭杀害。四一二反革命政变标志着以蒋介石为首的代表民族资产阶级右翼的国民党新右派转变为代表大地主大资产阶级的利益，以国共合作为核心的革命统一战线已局部被破坏，国共两党共同推动的国民革命在局部地区出现夭折。

蒋介石背叛革命以后，汪精卫连续发布“纠正”工农运动“过火”的训令，限制工农运动的发展。在汪精卫的纵容下，反动军官不断发动反革命叛乱。5月，驻防宜昌的夏斗寅公开叛变，率部进逼武昌附近，被武昌卫戍区司令叶挺率军击退。接着，反动军官许克祥在长沙发动了震惊全国的“马日事变”，袭击湖南省总工会、省农民协会、工人纠察队和农民自卫军的武装。“马日事变”以后，仅仅20多天，长沙附近各县被屠杀的共产党员和革命群众就达1万多人。6月，江西省政府主席朱培德以“礼送出境”为名，把大批共产党员和国民党左派逐出江西，并查封革命团体，逮捕工农领袖。7月15日，汪精卫在武汉召开国民党中央“分共”会议，正式同中国共产党决裂。汪精卫等在“宁可枉杀千人，不可使一人漏网”的口号下，对共产党员和革命群众进行大屠杀。第一次国共两党合作全面破裂，轰轰烈烈的大革命彻底失败了。

大革命失败的原因是多方面的，从客观上讲，由于当时帝国主义和封建军阀、买办豪绅阶级相勾结，反革命力量大大超过了革命力量，再加之革命阵营里的蒋介石、汪精卫集团相继被帝国主义势力和地主阶级、买办资产阶级伸出的千百只手拉进反革命营垒里去了，使敌强我弱的局面更加严重。从主观上讲，由于中国共产党还处于幼年时期，对中国革命的规律懂得不多，缺乏深刻的革命认识，特别是在北伐战争的后期，以陈独秀为代表的右倾机会主义错误在党中央占据了统治地位，放弃了对农民群众、城市小资产阶级和中等资产阶级的领导权，在反革命势力向革命势力突然袭击时，中国共产党竟无法组织有效的抵抗，致使大革命遭到了失败。

轰轰烈烈的大革命虽然失败了，但它仍具有重要的历史意义。这场革命在一定意义上是未来革命的一次伟大的演习。它沉重地打击了帝国主义和封建军阀在中国的统治；唤起了中国人民的觉醒，使民主革命思想在全国范围内得到了空前规模的传播；教育和锻炼了幼年的中国共产党，提高了中国共产党在全国人民中的政治威望，中国共产党开始掌握了一部分革命武装，为把中国革命推进到一个新的阶段——土地革命战争阶段——准备了必要的条件。

本章事件与人物

共产国际 又称第三国际，是各国共产党和共产主义组织的国际联合组织。第一次大战爆发后，第二国际宣布破产。列宁团结各国革命左派提出了变帝国主义战争为国内战争的口号，并为建立新的国际组织而努力。1919年3月2—6日，在莫斯科举行共产国际成立大会。参加大会的有来自30多个国家的54名代表。旅俄华工联合会负责人刘绍周、张永奎作为中国代表列席了这次会议。列宁作了《关于资产阶级民主与无产阶级专政的提纲和报告》的报告。共产国际总部设在莫斯科，于1943年解散。

中国劳动组合书记部 中国共产党早期领导工人运动的公开合法机构，中华全国总工会的前身。1921年6月成立于上海，主任张国焘，干事有包惠僧、李启汉等。出版机关报《劳动周刊》。中国共产党成立后，该部便成为在中共中央直接领导下负责指导工人运动的组织，随后在各地设立了分部：北方分部，主任罗章龙；山东分部，主任王尽美；武汉分部，主任包惠僧；湖南分部，主任毛泽东；广东分部，主任谭平山。1923年6月，该部工作移交给中华全国总工会筹备委员会。1925年春，中共中央决定不再使用其名称。

汀泗桥战役 1926年7月，国民革命军第四、第七、第八三个军约五万人承担向湖南、湖北进军的正面主攻任务。8月19日，北伐军第四、第七两个军攻占平江；22日，又攻占岳阳，开始向湖北进发。军阀吴佩孚纠集部分主力扼守湖北咸宁境内的军事要隘汀泗桥，企图凭借汀泗桥三面环水、一面高山耸立的天险，阻止北伐军前进。26日，北伐军第四军向汀泗桥发起总攻，遭到敌人的顽强抵抗。27日，共产党人叶挺率领的独立团被调来增援，经过激烈战斗，击溃吴佩孚主力，占领了汀泗桥。这次战役对北伐军直取武汉起了决定性的作用。

贺胜桥战役 吴佩孚亲率湖北暂编第四师和陆军第八师及在汀泗桥战役中败退的残部共2万余人，在贺胜桥及其以南的杨林塘、桃林铺、王本立地区梯次设防，企图死守。国民革命军不给吴军以喘息之机，于8月29日由第四、第七军发起贺胜桥战役。第七军第八旅在袁家铺附近击退吴军约1个团的抵抗后，向王本立前进，途中遭吴军反击，被迫后撤。第四军第十二师在杨林塘附近与吴军激战后，形成对峙。30日拂晓，第四、第七军继续攻击，叶挺独立团猛打猛冲，在杨林塘突入吴军主阵地，向桃林铺攻击前进。此时，吴军一部从侧翼反击，企图对叶挺独立团实施包围。第十师第二十八团和第十二师第三十六团适时增援，协力抗敌，突破吴军桃林铺防线，向贺胜桥发展进攻。第七军攻占王本立后，迅即向贺胜桥东侧的南桥攻击。吴军正面失利，侧背受敌，全线动摇，纷纷溃退。国民革命军于当日上午占领贺胜桥，俘敌3500余人。

曹汝霖（1877—1966） 1900年赴日本留学，鼓吹君主立宪，反对资产阶级民主革命。1915年1月，参与同日本公使谈判“二十一条”。1917年7月，任段祺瑞内阁交通总长兼任财政总长，又向日本大宗借款，充作军饷。1918年秋，不惜丧失山东铁路主权，向日本再次借款。依仗在交通、财政方面所据要职，成为新交通系的首领。五四运动中，北京学生包围并冲入曹宅，放火焚毁其房屋。抗日战争时期任汉奸组织华北临时政府最高顾问和伪华北政务委员会咨询委员。著有《一生之回忆》。

章宗祥（1879—1962） 1899年留学日本，获明治大学法学士学位。1916年出任驻日特命全权公使，在任期间，与日本政府秘密谈判，出卖国家领土与主权。1918年，与日本正式订立《中日陆军共同防敌协定》和《中日海军共同防敌协定》。同年秋，在北洋政府总统徐世昌和国务总理段祺瑞授权下，一天内向日本签押了三笔共计6000万日元借款，把我国铁路、矿产及其他权益出卖给日本，“欣然同意”日本政府继续占领济南、青岛和控制山东的要求。1910年，代表北洋政府参加巴黎和会，违背民意。1920年，出任中日合办的中华汇业银行总经理。1942年3月，出任日本控制的“华北政务委员会”咨询委员。

陆宗舆（1876—1941） 浙江海宁人。1899年赴日本早稻田大学学习。1913年12月被任为驻日公使。1915年初由袁世凯派遣，与陆宗祥、曹汝霖一起与日方谈判签订丧权辱国的“二十一条”。1917年任中日合办的中华汇业银行总经理，多次经手向日本借款。1919年任察哈尔龙阳铁矿公司督办。1940年汪伪国民政府成立，被聘为“行政院”顾问。

罗　素（1872—1970） 英国哲学家、数理逻辑学家，分析学的主要创始人，世界和平运动的倡导者和组织者。1890年考入剑桥大学。1950年获诺贝尔文学奖 。20世纪50年代因积极参加世界和平运动，反对核战争而获得世界和平奖 。1964年创立罗素和平基金会。曾于1920年来华讲学，任北京大学客座教授，时间长达一年之久，其讲稿曾在中国出版，书名为“罗素五大讲演”。罗素回国后写了《中国的问题》一书，书中讨论了中国将在20世纪历史中发挥的作用。他在哲学、数学、教育学、社会学、政治学等许多领域都颇有建树。代表作品有《西方哲学史》《哲学问题》《数学原理》等。

张东荪（1886—1973） 浙江杭县人。日本东京帝国大学毕业。回国后，任中国公学大学部学长兼教授，国立政治大学、私立光华大学、北京大学、燕京大学教授。1912年出任中华民国临时大总统府秘书。辛亥革命后，曾参加袁世凯的御用政党——进步党。五四时期依附北洋军阀，为研究系重要成员之一，主编其机关报《时事新报》。与梁启超等人宣扬基尔特社会主义，挑起了关于社会主义的论战。大革命后，与张君劢组织国家社会党，出版《再生》杂志，宣传国家社会主义，编辑《自由评论》。1941年参加中国民主政团同盟，任华北支部主任委员。1944年9月被选为中国民主同盟中央执行委员。1946年8月国家社会党与民宪政党合并，组成中国民主社会党，为主要领导人之一。新中国成立后，曾任中央人民政府委员、全国政协委员、政务院文化教育委员、民盟中央常务委员等职。1953年5月，被开除民盟盟籍。

李　达（1890—1966） 湖南永州人。早年留学日本。1920年与陈独秀发起成立上海共产主义小组，主编《共产党》月刊。在党的一大上当选为中共中央宣传主任。北伐战争时期，任国民革命军总政治部编审委员会主席兼中央军事政治学校代理总教官。大革命失败后，脱离共产党组织，先后任上海法政学院教授、暨南大学教授兼社会系主任、中国大学教授兼经济系主任、广西大学教授兼经济系主任、湖南大学教授。1949年12月重新加入中国共产党。新中国成立后，历任湖南大学校长、武汉大学校长、中国科学院哲学社会科学部委员。在经济学、货币学、法学、史学理论等领域作出重要贡献。其重要论著编入《李达文集》。

李汉俊（1890—1927）　湖北潜江人。1902年赴日本留学，毕业于东京帝国大学。1920年与陈独秀共同发起组织马克思主义研究会和上海共产主义小组，同时创办《劳动界》周刊，并赴武汉帮助筹建武汉共产主义小组。是中共第二、第三届中央执行委员会候补委员。后因意见分歧，脱离中国共产党。曾任国民党湖北省教育厅厅长、省党部青年部长。

张国焘（1897—1979）　江西萍乡人。在党的一大上当选为中央局组织部主任。在党的二大上当选为中央执行委员会委员，中央组织部长。在四大上当选为中央执行委员会委员，中央农工部主任。在党的五大上当选为中央委员会委员，中央政治局常委。1927年7月为临时中央政治局常务委员会成员，负责人。1927年八七会议为临时中央政治局委员。在六大上当选为中央政治局委员。中国工农红军成立之后，担任中国共产党领导的红军第四方面军主要领导人。1935年10月5日，在四川马尔康县卓木碉非法成立自任主席的"中国共产党中央委员会"。1936年1月24日，共产国际令其取消其"中央"，他被迫同意追随中央红军北上。1938年4月2日，他借祭拜黄帝之名逃离延安，投入国民党特务集团，被中共中央开除党籍。1949年逃往香港，后定居加拿大，1979年病逝。

刘仁静（1902—1987）　湖北应城人。1918年入北京大学物理系读书，积极参加五四爱国学生运动。先后参加少年中国学会，北京共产主义小组，中国社会主义青年团。1922年随陈独秀赴苏联参加共产国际第四次代表大会。1925年赴莫斯科学习，后参加托洛茨基派组织。1929年回国，进行托派组织活动，被开除党籍。与陈独秀、彭述之等组成"列宁主义左翼反对派"，发表《我们的政治意见书》。1987年8月，因车祸在北京逝世。

何叔衡（1875—1935）　湖南宁乡人。1918年毛泽东发起组织"新民学会"，何叔衡是基本会员之一。曾任中央工农民主政府工农监察人民委员。1934年中央红军长征以后，留在根据地坚持斗争。1935年2月在福建长汀水口附近突围时牺牲。

王尽美（1898—1925）　1920年在北京加入马克思学说研究会，是山东党组织最早的组织者、领导者。二大后任中国劳动组合书记部济南分部主任、北方分部副主任，并以此身份领导北方许多罢工运动。1923年任中共山东省委书记。1924年1月被选为国共合作后的国民党山东代表，出席了国民党一大，10月被孙中山委派为特派员后积极从事统一战线工作。1925年8月在青岛病逝。

邓恩铭（1901—1928）　贵州荔波人。1921年春，参与发起建立济南的共产主义早期组织。1922年1月，赴莫斯科参加远东各国共产党和民族革命团体第一次代表大会，受到列宁的亲切接见。先后任中共直属青岛支部书记、中共青岛市委书记、中共山东省执行委员会书记。大革命失败后，辗转山东各地，领导党组织开展斗争。1928年12月在济南被捕遇害。

陈潭秋（1896—1943） 湖北黄冈人。青年时代积极参加五四运动。1920年秋和董必武等在武汉成立了共产主义小组。先后任中共安源地委委员、武昌地委书记、湖北区委组织部长、江西省委书记、江苏省委组织部长、满洲省委书记、江苏省委秘书长等职。1933年初夏，到中央苏区工作，任福建省委书记。红军长征后，留中央苏区坚持游击战争，任中共江西分局组织部长。1935年8月赴莫斯科参加共产国际第七次代表大会。后参加中国共产党驻共产国际代表团的工作。1939年9月奉命回国，任中共中央驻新疆代表和八路军驻新疆办事处负责人。1942年9月被捕，次年9月27日在迪化被盛世才秘密杀害。

周佛海（1897—1948） 汉奸。湖南沅陵人，早年留学日本。1924年冬脱离共产党。四一二反革命政变后，投靠国民党，曾任国民党中央宣传部副部长、代理部长。抗战爆发，与汪精卫一伙组织“低调俱乐部”，鼓吹“战必败，和未必大乱”的投降主义言论。汪伪政权成立，任“财政部部长”兼“行政院副院长”、代“行政院长”、“军事委员会副委员长”等职。抗战胜利后，南京高等法院以“通谋敌国、图谋反抗本国”罪行，判处其死刑。后减为无期徒刑，死在南京狱中。

陈公博（1892—1946） 汉奸。广东南海人。早年入北京大学读书。与陈独秀、谭平山等发起组织广州共产主义小组。1923年被开除出党。同年，赴美国哥伦比亚大学留学，获经济学硕士学位。1925年加入国民党，曾任国民政府军事委员会政治训练部主任、国民党中央农民部长。1926年参加北伐。任国民党中央组织部代理部长、国民革命军总司令部政治部主任。1928年夏与顾孟余等在上海成立“中国国民党改组同志会”，为改组派的主要负责人。抗战爆发后随汪精卫投敌。1938年任汪伪国民政府“立法院长”，并兼任“上海特别市市长”、伪国民党中央党部组织部长等职。1944年11月任伪国民政府代“主席”、“行政院院长”、“军事委员会委员长”。1946年被处决。

包惠僧（1894—1979） 湖北黄冈人。1920年参加武汉共产主义小组。1921年7月受陈独秀委派出席中国共产党第一次全国代表大会。曾任中国劳动组合书记部长江支部主任、中共武汉区委会委员长、黄埔军校政治部主任等职。第一次国内革命战争失败后脱离共产党。1930年参加发起成立第三党（中国国民党临时行动委员会）。1949年11月从澳门回到北京。曾任中华人民共和国内务部参事、研究员、国务院参事等职。

蔡和森（1895—1931） 湖南湘乡人。1913年考入湖南铁路专门学校，不久转到湖南省立第一师范学校学习，与毛泽东结为挚友。1918年4月与毛泽东等组织新民学会。1919年偕母亲、妹妹蔡畅与女友向警予前往法国，在巴黎参与组织“勤工俭学励进会”，并接受共产主义。在党的二大上当选中央委员。长期主办中共机关刊物《向导》。1925年作为中共驻共产国际代表团团长赴莫斯科。1927年任中央宣传部长，在党的五大上当选为政治局委员。1931年6月10

日出席香港海员会议，被逮捕牺牲。

林伯渠（1886—1960） 早年加入同盟会、中华革命党，追随孙中山先生参加革命活动，在革命实践中逐步接受马克思主义。1921年1月经李大钊、陈独秀介绍加入上海共产主义小组，成为我党最早的一批党员之一。大革命失败后，参加了南昌起义。1933年进入中央革命根据地，先后任中华苏维埃共和国临时中央政府国民经济部部长、财政部部长。1934年10月，参加长征。1937年冬至1948年，任陕甘宁边区政府主席。1937年起，多次担任国共谈判的中共代表，后又任国民参政会参政员，积极开展抗日民族统一战线工作。新中国成立后，被任命为中央人民政府秘书长。1954年当选为全国人民代表大会常务委员会副委员长。

瞿秋白（1899—1935） 江苏常州人。从1925年起，先后在党的第四、五、六次全国代表大会上，当选为中央委员、中央局委员和中央政治局委员。在大革命失败的危机历史关头，主持召开八七会议，在会上确立了土地革命和武装反抗国民党反动统治的总方针。当他遭受王明“左”倾错误路线迫害，而无法在党的领导岗位上继续工作的时候，他并没有因困难而退缩，而是很快在文化战线上打开了新的局面，为中国革命文化事业作出了不可磨灭的贡献。1935年2月在福建长汀转移途中被捕。同年6月18日英勇就义。遗著编为《瞿秋白文集》。

蒋介石（1887—1975） 浙江奉化人。1907年入陆军速成学堂（保定军校前身）。1908年入东京振武军事学校，同年加入中国同盟会。曾参加光复上海及杭州等役，在沪军都督陈其美部下任团长。民国成立后随陈其美参加讨袁。1918年应孙中山之邀赴广州，任陈炯明粤军总司令部作战科主任。1922年5月任粤军第二军参谋长，1923年3月任大元帅府大本营参谋长。奉孙中山之命率代表团访问苏联。1924年黄埔军校创办时任军校校长。1925年7月广州国民政府成立，任军事委员会委员兼国民革命军第一军军长。1926年任广州国民政府军事委员会主席、国民革命军总司令，出师北伐。1927年发动四一二反革命政变，成立南京国民政府，曾任国民党总裁、国民政府主席兼陆海空军总司令、军事委员会委员长。抗战时期任国防最高会议主席。抗战胜利后发动内战，1948年召开行宪“国民大会”，任“总统”。去台后连任“总统”及国民党总裁。1975年4月5日在台北病逝，终年88岁。

廖仲恺（1877—1925） 广东惠阳人。1902年留学日本。1905年加入同盟会，任同盟会外务部干事，中国留日学生会会长。辛亥革命后，任广东军政府总参议，兼理财政。二次革命失败后流亡日本，参加中华革命党。1917年任护法军政府财政次长、署理财政总长。1921年在广州任财政部次长、广东省财政厅厅长。1924年国民党改组后，被选为中央执行委员会常务委员，历任工人部长、农民部长、黄埔军校党代表、广东省省长、财政部长、军需总监等职。参与领导平定商团叛乱，指挥东征军作战，平定杨希闵、刘震寰的叛乱。1925年8月20

日在广州被国民党右派暗杀。

叶　挺（1896—1946）　广东惠阳人。保定军官学校毕业。1922年任孙中山的卫队团营长。1924年加入中国共产党，后到苏联学习。1925年回国后任国民革命军第四军独立团团长。1926年北伐战争中，率领独立团在湖北汀泗桥和贺胜桥两次战役中击溃军阀吴佩孚主力，获得了“北伐名将”的声誉。参加领导八一南昌起义、广州起义。抗日战争爆发，任新四军军长。1941年，在皖南事变中负伤被捕。1946年3月获释，由重庆返延安途中，因飞机失事在山西兴县黑茶山遇难。

汪精卫（1883—1944）　汉奸。浙江山阴人，生于广东番禺。广东三水人。1903年赴日本留学。1905年参与组建同盟会，主编《民报》。资产阶级革命派与改良派论战期间，发表一系列文章，宣传革命主张，抨击清政府和改良派，产生了积极影响。1910年3月谋炸清摄政王载沣，事泄被捕，被判处终身监禁。辛亥革命后被袁世凯收买，拥袁窃国。袁死后，投奔孙中山。1921年任广东省教育会长、广东政府顾问。1924年，被选为中央执行委员会委员兼宣传部长。孙中山病危，代为起草遗嘱。1925年被推举为国民政府常务委员会主席兼军事委员会主席。发动七一五反革命政变，残杀共产党人。1928年11月与陈公博等在上海成立改组派，被推举为首领。1937年7月抗日战争爆发，被推举为国防最高会议副主席、国民党副总裁。12月潜逃越南，发表“艳电”，公开投降日本。1940年3月，汪伪国民政府在南京正式成立，汪自任“行政院长”兼“国府主席”。1944年11月，在日本名古屋病死。

第五章　马克思主义中国化

第一节　三大起义与红色政权的创建

一、三大起义

1927年8月7日，大革命失败后，中共中央根据共产国际的指示在汉口举行了紧急会议。会议总结了大革命的经验教训，清算了陈独秀的右倾投降主义错误，确定了党在新时期的战略任务。会议由李维汉主持，由新来中国的共产国际代表罗米那兹首先就会议的意义和《告全党党员书》草案的主要内容作了发言；接着，瞿秋白代表中央临时政治局常委就党的任务和工作方针问题作了报告，强调指出，在国共分裂以后，共产党要以革命的方法争取民权，要用军队发展土地革命。会议系统地批判了陈独秀右倾投降主义在工会运动、土地革命、武装斗争、党和国民党的关系等方面的错误，指出中国革命尚处在资产阶级民权革命阶段，其任务是反对帝国主义的压迫及封建主义的一切社会、经济、政治的遗毒。中国革命的根本内容是土地革命，必须用“平民式”的手段来解决土地问题。会议进一步肯定了中央临时政治局关于实行土地革命和武装反抗国民党反动派屠杀政策的总方针，并决定在湘、鄂、赣、粤几个革命基础较好的省份，发动群众，举行秋收起义。会上，毛泽东、邓中夏、蔡和森、罗亦农、任弼时等先后发言，深刻地批评了陈独秀在大革命中所犯的一系列右倾投降主义的错误，提出了许多正确的意见和主张。毛泽东在发言中，强调了军事工作的极端重要性，提出了“政权是由枪杆子中取得的”的论断。会议选举产生了新的临时中央政治局，瞿秋白、李维汉、苏兆征三人被选为政治局常委，确定由瞿秋白主持中央领导工作。

八七会议是中国共产党历史上一次重要会议，它在中国革命遭受严重挫折后，总结了失败的教训，结束了陈独秀右倾投降主义在党中央的统治，确定了党在农村领导武装暴动、开展土地革命的斗争方针。这次会议对于挽救大革命失败所造成的危局，实现党的战略转变起了重要作用。但由于共产国际及其代表的“左”倾错误观点和中国共产党内的“左”倾情绪相结合，八七会议在反对右倾错误的同时，也为“左”倾错误开辟了道路。主要表现在对当时的革命形势缺乏科学的、实事求是的分析，不是组织正确的反攻或必要的策略上的退却，借以保存和聚集革命力量，而是容许和助长冒险主义和命令主义的倾向。在组织上则开始了宗派主义的过火的党内斗争，过分或不适当地片面强调领导干部的纯工人成分等。

1927年8月1日，为武装反抗国民党的屠杀政策，发动土地革命，根据党中央的决定，以周恩来为书记的前敌委员会及贺龙、叶挺、朱德、刘伯承等人，率北伐军两万多人在南昌举行起义。起义成功后，建立了革命委员会，颁布了革命政纲。10月初，起义军在南下广东途中遭到失败。保存下来的部队，一部分转移到广东海陆丰地区同当地农民武装汇合，另一部分在朱德、陈毅率领下转入湘南。

南昌起义在中国革命史上具有重大而深远的意义。它打响了武装反对国民党反动派的第一枪，宣告了中国共产党人不畏强暴、继续坚持革命的坚强决心，体现了中国共产党前赴后继的革命精神，在全党和全国人民面前树立了一面革命武装斗争的旗帜，标志着中国共产党独立领导人民革命战争和创建人民军队的伟大开端。1933年7月11日，中华苏维埃共和国临时中央政府根据中央革命军事委员会6月30日的建议，决定8月1日为中国工农红军成立纪念日。从此，8月1日成为中国工农红军和后来的中国人民解放军的建军节。

1927年9月9日，根据党中央八七会议精神，毛泽东在湘赣边境领导了秋收起义。以卢德铭为总指挥的工农革命军开始进攻长沙，由于敌强我弱，起义很快失败。毛泽东审时度势，放弃了攻打长沙的计划，大胆地提出到敌人统治力量最薄弱的地方建立苏维埃，开展武装斗争和土地革命。起义部队在毛泽东的指挥下，向井冈山地区挺进。秋收起义是中国共产党历史上一次重大转折，为中国革命奠定了胜利的基础。

秋收起义部队在退却过程中到达江西永新县三湾村。三湾村地处湘赣边区的九陇山区，是茶陵、莲花、永新、宁冈四县的交界地，有50多户人家，在山区算是较大的村庄。起义部队到达三湾的时候，减员较大，人员不足1000人，组织很不健全，思想相当混乱。当时，部队没有建立基层党组织，党不能切实掌握部队，雇佣军队的影响还严重存在，加之作战失利，连续行军，斗争艰苦，一些意志不坚定的人开始动摇。在这种情况下，如果不改进部队存在的问题，不加强党对军队的领导，不仅难以适应艰苦的环境，而且无法完成艰巨的革命任务。为了巩固这支新生的革命军队，适应革命斗争的需要，毛泽东在到达三湾的当天晚上，就主持召开了前敌委员会议，决定对起义部队进行整顿和改编。

三湾改编的主要内容是：由于部队减员较多，剩下不满千人，因此把原来一个师缩编为一个团，称工农革命军第一军第一师第一团。确立了中国共产党对军队绝对领导的原则，在军队中建立党的各级组织，班设党小组，连设支部，营、团建党委，连以上各级均设党代表。军队由前委领导，毛泽东任前委书记。确立了军队内的民主制度，建立士兵委员会，实行政治民主，经济公开，官兵平等，消除旧军队的雇佣关系。三湾改编确立了“党指挥枪”的原则，确定了中国共产党对军队的绝对领导，保证了军队的无产阶级性质，从政治上、组织上奠定了新型人民军队的基础，在人民军队的建军史上具有重要的意义。

1927年12月11日凌晨，在张太雷、叶挺、叶剑英等领导下，发动了广州起义。经过两个多小时的激烈战斗，歼敌一个步兵团和一个炮兵团，攻占了市公安局和市内绝大部分地区。当日上午，广州工农民主政府宣告成立，苏兆征任主席（未到职前由张太雷代理），叶挺任起义军总司令。由于起义军未及时转移到农村，在优势敌人的围攻下最后失败。

广州起义是继南昌起义、秋收起义之后对国民党反动派进行的又一次积极而英勇的反击，鲜明地树起了工农民主政权的旗帜。它的失败再次证明：在帝国主义援助下的反革命势力，掌握了强大的武装并占据中心城市的情况下，要通过城市武装起义夺取政权，是不可能的。革命只有在反革命无法完全控制的广大农村，才有可能积蓄力量，最后夺取革命的胜利。

二、红色政权的创建

1927年10月，毛泽东率领秋收起义的部队到达江西罗霄山脉中段的井冈山，先后在宁冈、永新、茶陵、遂川等县恢复和建立了党组织，发展武装力量，开展游击战争，领导农民打土豪分田地，建立红色政权，实行工农武装割据，创立了党领导下的第一个农村革命根据地。1928年4月底，朱德、陈毅率领南昌起义保存下来的部队和湘南农军到达井冈山，和毛泽东领导的工农革命军会师。会师后，成立了中国工农红军第四军，毛泽东任党代表，朱德任军长。1928年5月20日，毛泽东在宁冈茅坪主持召开了中国共产党湘赣边界第一次代表大会，成立了以毛泽东为书记的湘赣边界特委。随后，湘赣边界工农民主政府成立，袁文才任主席。10月，毛泽东在宁冈茅坪主持召开了湘赣边界党的第二次代表大会，大会通过了毛泽东起草的决议《中国的红色政权为什么能够存在?》，分析了中国红色政权发生和存在的原因，指出实行这种“工农武装割据”的意义和经验，回答了党内和红军内部有人提出的“红旗到底打得多久”的疑问。12月，彭德怀、滕代远率领红五军主力来到井冈山，与红四军会师。

井冈山会师壮大了井冈山根据地的武装力量，促进了井冈山根据地的巩固与壮大，对全国革命形势的发展起到了推动作用。红四军成为中国工农红军第一支强大的队伍，并由此发展为中国革命最主要的战斗力量。此后，红军粉碎了敌人的多次“围剿”，根据地不断扩大，全盛时期包括宁冈、永新、莲花三个县，吉安、安福两县一部分，遂川县北部等地。井冈山革命根据地的建立，为中国革命从城市到农村的伟大战略转移，走上农村包围城市，最后夺取城市，开辟了新的道路。

井冈山革命根据地建立后，各地共产党人纷纷领导武装起义、建立革命根据地。较早开辟的革命根据地还有海陆丰、琼崖根据地。到1930年，中国共产党领导开辟的根据地主要有以下几大区域：赣南闽西根据地、湘鄂赣根据地、闽浙赣根据地、鄂豫皖根据地、广西右江根据地。

1929 年 12 月 28—29 日，在福建上杭县古田举行中国共产党红军第四军第九次代表大会，大会由陈毅主持。毛泽东作《关于纠正党内的错误思想》的政治报告，朱德作军事报告，陈毅传达了中央“九月来信”。大会总结了南昌起义以来红军的建设经验，通过了毛泽东起草的《中国共产党红军第四军第九次代表大会决议案》，决议明确规定了人民军队的本质和根本任务，强调红军是“一个执行革命的政治任务的武装集团”，必须服从党的领导，树立无产阶级思想，纠正单纯军事观点、极端民主化、绝对平均主义、主观主义、个人主义、流寇思想等错误观念，要担负起宣传群众、组织群众、武装群众等项任务。这个决议使红军建立在马克思列宁主义的基础上，肃清了一切旧式军队的影响，是中国共产党和红军建设的纲领性文献，对党和军队的建设发挥了重大作用。

三、农村包围城市道路理论

井冈山时期是农村包围城市革命道路理论初步形成阶段。1928 年，毛泽东在《中共红四军军委给江西省委和中央的报告》《关于红四军情况的报告》《中国的红色政权为什么能够存在?》《井冈山的斗争》等著作中提出了“工农武装割据”的思想。

土地革命战争初期是农村包围城市道路理论的基本形成阶段。毛泽东撰写的《星星之火，可以燎原》是这一理论基本形成的标志。1930 年 1 月，毛泽东针对党内和红军中某些人仍然缺乏用“红色政权的巩固和扩大去促进全国革命高潮的深刻观念”，针对认为目前建立政权是徒劳的想法，撰写了《星星之火，可以燎原》这封著名长信，进一步发展了“工农武装割据”的思想。首先，毛泽东在文章中严肃批评了党内在建设农村根据地问题上的错误观点，批评了“城市中心论”的思想，充分肯定了坚持“工农武装割据”的正确路线。其次，毛泽东分析了发展无产阶级领导的农民斗争的伟大意义，深刻阐明了农村革命根据地在中国革命中的重要地位。再次，毛泽东提出了一条红色政权巩固和扩大的路线。毛泽东指出，红色政权必须执行“朱德毛泽东式方志敏式之有根据地的，有计划地建设政权的，深入土地革命的，扩大人民武装的路线”，红色政权的发展才能波浪式地向前扩大。毛泽东的上述论述，进一步发展了“工农武装割据”的思想，实际上否定了照搬外国经验的“城市中心论”，提出了“以乡村为中心”的思想。至此，标志着农村包围城市、武装夺取政权革命道路理论基本形成。

土地革命战争后期是农村包围城市道路理论达到成熟和发展的阶段。毛泽东在 1936 年至 1939 年先后撰写了《中国革命战争的战略问题》《战争和战略问题》《中国革命和中国共产党》《〈共产党人〉发刊词》等著作，标志农村包围城市道路理论的完整确立并达到成熟。

1928年10月至1930年5月，为了回答中国革命道路和前途的问题，毛泽东先后撰写了《中国的红色政权为什么能够存在?》《井冈山的斗争》《星星之火，可以燎原》《反对本本主义》等著作，从理论上对中国革命的一些基本问题作了深刻论述。毛泽东认为："一国之内，在四围白色政权的包围中，有一小块或若干小块红色政权的区域长期地存在，这是世界各国从来没有的事。这种奇事的发生，有其独特的原因。而其存在和发展，亦必有相当的条件。"这些原因和条件是：第一，中国是一个政治经济发展不平衡的半殖民地半封建大国，这一基本国情是红色政权能够存在和发展的根本原因，也是农村包围城市道路得以实现的最重要的可能条件。经济发展的不平衡表现在，没有统一的资本主义经济，社会经济中占优势地位的是自给自足的地方性农业经济，中国的城市不能完全控制农村。换言之，农村可以不依赖城市而独立存在。同时，广泛的人力物力资源也不在城市而在农村，这就为红色政权在农村的存在提供了必要的物质基础。政治发展不平衡的表现是：强大的反动势力长期占据中心城市，广大农村是反动统治的薄弱环节，而农民又是革命主力军，这就为红色政权的存在和发展提供了深厚的阶级基础。同时，由于几个帝国主义国家在中国以划分势力范围的形式间接统治和相互争斗，加上帝国主义分别扶植封建军阀势力所造成的军阀之间长期的分裂和混战，使红色政权获得了存在和发展的机会。井冈山根据地的创建和其后各根据地的发展就是利用了军阀混战的有利时机。第二，国民革命的政治影响和良好的群众基础，这是红色政权存在和发展的客观条件。红色政权首先发生和长期存在的地方，一般是国民革命时期工农运动蓬勃兴起的地方，如广东、湖南、湖北、江西等省。这些地方都曾经建立过党的组织和工农群众的组织，开展过轰轰烈烈的反帝反封建斗争；这里的群众有较高的政治觉悟，也有一定的斗争经验。因此，当大革命失败以后，革命的主要力量转入南方。南方建立的根据地主要有11个：井冈山革命根据地、赣南闽西革命根据地、中央革命根据地、鄂豫皖革命根据地、湘鄂西革命根据地、湘赣革命根据地、左右江革命根据地、湘鄂川黔革命根据地、闽浙赣革命根据地、湘鄂赣革命根据地、琼崖革命根据地。建立在北方的根据地有2个：川陕革命根据地、陕甘革命根据地。第三，全国革命形势的不断向前发展，这是红色政权能够存在和发展的又一客观条件。蒋介石在南京建立的国民政府，完全是代表大地主大资产阶级利益的新军阀政权，对外投靠帝国主义，对内实行法西斯独裁统治。它不仅没能解决中国社会的基本矛盾，相反却使各种社会矛盾更加尖锐激化。蒋介石政权成为各种矛盾的渊源，成为新时期革命的主要目标。由于存在着深刻的革命根源，中国革命的形势必然继续向前发展，从而有利于根据地红色政权的建立和巩固。第四，有相当力量的正式革命武装，这是红色政权能够存在和发展的一个必要的主观条件。只有拥有相当规模的正式军队，才能对付各种类型的反革命军队，才能造成革命根据地长期割据发展的局面。第五，共产党组织的有力量和正确的政策是保证红色政权能够长期存在和发展的最重要的主观条件。

毛泽东在1930年1月写的《星星之火，可以燎原》一文，论述了中国革命走农村包围城市道路的必要性。在1936年至1939年间，毛泽东又在先后发表的《中国革命战争的战略问题》《〈共产党人〉发刊词》《中国革命和中国共产党》等文章中，进一步阐明了革命新道路的理论。综合这些著作，毛泽东对于走中国特色革命道路的必要性的论述，主要集中在以下三个方面：第一，特殊的国情决定了武装斗争是中国革命的主要形式。中国作为一个半殖民地半封建的国家，在内部没有民主制度，外部没有民族独立。因此，中国革命不能走经过长期合法斗争，积蓄力量，最后一举夺取政权的道路。在中国，主要的斗争形式是战争，主要组织形式是军队。要通过建立红色政权来创造红军，使之成为夺取全国政权的主要工具。第二，中国革命的力量构成决定了发动农民开展土地革命是必要的。在半殖民地半封建的中国，农民占全国人口的绝大多数，是中国革命的最主要力量，所以，无产阶级要领导中国革命取得胜利，就必须深入农村发动农民起来革命。而要调动农民的革命积极性就必须满足农民对土地的愿望和要求。因此，只有进行土地革命，才能建立以农民为主体的革命军队，才能进行无产阶级领导下的农民战争，以战胜武装的反革命。开展土地革命，是无产阶级领导下的农民斗争的最好形式。第三，中国革命的国内环境决定了以农村为重心，建立农村根据地是必要的。中国革命的敌人非常强大，并长期占据中心城市，而广大农村则是其统治的薄弱地区。因而无产阶级领导的革命只能首先在广大农村聚集力量，即把工作重心放在农村，在农村积蓄和发展力量，把农村建成巩固的革命基地，借以反对敌人的进攻，借以在长期的武装斗争中以农村包围城市，最后夺取城市，进而取得全国的胜利。

中国革命必须实行工农武装割据，即土地革命、武装斗争、根据地建设三者结合。土地革命是中国革命的基础和主要内容，武装斗争是中国革命的主要形式，根据地建设是依托。没有武装斗争，就不能有效地进行土地革命；武装斗争不与土地革命相结合，就失去了群众基础；没有根据地做依托，武装斗争和土地革命的成果也就无法保持。土地革命、武装斗争、根据地建设三者的结合就是工农武装的全部内容。中国革命必须以武装斗争为主要形式，但也不能够放弃其他的斗争形式。毛泽东十分重视武装斗争与非武装斗争的相互配合。开展其他形式的斗争，也是非常必要的，如工人的斗争、青年的斗争、妇女的斗争、经济斗争、思想斗争、政治斗争等斗争形式，在全国范围内或者直接地或者间接地开展起来以配合武装斗争。没有其他斗争形式的配合，武装斗争也难以取得胜利。

农村包围城市革命新道路的开辟，无论在中国革命史上，还是在马克思列宁主义、毛泽东思想发展史上都具有十分重要的意义。农村包围城市革命新道路的开辟，实现了中国革命由城市转向农村的历史性转变，保存和发展了革命力量；农村包围城市、武装夺取政权的革命新道路，揭示了中国革命发展的规律，指导中国革命取得了最后胜利；农村包围城市、武装夺取政权的革命新道路，丰富和发展了马克思主义关于暴力革命的学说，为半殖民地半封建国家的人民解放斗争提供了重要经验；中国革命新道路的开辟，是马克思列宁主义普遍原理与中国革命具体实践相结合的光辉典范，是毛泽东思想形成的重要标志。

第二节　土地革命运动

一、土地革命的兴起

在农村革命根据地中，共产党和苏维埃政府的一项基本任务，是领导农民解决土地问题。土地革命就是在中国共产党领导下，变封建土地所有制为农民土地所有制的农村革命。随着武装起义的发动和革命根据地的开辟，土地革命即在各革命根据地普遍开展起来。

土地革命首先从井冈山革命根据地和海陆丰革命根据地开始，随后在各革命根据地陆续开展起来。虽然各革命根据地在土地革命开展的时间、范围、深入程度及操作方法等方面不尽相同，但基本步骤是大致相同的。第一步，广泛宣传和动员。具体做法是公布土地改革的有关法规，使广大农民了解土地改革意义、政策和实施办法。在一些革命根据地，为了营造土地改革的氛围，还采取了逮捕、公审和判决罪大恶极的地主豪绅分子的措施。第二步，划分阶级成分。虽然各苏区划分阶级的标准不完全相同，但都是依据拥有的土地数量和剥削或被剥削的程度而划定。其中，打长工的是农村中的无产阶级，叫做雇农。本人有少量土地、卖短工、佃种他人土地，受剥削和压迫，一年收入不够维持吃、穿、用，这是农村中的半资产阶级，叫做贫农。耕种自己的田地，在政治上受豪绅地主的压迫，在经济方面受苛捐杂税的剥削，其本人又不剥削他人，一年收入正好供全家人口的需要，没有剩余，叫做中农。自己将多余土地租给他人耕种，以此收租，或自己耕种不完，雇人耕种，剥削雇农，或自己种田又有多余的金钱放高利贷，一年除供自家生活需要外，收入有剩余的，这个剩余的是靠剥削得来的，就叫做富农。自己把田地租给别人耕种，专靠剥削他人过生活，自己不劳动者叫做地主。阶级成分的划分，事关各家各户的政治生命，是政策性极强的一个决定性步骤。为此，各苏区都非常重视对阶级成分的分析和确认，一般先由土地改革委员会根据各家各户情况对照政策、标准初定，然后交由群众讨论确定。第三步，调查人口和土地。其中，人口调查包括贫农、雇农人数，参加革命团体人数，富农及其他职业者人数，被处决的豪绅地主家属且被证明无反动嫌疑者人数以及各家人口构成等五项内容。土地调查包括土地的原有主人，土地的肥瘠、远近、水源及光照等。第四步，分配土地。分配土地前，由区苏维埃政府派代表，会同乡土地委员会，召集农民代表大会讨论分配方案，根据分配方案分配土地。按方案分配完毕后，由乡土地委员会成员带领群众到田间实地探勘，划定田界，最后由乡苏维埃政府发给群众土地使用证。

根据地的武装斗争同土地革命是分不开的。在井冈山根据地建立的初始阶段，共产党的主要任务是发动农民打倒土豪劣绅，分田工作只在个别地区试行。随着根据地的逐步稳定，1928 年 5 月至 7 月，在边界各县掀起全面分田的高潮，年底颁布了《井冈山土地法》。规定：没收一切土地归苏维埃政府所有。一切土地，经苏维埃政府没收并分配后，禁止买卖。分配土地的数量以人口为标准，男女老幼平均分配。1930 年春，兴国等县全面展开分田运动。毛泽东总结井冈山根据地开展土地革命以来的经验，提出一系列深入开展土地革命的政策和原则，在斗争实践中逐步解决了土地革命的路线和政策问题。

第一，关于没收土地的对象问题。土地革命之初，曾规定只没收大、中地主的土地，对小地主（拥有土地 50 亩以下者）实行减租的政策。后来又提出没收一切私有土地的政策。到中共六大召开时，进一步明确了只没收地主阶级的土地。1928 年 12 月《井冈山土地法》制定时，因尚不知道中共六大的有关精神，规定了“没收一切土地”的原则；1929 年 4 月，红四军到达赣南兴国，颁布《兴国土地法》，政策更正为“没收公共土地及地主阶级土地”。

第二，关于土地分配的原则和方法问题。一般是以乡为单位，以人口为标准，男女老幼平均分配，并以原耕地为基础，抽多补少，抽肥补瘦。

第三，关于土地分配后的所有权问题。开始的几年内，各根据地都实行土地公有（苏维埃政府所有）、农民使用的原则，禁止土地买卖。《井冈山土地法》等有关土地问题的文件，都作了这样的规定。在土地革命初期，中国共产党采取的土地政策存在两方面问题：其一，没收一切土地而不是没收地主土地进行分配，没有把地主的土地和富农、中农的土地进行区分，往往造成对富农、中农的损害，影响了他们生产和革命的积极性；其二，土地所有权属于工农革命政府而不是属于农民个人，这样不符合中国农村的实际情况，容易侵犯中农利益，不为广大农民所接受，不利于土地革命的进行。1929 年毛泽东在制定的《兴国土地法》中，将《井冈山土地法》中规定的“没收一切土地”改为“没收一切公共土地及地主阶级的土地”。到 1931 年春，普遍改为土地一经分定，使用权和所有权都归农民，可以租借、买卖。

第四，关于土地革命路线问题。依靠谁、团结谁、打击谁的问题，在共产党召开六大时基本解决了。依靠贫农雇农、团结中农、中立富农、消灭地主是正确的阶级路线。但对富农的政策，后来发生变化。1929 年，中共中央根据共产国际的指示，否定了六大和六大以后中央文件中有关中立富农的规定，要求各地执行“坚决反对富农”的政策。后来在王明“左”倾错误时期，实行富农分坏田、少分田政策，对土地革命造成严重影响。直到 1935 年，才改变了对待富农的错误政策，形成了依靠贫雇农、联合中农、限制富农，保护中小工商业者，消灭地主阶级，变封建土地所有制为农民土地所有制的土地革命路线。

土地革命的开展，改变了极不合理的土地占有关系，使广大贫苦农民实现了千百年来要求获得一块土地的愿望。土地革命的开展，使农村阶级关系发生了剧烈的变动。土地革命以前，土地的占有既是财富的标志也是政治地位的象征，是地主阶级压迫、剥削农民的封建制度的基础。土地革命的开展，不仅没收、分配了地主的土地，而且处决了他们当中的首恶者，使地主阶级在政治上的优势随之丧失。相反，过去被压迫、被剥削的贫苦农民，既分得了土地，又获得了政治上的翻身，从而改变了千百年来的农村阶级关系。土地革命的开展，极大地激发了在经济上、政治上翻了身的广大农民的生产和革命的积极性。广大贫苦农民一经获得土地，即以极大的热情投入生产，从而促进了农业生产的发展；又以极大的热情投身苏维埃政权的一切活动，积极参加红军和支援前线，对保卫和建设苏区起了重要作用。

二、第五次反“围剿”的失败与长征

1930 年 10 月，蒋介石先后调集 11 个师另 3 个旅，共 10 万人的兵力，由江西省主席兼第九路军总指挥鲁涤平为陆海空军总司令，张辉瓒为前线总指挥，采取分进合击的作战方针，向中央根据地的红一方面军发动第一次“围剿”。红军运用游击战术，将包括张辉瓒在内的 9000 余人全部歼灭，取得了第一次反“围剿”的胜利。

1931 年 2 月，以军政部长何应钦代行总司令职权兼陆海空军总司令，调集 18 个师另 3 个旅，20 万人的兵力，“以厚集兵力，严密包围及轻取缓进为要旨”，采取稳扎稳打、步步为营的作战方针，积极部署对红一方面军的第二次“围剿”。红一方面军横扫七百余里，连打 5 个胜仗，歼敌 3 万余人，缴枪 2 万余支，痛快淋漓地打破了敌人的第二次“围剿”。

1931 年 6 月 21 日，蒋介石亲自带着德、日、英等国军事顾问到南昌，就任“围剿”军总司令，何应钦为前敌总司令，调集 23 个师另 3 个旅，约 30 万人的兵力，发动第三次“围剿”。这次“围剿”，敌人采取长驱直入的作战方针，企图先击破红军主力，捣毁革命根据地，然后再深入进行“清剿”。红军采取诱敌深入，集中兵力各个歼灭的战略方针，彻底地粉碎了敌人的第三次“围剿”。

1932 年 5 月，蒋介石自任鄂豫皖三省“剿匪”总司令，对红军鄂豫皖、湘鄂西根据地发动“围剿”的同时，又组成以何应钦为首的赣粤闽边区“剿匪”总司令部，指挥江西、广东、福建以至湖南的国民党军队，牵制和削弱中央苏区红军的力量，配合北线作战，大举进攻中央苏区，发动第四次“围剿”。红军通过黄陂、草台冈战役，共歼敌近 3 个师，俘敌万余名，缴枪万余支，基本上打破了敌人的第四次“围剿”。

1933 年 9 月底，蒋介石集中 100 万兵力，自任总司令，对革命根据地进行第五次大规模“围剿”。其中用于进攻中央革命根据地的兵力有50万人。这次“围剿”，敌人采取持久作战和堡垒主义作战的新方针。此时，毛泽东已经被迫离开红军的领导岗位，中共临时中央直接领导这次反“围剿”战争。中共临时中央负责人博古（秦邦宪）把军事指挥权完全交给了共产国际驻中国的军事顾问李德。而李德只有在第一次世界大战中正规阵地战的经验，并不懂得中国革命战争的具体特点。他反对“诱敌深入”，命令红军全线出击，企图实现“御敌于国门之外”，结果使红军辗转于敌军主力和堡垒之间，陷于被动地位。

1934年1月，中共临时中央在江西瑞金召开了六届五中全会。这次会议把以王明为代表的“左”倾冒险主义的错误推向了顶点。“左”倾冒险主义的进一步发展，使得红军在反“围剿”战争中只能继续执行之前错误的战略战术，从而在蒋介石重新发动的进攻面前遭受了更为严重的损失。4月中旬，国民党军队集中优势兵力进攻中央苏区的北大门广昌。“左”倾错误领导不顾敌强我弱的实际情况，调集红军主力同敌人“决战”。经过18天的血战，红军部队遭受重大伤亡，广昌失守。7月，在敌人新的进攻面前，又兵分六路，全线防御。10月初，兴国、宁都、石城一线相继失陷，中央根据地日益缩小。红军已经不可能在根据地内粉碎敌人“围剿”，中央红军主力被迫实行战略转移。10月中旬，中共中央机关和中央红军8.6万多人撤离中央苏区，踏上向西突围的征途。这便是长征的开始。

1934年10月初，国民党军已推进到中央苏区的腹地，兴国、宁都、石城相继失守。推行“左”倾冒险主义的博古等人在未经中央政治局讨论的情况下，即决定中央红军主力撤离中央苏区，突围转移。中央机关和中央红军共8.6万多人，从福建长汀、宁化和江西瑞金等地出发，向红二、红六军团所在地湘西进军，开始长征。

长征开始后，推行“左”倾错误路线的中共中央领导人又在军事上犯了逃跑主义的错误，使红军蒙受巨大损失。从开始长征到11月30日，虽然红军英勇苦战，连续突破敌人的四道封锁线，渡过了湘江，但是却付出了惨重的代价，人员折损过半，减至3万余人。始终不能摆脱被动挨打的局面，中央红军和中国革命陷入极大的危机之中。在党和红军生死存亡的紧急关头，毛泽东向中央建议放弃与红二、红六军团会合的计划，改向敌人力量薄弱的贵州前进。博古、李德等仍坚持原计划，但大多数同志赞同毛泽东的建议。于是，红军从通道转兵，进入贵州，强渡乌江，直扑遵义。

1935年1月，红军攻占遵义城并在此召开了中共中央政治局扩大会议，即著名的遵义会议。会议集中解决了当时最为迫切的军事问题和组织问题，结束了“左”倾教条主义在中央的统治，确立了毛泽东对党和红军的领导地位。遵义会议是中国共产党走向成熟的标志。遵义会议后，中央红军在以毛泽东为代表的中共中央的正确指挥下，开展机动灵活的运动战，四渡赤水，巧渡金沙江，摆脱了国民党数十万大军的围追堵截。接着，红军顺利通过大凉山彝族地区，继而强渡大渡河，飞夺泸定桥，翻越终年积雪的夹金山，于 1935 年 6 月在川西的懋功地区与来自川陕根据地的红四方面军胜利会师。在此后的时间里，中共中央排除了张国焘右倾分裂主义的干扰，率领中央红军穿越荒无人烟的草地，突破天险腊子口，越过岷山、六盘山，于 1935 年 10 月抵达陕北吴起镇，与红十五军团胜利会师。1936 年 10 月，红一、红二、红四方面军在甘肃会宁会师。至此，全国三支主力红军历时两年的战略大转移宣告胜利结束。

各路红军在长征途中有多次会师，主要有：1934 年 10 月，红军第二、第六军团在木黄会师；1935 年 6 月，红军第一、第四方面军在懋功会师；1935 年 9 月，红军第二十五军与陕北红军在永坪镇会师，并合编为红军第十五军团；1935 年 10 月，红军第一方面军与第十五军团在陕北会师，第十五军团编入红一方面军建制；1936 年 7 月，红军第二、第四方面军在甘孜会师；1936 年 10 月，红军第一、第二、第四方面军在会宁、将台堡会师。

长征会师是各地红军从各个分散的根据地出发，边走、边战斗、边做群众工作，为着共同的目标，向着同一个方向，像很多支流流入江河那样汇合在一起。这样的会师，是战略力量的聚合和集中。战略的奥妙在于集中，集中了战略力量就有实施战略作战的主动权。贺龙与任弼时深明这一道理，他们所率领的红二、红六军团于 1934 年 10 月 24 日会师，25 日即向中央革命军事委员会建议“两个军团集中行动”，但是当时中央革命军事委员会却不同意，并说是“绝对错误的”。28 日，第二、第六军团领导人再次建议“暂时集中行动”，随后在 11 月中旬集中力量打响了龙家寨战役，对发展湘鄂川黔根据地起了重大作用，也有力地配合了中央红军的长征。红军每次会师后，都会迎来战略作战的胜利。如红一方面军与红十五军团在陕北会师后，随即在中央统一指挥下打响了直罗镇战役。直罗镇战役的胜利，为“党中央把全国革命大本营放在西北的任务，举行了一个奠基礼”。又如红一、红二、红四方面军在陕甘宁边区会师后，在中央军委统一指挥下打响了山城堡战役。山城堡战役的胜利，不但大振了红军的声威，而且对分化敌军营垒、促进逼蒋抗日的方针的实现，起了积极的作用。主力红军会师后，就能在中央统一指挥下，集中力量发起一些规模较大的歼灭战，掌握了战略的主动权。

长征发生在国内阶级矛盾和中日民族矛盾极其尖锐的历史条件之下，是中央红军在反对敌军第五次“围剿”失败之时，同时党内又交错着错误路线和正确路线的斗争。在这种情况下，以毛泽东为代表的党中央，从国家和民族大义出发，毅然提出了北上抗日的方针。这一方针的提出，把中央红军在第五次反“围剿”失败后，不得已进行战略退却的消极行动，升华为一个积极进取的、对全国人民和对全军有号召力的大义凛然的政治行动。正如埃德加·斯诺在《西行漫记》中写的那样：“这帮助他们把原来可能是军心涣散的溃退变成一场精神抖擞的胜利进军。”北上抗日的方针，表明了长征的正义性和必要性，极大地鼓舞了士气。日本侵略者是中华民族的敌人，红军北上抗日获得全民族的拥戴。而反动军队却对红军“绞杀”，把自己摆在了抗日的对立面，必然遭到全民族的反对。坚持北上抗日的方针，还有力地团结了全党，在党内存在着“北上”和“南下”的分歧抉择时，党中央、毛泽东坚定地坚持北上抗日，并以此团结了全党和全军。北上抗日有理，南下、西下无理，是逃避。这就促使了红军三大主力最终在西北会师，避免了张国焘的分裂危险。

毛泽东说：“长征一结束，新局面就开始了。”会师标志着红军战略退却的终结和战略转移的完成，开创陕甘宁苏区新局面的战略阶段的开始，并为向民族革命战争实施战略转变作了准备。“长征是宣言书，长征是宣传队，长征是播种机”。红军完成人类历史纪录上第一次伟大长征。红军面对着强大而凶残的敌人、险峻艰苦的环境，用了一年多时间，走了两万五千里路，主要靠着革命精神完成了长征。长征精神，包含的内容很多，主要有两点：就是强渡大渡河，强攻腊子口，英勇作战，前仆后继，不怕牺牲的精神；就是爬雪山，过草地，吃苦耐劳，在艰苦环境中意志坚定，有革命理想高于天的精神。红军的革命本色在长征途中最鲜明、最集中、最深刻地表现了出来，成为中国共产党最宝贵的财富。

第三节　西安事变与历史性转折

一、中国共产党政策的转变

九一八事变后，由于国民党军队执行不抵抗政策，日本帝国主义侵占了中国东北后又继续侵略华北，中国面临着严重的民族危机。1935 年 8 月 1 日，中国共产党驻共产国际代表团根据国内外政治形势的变化，以及共产国际第七次代表大会关于建立世界反法西斯统一战线的方针，以中共中央和中华苏维埃中央政府的名义发表《为抗日救国告全体同胞书》（也称《八一宣言》）。

宣言分析了九一八事变后的国内政治形势，揭露日本帝国主义对华北的侵略及企图灭亡中国的野心，痛斥国民党的不抵抗政策，指出中华民族正处在千钧一发的生死关头，抗日救国已成为每个同胞的神圣天职，号召全国人民团结起来，停止内战，一致抗日。提出中国共产党当前的政治主张是组织国防政府和抗日联军，并提出十条方针作为国防政府的施政纲领。呼吁各党派之间无论过去和现在有何政见分歧和利害关系，无论各界同胞有何意见上或利益上的差异，无论各军队间过去和现在有何敌对行动，都应该团结起来，停止内战，一致抗日。宣言倡议成立国防政府，作为救亡图存的临时领导机关；一切愿意抗日的军队共同组成统一的抗日联军，实行宣言中提出的抗日救国十大纲领。宣言号召全体同胞总动员，集中人力、物力、财力，为抗日救国的神圣事业而奋斗，并表示中共愿意作为国防政府的发起人，红军愿意在国防政府的领导下，尽抗日救国的天职。

宣言的发表标志着中国共产党建立抗日民族统一战线的策略基本形成。在实践上，它获得了全国人民和各界人士的热烈支持，在国民党统治区产生了巨大的政治影响，有力地鼓舞和推动了抗日救亡运动的发展。

1935 年 12 月 17—25 日，中共中央在陕北安定县瓦窑堡召开政治局扩大会议。会议着重讨论了全国政治形势和党的策略路线、军事战略，确定了建立抗日民族统一战线的新策略，并相应地调整了各项具体政策，通过了《中央关于目前政治形势与党的任务决议》。

决议分析了当时政治形势的基本特点，规定了党在新形势下的策略路线。指出：当前时局的基本特点是日本帝国主义正准备吞并全中国，把全中国从各帝国主义的半殖民地变为日本的殖民地。民族矛盾已上升为主要矛盾。一切不愿当亡国奴，不愿充当汉奸的中国人的唯一出路，就是向着日本帝国主义及其走狗、汉奸、卖国贼展开神圣的民族战争。决议认为，民族革命的新高潮唤醒了工人阶级和农民中的落后阶层；广大的小资产阶级群众和知识分子已转入革命；一部分民族资产阶级，许多乡村富农和小地主，甚至一部分军阀也对革命采取同情中立的态度以至有参加的可能。党应该采取各种适当的方法与方式，争取这些力量到反日战线中来。地主买办阶级营垒之间也不是完全统一的，党也应利用他们之间的矛盾和冲突，以利于抗日民族解放斗争。对于日本帝国主义与其他帝国主义之间的矛盾，也应采取同样的策略。决议指出：党的策略路线是发动、团结与组织全中国全民族一切革命力量去反对当前的主要敌人——日本帝国主义与蒋介石。

为了结成广泛的抗日民族统一战线，决议批评了党内长期存在的“左”倾关门主义，分析了它的来源与危害，指出这是目前党内的主要危险，必须坚决加以纠正。决议提出了中国共产党在抗日民族统一战线中的领导权问题，强调共产党必须以自己彻底的反日、反汉奸卖国贼的言论和行动去取得统一战线的领导权。毛泽东根据瓦窑堡会议精神，于 12 月 27 日在党的活动分子会议上作了《论反对日本帝国主义的策略》的报告，进一步从理论和实践上阐明了党的抗日民族统一战线策略方针。

瓦窑堡会议是从第五次反“围剿”失败到全民族抗战兴起过程中召开的一次重要会议。它表明党已经克服“左”倾冒险主义和关门主义，不失时机地制定出抗日民族统一战线的新策略，使党在新的历史时期将要到来时掌握了政治上的主动权；表明党在继遵义会议着重解决军事路线问题和组织问题之后，开始努力解决政治路线问题；表明党在总结经验教训的基础上，已经能够从中国的实际情况出发，创造性地开展工作。

日本帝国主义占领了东北，接着又向华北发动了新的侵略。1935 年下半年，日本帝国主义发动华北事变，进一步控制察哈尔，并指使汉奸殷汝耕在冀东成立傀儡政权。国民党政府继续坚持不抵抗政策，竟准备于 12 月成立“冀察政务委员会”，以适应日本帝国主义提出的华北政权特殊化要求。失地丧权、亡国灭种的大祸迫在眉睫。12月9日，在中共北平临时工作委员会的领导下，北平爱国学生6000余人，高呼“停止内战，一致对外”“打倒日本帝国主义”等口号，举行了声势浩大的抗日救国示威游行。国民党政府出动大批军警镇压，30多人被捕，数百人受伤。10日，北平各校学生宣布总罢课。在“冀察政务委员会”计划成立的12月16日，北平学生和各界群众1万余人又举行示威游行，迫使“冀察政务委员会”延期成立。随后，天津学生又组成南下扩大宣传团，深入到人民中间宣传抗日救国。杭州、广州、武汉、天津、南京、上海等地相继举行游行示威。北平学生的爱国行动，得到了全国学生的响应和全国人民的支持，形成了全国人民抗日民主运动的新高潮，推动了抗日民族统一战线的建立。

“一二·九”运动公开揭露了日本帝国主义侵略中国吞并华北的阴谋，打击了国民党政府的妥协投降政策，大大地促进了中国人民的觉醒，配合了红军北上抗日，促进了国内和平和对日抗战，标志着中国人民抗日民主运动新高潮的到来。

二、西安事变的和平解决

1935年9月，蒋介石在西安设立西北“剿匪”总司令部，自任总司令，任命张学良为副总司令，调东北军入陕甘“剿共”。1935年10月，东北军在劳山战役中，王以哲的六十七军一一〇师两个团和师部被歼，师长何立中战死，团长裴焕彩被俘。1935年10月，东北军在榆林桥战役中，一〇七师和六一九团全部被歼，团长高福源被俘。1935年11月，在直罗镇战役中，东北军精锐一〇九师在吴起镇被全歼。

从1936年4月起，张学良开始了与中国共产党的秘密接触。4月9日，张学良驾机飞抵延安会见周恩来。1936年9月，中国共产党与东北军签订了《抗日救国协定》，双方正式结束敌对状态，中国工农红军、张学良的东北军、杨虎城的西北军形成了拥护民族统一战线的“铁三角”。1936年10月22日，蒋介石由南京飞抵西安，严令“进剿”红军。张学良当面表示反对，并提出停止内战、一致抗日的要求，遭蒋拒绝。

12月12日晨5时，张学良、杨虎城发动兵谏，东北军到临潼的华清池扣留蒋介石。十七路军扣留了在西安的陈诚、邵力子、蒋鼎文、陈调元、卫立煌、朱绍良等国民党军政要员。当天，张学良、杨虎城向全国发出了关于救国八项主张的通电，提出：改组南京政府，容纳各党各派，共同负责救国；停止一切内战；立即释放上海被捕的爱国领袖；释放全国所有政治犯；开放民众爱国运动；保障人民集会结社等一切政治自由；确实遵行孙总理遗嘱；立即召开救国会议。

中国共产党从大局出发，派周恩来到西安协助张学良、杨虎城和平解决事变。12月22日，经端纳周旋，宋美龄、宋子文等到西安协调事变和平解决。12月24日，蒋介石接受六项协议。即：改组国民党与国民政府，驱逐亲日派，容纳抗日分子；释放上海爱国领袖，释放一切政治犯，保障人民的自由权利；停止“剿共”政策，联合红军抗日；召集各党各派各界各军的救国会议；决定抗日救亡方针；与同情中国抗日的国家建立合作关系。12 月 25 日，蒋介石乘飞机离开西安，张学良亲自陪同。西安事变和平解决。

西安事变的和平解决是各种社会政治因素合力作用的结果。西安事变和平解决之后，内战基本停止，国共关系得到迅速发展，从而开始了国内和平的新时期；西安事变的和平解决对国共两党的再次合作和团结抗日起了重大的推动作用，是抗日民族统一战线建立的必要前提，成为由国内战争走向抗日民族战争的转折点和时局转换的枢纽。

本章事件与人物

李维汉（1896—1984）　湖南长沙人。1918 年和毛泽东、蔡和森等组织革命团体——新民学会。1919 年 10 月赴法国勤工俭学。1922 年 6 月与周恩来、赵世炎等共同组织旅欧中国少年共产党。1923 年 4 月任中共湘区委员会书记。曾当选为中央执行委员会委员、中央政治局委员、中央秘书长、临时中央政治局常委。八七会议后，与瞿秋白、苏兆征等被选举组成临时中央政治局。曾任中共江南省委书记兼上海市委书记、中央组织部部长、中共陕甘省委书记、西北工作委员会秘书长。起草了《蒙古民族问题提纲》等，这是中国共产党系统地研究少数民族问题的开端。1948 年底至 1964 年，任中共中央统一战线工作部部长。1951 年 5 月作为中央人民政府首席全权代表同西藏地方政府全权代表进行谈判，达成了《中央人民政府与西藏地方政府关于和平解放西藏办法的协议》，促成了西藏的和平解放。著有《回忆与研究》。

苏兆征（1885—1929）　广东香山人。先后领导香港海员工人和省港工人大罢工。1926 年任中华全国海员总工会、全国总工会执委会委员长。曾当选中央临时政治局常委、中央工委书记。广州起义后，任广州苏维埃政府主席。多次出席有关国际会议，为国际职工运动著名活动家。

卢德铭（1905—1927）　四川宜宾人，1924 年春考入黄埔军校，同年加入中国共产党。1926 年 5 月，任叶挺独立团第二营第四连连长参加北伐。后升任独立团第一营营长、第七十三团参谋长、第四集团军第二方面军总指挥部警卫团（即武汉国民政府警卫团）团长。1927 年 8 月 2 日率警卫团前往南昌参加起义，9 月 9 日率警卫团参加毛泽东领导的湘赣边界秋收起义，并任起义部队总指挥。9 月 25 日在萍乡芦溪遭到江西国民党军队的袭击，英勇牺牲。

张太雷（1898—1927）　江苏常州人。1920 年参加北京共产主义小组。1921 年陪同共产国际代表，先后在北京、上海与李大钊、陈独秀等会谈，参与创建中国共产党。1921 年 6 月以中共代表身份出席共产国际三大。1922 年 8 月参加中共中央杭州会议，主张国共合作，建立反帝反封建统一战线。八七会议上当选为中央临时政治局候补委员。1927 年领导广州起义，任总指挥。在赴前方指挥战斗途中，遭敌伏击，壮烈牺牲。

彭　湃（1896—1929）　广东海丰人。1921 年加入中国共产党。1923 年 1 月领导成立海丰县总农会。1924 年，任中共广东区委农委书记，在广州创办农民运动讲习所。领导海陆丰农民起义，建立工农民主政权。在党的五大上当选为中央委员，八七会议上被选为政治局候补委员。在党的六大上当选为中央政治局委员。1929 年任中共中央农委书记，8 月在上海被国民党反动派杀害。彭湃是早期农民领袖，毛泽东称他为"农民大王"。其著作《海丰农民运动报告》，是中国共产党最早在理论和实践的结合上阐述农民运动的理论方针的重要著作。

方志敏（1899—1935）　江西弋阳人。1928 年 1 月参与领导弋横起义，创建赣东北苏区，领导组建中国工农红军第十军。1934 年 11 月初，方志敏奉命率领红军北上抗日先遣队北上，被捕。1935 年 8 月 6 日，在江西南昌下沙窝英勇就义。著有《可爱的中国》。

李　德（1901—1974）　德国人。1932 年作为共产国际派遣的中国共产党的军事顾问来到中国。1934 年 5 月成为中国共产党最高领导层三人团的成员之一，曾经指挥第五次反"围剿"，因不了解中国国情，在军事上采取"左"倾冒险主义，使红军遭受巨大损失。1935 年 1 月遵义会议上被剥夺领导权。后随红军长征到达了陕北，曾从事了一段军事教育和研究工作。1941—1945 年在苏联集中营内任政治教官。1953 年回德国。在德共中央的马列主义研究院和社会科学研究所工作，负责编书、译书工作。

秦邦宪（1907—1946）　江苏无锡人。早年留学苏联。在中共六届四中全会上当选为政治局委员和常委，负责上海临时中央的领导。遵义会议后仍当选为中央政治局委员。参与了西安事变的和平解决。参与领导了武汉会战期间的抗日宣传。在延安领导创办了《解放日报》。1946 年 4 月 8 日由重庆飞延安途中，因飞机失事，在山西兴县黑茶山遇难。

何应钦（1889—1987）　贵州兴义人。1908 年入日本振武学堂。1909 年在日本加入中国同盟会，在黔军历任营长、团长、旅长、军参谋长等职。1924 年春任广州孙中山大元帅府参谋。不久，任黄埔军校少将总教官，后兼任教导一团团长，成为蒋介石的亲信。1925 年任国民革命军第一军第一师师长，参加平定商团叛乱、刘杨叛乱和两次东征陈炯明。1926 年任第一军军长兼黄埔军校教育长，率第一军参加北伐。先后担任国民党海陆空司令部参谋长、国民政府军政部长、"剿共"军前线指挥。1931 年九一八事变后，主张对日本帝国主义妥协投降，任国民党中央政治会议特别事务委员会委员。1933 年任北平军分会代理委员长，与日本签订出卖国家主权的《塘沽协定》《何梅协定》。抗日战争爆发后，任第四战区司令长官、中国陆军总司令，指挥了长衡会战和湘西反攻战。1946

年任重庆行营主任，后赴美任联合国军事参谋委员会中国政府代表。解放战争时期任国民党政府国防部长。1949 年去台湾，任战略顾问委员会主席，兼任国民党中央咨询委员会委员等职。

埃德加·斯诺（1905—1972） 美国新闻记者、作家。1928 年来华，曾任欧美几家报社驻华记者、通讯员。1933 年 4 月至 1935 年 6 月兼任北平燕京大学新闻系讲师。1936 年 6 月访问陕甘宁边区，写了大量通讯报道，成为第一个采访红区的西方记者，为全世界各国正确了解中国共产党、中国工农红军，作出了重大贡献。抗日战争爆发后，又任《每日先驱报》和美国《星期六晚邮报》驻华战地记者。1942 年去中亚和苏联前线采访，离开中国。新中国成立后，曾三次来华访问。1972 年 2 月 15 日，因病在瑞士日内瓦逝世。主要著作有《西行漫记》等。

任弼时（1904—1950） 湖南湘阴人。1921 年 5 月赴莫斯科东方劳动者共产主义大学学习。1925 年 7 月任团中央总书记。土地革命战争时期，先后任湖北省委书记、中共长江局委员、武汉市委书记，苏区中央局委员、革命军事委员会委员、中央政治局委员、中国抗日红军前敌总指挥部政治委员。抗日战争时期，任中共中央军委华北分会委员、八路军政治部主任。1938 年 3 月代表中共中央赴莫斯科向共产国际系统地汇报中国抗战形势与中国共产党的工作和任务，阐明以毛泽东为代表的抗日民族统一战线，取得了共产国际的理解和支持。1941 年 9 月任中共中央秘书长。在中共七届一中全会上当选为中央政治局委员、书记处书记。1949 年被推选为团中央名誉主席。1950 年 10 月 27 日病逝于北京。主要著作收入《任弼时选集》。

王　明（1904—1974） 安徽金寨人。1925 年秋去莫斯科中山大学学习。1931 年 1 月，在中共六届四中全会上被选为中央委员和中央政治局委员，实际上主持中共中央的工作。任共产国际执行委员会委员、书记处候补书记。1931 年至 1934 年间，推行教条主义、“左”倾冒险主义，使中国革命事业遭到严重挫折。遵义会议结束了王明在中共中央的统治。1937 年 11 月由苏联回国，任中共中央书记处书记、中共中央长江局书记。1938 年中共中央六届六中全会决定撤销长江局，免去他的书记职务。1942 年在延安整风运动中受到了严厉批评。中华人民共和国建立后，任中央法律委员会主任、中央人民政府政法委员会副主任、政协全国委员会委员等职。后到苏联就医，拒不回国。1974 年 3 月 27 日，在莫斯科病逝。著有《论中国事件》等。

张学良（1901—2001） 辽宁海城人。1928 年 6 月其父张作霖被日本关东军炸死后，出任东三省保安总司令。1929 年 12 月宣布东北“易帜”，服从南京国民政府。1930 年 10 月就任中华民国陆海空军副司令职。1936 年 4 月达成了与红军停止内战、共同抗日的协议。1936 年 12 月 12 日与杨虎城发动西安事变。后被蒋介石软禁达半个世纪。1988 年逐渐获得人身自由。1995 年离台，侨居美国。2001 年 10 月，在檀香山病逝，享年 100 岁。

杨虎城（1893—1949） 陕西蒲城人。1936 年 12 月 12 日与张学良将军共同发动了震惊中外的西安事变。事后即遭蒋介石的诋毁、排斥、迫害，长期受到囚禁。1949 年 9 月 17 日重庆解放前夕，被秘密杀害于重庆中美合作所的松林坡。

宋美龄（1897—2003） 广东文昌人。与宋霭龄、宋庆龄并称为“宋氏三姐妹”。早年就读美国威斯里安女子学院、威尔斯利学院。1927 年 12 月与蒋介石结婚。1934 年领导推行“新生活运动”，宣传新政内容，在全国范围推广喝开水，不吐痰，多识字，讲究文明卫生。参与西安事变和平解决。1937 年邀请陈纳德将军整顿中国空军。1938 年、1943 年两次被美国《时代杂志》选为封面人物和年度风云人物。凭借孔宋家族的强力支援与美国留学背景，活跃于政治、外交等领域，对近代中国历史与中美关系产生了一定的影响。

第六章　抗日战争

第一节　全民族抗战的形成

一、日本发动侵华战争

1931年9月18日晚，驻扎在中国东北的日本关东军按照精心策划的阴谋，由铁道守备队炸毁了沈阳柳条湖附近的南满铁路一段路轨，并嫁祸于中国军队。这就是所谓的柳条湖事件。日军以此为借口，突然向驻守在沈阳北大营的中国军队发动进攻。蒋介石正集中力量进行反共反人民的内战，执行“攘外必先安内”的反动政策，对日本侵略者妥协退让。东北军执行蒋介石“不抵抗主义”的命令，未进行有组织的抵抗。当晚，日军攻占北大营；次日，占领了整个沈阳城。

随后，日军向辽宁、吉林和黑龙江的广大地区进攻，东北军基本上不战自溃。1932年1月3日，日军占领锦州；2月5日，占领了北满最大城市——哈尔滨。至此，东北三省全部沦陷。1932年3月，日本在长春建立起傀儡政权——伪满洲国。从此，日本帝国主义把中国东北变成它的殖民地，全面加强政治压迫、经济掠夺、文化奴役，使中国东北3000多万同胞惨遭涂炭，陷于水深火热之中。

九一八事变激起了全国人民的抗日怒潮。各地人民纷纷要求抗日，反对国民党政府的不抵抗主义。在中国共产党的领导和影响下，东北人民奋起抵抗，开展抗日游击战争，先后出现了东北义勇军和各种抗日武装。1936年2月，东北各抗日部队统一改编为东北抗日联军。1937年七七事变后，抗日联军团结广大群众，进一步开展了广泛持久的抗日武装斗争，有力地配合了中国共产党领导的全国抗战。

九一八事变的发生不是偶然的，它是日本帝国主义为了吞并中国、称霸亚洲及太平洋地区而采取的一个蓄谋已久的重要侵略步骤。早在1927年夏，日本内阁在东京召开“东方会议”，制定了《对华政策纲领》，露骨地声称中国东北“在（日本）国防和国民的生存上有着重大的利害关系”。7月，内阁首相田中义一向天皇奏呈《帝国对满蒙之积极根本政策》（“田中奏折”），公然宣称：“欲征服中国，必先征服满蒙；欲征服世界，必先征服中国。”从而确立了以“满蒙”为侵略基地的狂妄战略。1931年日本军部秘密制定了有关侵略中国东北的方针、步骤和措施。在完成了发动侵略战争的周密准备之后，日本帝国主义悍然发动九一八事变，揭开了对中国进而对亚洲及太平洋地区进行全面武装侵略的序幕。

华北事变后，日本加快了对华侵略战争的准备，在国际上与德国、意大利结成法西斯同盟。1937年7月7日夜，卢沟桥的日本驻军在未通知中国地方当局的情况下，径自在中国驻军阵地附近举行所谓军事演习，演习结束后诡称有一名日军士兵失踪，要求进入北平西南的宛平县城（今卢沟桥镇）搜查，中国守军断然拒绝了这一无理的要求。日军于是开始攻击中国驻军，中国第二十九军三十七师二一九团奋起还击，进行了顽强的抵抗。卢沟桥事变，标志着日本全面侵华战争的开始。同时，中国军民的奋起抵抗，也揭开了中国由局部抗战转向全国抗战的序幕。

二、全民族抗战的形成

东北抗日联军是在中国共产党领导下的一支英雄部队。它的前身是东北抗日义勇军余部、东北反日游击队和东北人民革命军。东北抗日联军进行的抗日斗争是20世纪三四十年代中国人民抵抗日本帝国主义侵略的伟大民族解放战争的重要组成部分，在中国的革命史上有不可磨灭的伟大功绩。东北抗日联军共有11个军，人数最多时有4万多人，其中，第一、二、三、六、七军是在反日游击队（共产党领导）的基础上建立的；第四、五两军是在王德林的救国军、李杜的抗日自卫军余部的基础上建立的；第八、九、十、十一军是在义勇军余部和抗日山林队的基础上建立的。在日本侵略者的大后方，抗日联军14年的艰苦斗争牵制了数十万日伪正规军，有力地支援了全国的抗日战争。

1933年3月5日，日军向长城各口大举进犯，中国驻军顽强抵抗，形成尖锐激烈的阵地争夺战。著名的二十九军将士在喜峰口、潘家口御敌，500精兵组成大刀队趁夜色潜入日军阵营，480人壮烈牺牲，砍杀大量日寇。二十九军将士坚守7天7夜，打退日军无数次强攻，毙敌3000多人，迫使敌军后撤。关麟征所部二十五师和东北军王以哲部在古北口血战三昼夜，4000多将士伤亡。商震部黄光华师在冷口与日军浴血搏杀，使阵地失而复得。4月初，日军再次扑向长城各口，4月11日，冷口失守，腹背受敌的喜峰口守军被迫撤退；4月20日至26日，黄杰第二师等在古北口以南的南天门进行了八个昼夜艰苦卓绝的防御战，日军伤亡5000人，守军伤亡3000多人。

长城抗战是九一八事变后中国军队在华北进行的第一次较大规模的抗击日本侵略者的战役，是中国抗日军民在长城沿线抗击日本侵略者的斗争，是中国人民早期抗日斗争的重要组成部分。广大爱国官兵冲破国民党政府的重重阻力，进行了近三个月的战斗，给骄横一时的日军以沉重的打击，阻止并延缓了日本军事侵略华北的进程。“起来！不愿做奴隶的人们！用我们的血肉，筑成我们新的长城，中华民族到了最危险的时候，每个人被迫发出最后的吼声！”长城抗战表现了中国广大爱国官兵高尚的抗战热情和顽强的抵御能力。

为了实现国共合作，1937 年 2 月 10 日中共中央致电国民党五届三中全会，提出五项要求：停止内战，一致对外；保障言论、集会、结社的自由，释放一切政治犯；召开各党各派各界各军的代表会议，集中全国人才，共同救国；迅速完成对日作战的一切准备工作；改善人民生活。并提出，如果国民党将五项要求定为国策，共产党愿意实行四项保证：停止武力推翻国民党政府的方针；苏维埃政府改名为中华民国特区政府，红军改名为国民革命军；特区实行彻底的民主制度；停止没收地主土地的政策。五项要求和四项保证引起巨大反响，并得到国民党内部抗日派的赞同。中国共产党先后派周恩来、叶剑英、林伯渠等，同国民党领导人在西安、杭州、庐山、南京进行多次谈判。

1937 年 9 月 22 日，国民党中央通讯社发表《中共中央为公布国共合作宣言》。23 日，蒋介石发表讲话，实际上承认了中国共产党的合法地位。由此，以国共两党第二次合作为基础的抗日民族统一战线正式建立，形成了全民族抗战的新局面。

第二节　从正面战场到全面抗战

一、正面战场

1937 年 8 月 7 日，国民党在南京召开了最高国防会议，会议决定以军事委员会为抗战最高统帅部，以蒋介石为陆海空军大元帅，采取持久战战略，以空间换时间，逐次消耗敌人实力，转变双方优劣形势。按此战略方针，策定防御作战指导原则为以一部兵力集中于华北各要点，重叠配备，多线设防，逐次抵抗。主力集中于华东，力保淞沪要地，掩护首都南京。另以少量兵力扼守华南各主要港口。随后，为加强具体的军事指挥，将全国划分为五个战区。

日军占领平津后，采取速战速决的战略方针，兵分三路向华北展开进攻。一路沿平绥线，进攻晋察绥；一路沿平汉线，进攻河南；一路沿津浦线，侵犯山东。其中战事最激烈的是平绥路方面。1937 年 8 月至 9 月间，日军主力进犯平绥线，中国军队进行了激烈抵抗，南口、张家口、大同等地相继失陷。为确保晋北要地，第二战区组织了太原会战。会战由平型关战役、忻口防御战和正太线防御战役、战斗组成。11 月 8 日，太原陷落。太原会战至此结束。与此同时，在平汉路与津浦路方面，日军也连连得手，中国军队随着日军的进攻而逐步后移。太原失守后，在华北以国民政府军队为主体的正规战争基本结束。

国民党领导的正面战场是抗日战争的重要战场。抗战初期，正面战场组织过若干重大战役，打击了日军的气焰，粉碎了日本三个月灭亡中国的狂妄计划，客观上为中共建立抗日根据地和开辟敌后战场创造了条件，促进了全国的团结和进步，有助于全国军民抗日积极性的形成。正如毛泽东所说：“因为它比不抵抗主义进一步，因为它是带有革命性的，因为它也是在为保卫祖国而战。”随着相持阶段的到来，正面战场抗战变得比较消极，多次制造反共军事摩擦，在对日战场上接连出现溃败。

1937年8月13日，日本发动对上海的进攻，企图在军事和政治上进一步压迫国民党。国民党奋起反击，揭开了淞沪会战的序幕。淞沪会战历时3个月，日军参战达9个师团22万余人，伤亡9万余人；中国军队参战6个集团军约70个师共70余万人，伤亡25万余人。淞沪会战打破了日本帝国主义三个月灭亡中国的美梦，为中国沿海工业的内迁赢得了时间，激发了中国军民的抗战热情。

1937年12月，侵略华东的日军侵占南京后，为打通津浦铁路，使南北战场联成一片，先后调集8个师另3个旅、2个支队约24万人，攻占华东战略要地徐州，然后沿陇海铁路西取郑州，再沿平汉铁路南夺武汉。中国军队由第五战区司令长官李宗仁指挥，先后调集64个师另3个旅约60万人，把主力集中于徐州以北地区，抗击北线日军南犯；一部兵力部署于津浦铁路南段，阻止南线日军北进，以确保徐州，徐州会战正式打响。中国军队广大官兵英勇奋战，在南线将日军拦截在淮河南岸，打破其与北线日军会合的企图；继而在北线将东路日军击败于临沂地区，又将西路日军之右翼阻拦在嘉祥地区，粉碎了日军在台儿庄会师的计划，取得台儿庄大捷。这次会战消耗了日军有生力量，迟滞了日军进攻速度，为部署武汉保卫战赢得了时间。

1937年10月，在太原会战中，中国第二战区部队在山西省北部忻口地区抵抗日军华北方面军第五师团进攻，进行了忻口保卫战。忻口保卫战沉重打击了日军嚣张气焰和不可一世的骄蛮姿态，极大地增强了中国军民抗战必胜的信心，同时也打乱了日本妄图速战速决，三个月内灭亡中国的狂妄计划，支援了平汉路中国守军的作战，为平汉路中国守军集结、南撤赢得了时间。

1938年6月至10月，中国军队在武汉地区同日本侵略军展开大规模会战。战场在武汉外围沿长江南北两岸分布，遍及安徽、河南、江西、湖北四省广大地区。大小战斗数百次，历时4个半月，是抗战以来战线最长、规模最大、持续时间最长并具有重要意义的一次会战。武汉会战双方投入的兵力达150多万（日军40余万，中国军队110万），日军伤亡10余万，中国军队伤亡14万。武汉会战，不仅使日军又遭到一次战略性的失败，而且成为日本由战略进攻走向战略保守的转折点。武汉保卫战大大消耗了日军的有生力量，日军虽然攻占了武汉，但其速战速决逼迫国民政府屈服以结束战争的战略企图并未达到。此后，抗日战争进入战略相持阶段。

二、人民战争与持久战

抗战爆发后，中国共产党领导的八路军东渡黄河，进入山西，对日作战。太原失守后，在华北以国民党军队为主体的正规战争基本结束。八路军根据中共中央的指示，深入敌后，发动群众，壮大抗日武装力量，开展“独立自主的山地游击战”，开辟了华北敌后战场。与此同时，新四军向长江南北敌后挺进，开辟了华中敌后战场。从 1937 年 10 月到 1938 年底，八路军、新四军逐步创建了晋察冀、晋冀鲁豫、晋绥、山东及华中抗日根据地，并以这些根据地为战略依托，广泛发动群众，开展敌后游击战争，形成了共产党领导的，以八路军、新四军为主体的敌后战场。敌后战场的抗日游击战争在战略上配合了正面战场的作战，日渐成为坚持长期抗战的基本力量，成为取得抗日战争最后胜利的保证。

1937 年 8 月 22—25 日，中共中央在陕北洛川县冯家村召开政治局扩大会议。毛泽东在会上作了关于军事问题、国共两党关系问题和中国共产党在抗日战争时期基本任务的报告，张闻天作了政治形势的补充报告。会议分析了全国抗战开始后的新形势，指出，国共两党的争论已不是应否抗战的问题，而是如何争取抗战胜利的问题。争取抗战胜利的关键是实行共产党提出的全面抗战路线，反对片面抗战路线。会议认为，中国的抗战是艰苦的持久战，必须经过持久作战，才能取得最后的胜利。会议决定了中国共产党在各方面的具体政策：第一，必须坚持抗日战争中的无产阶级领导权。第二，在敌人后方放手发动群众，独立自主地广泛开展游击战争，使游击战争担负起配合国民党正面战场，开辟敌后战场，建立敌后抗日根据地的战略任务。第三，在国民党统治区，放手发动抗日的群众运动，和国民党的片面抗战路线作斗争。第四，在有利于动员全国人民参加抗战的前提下，争取全国人民应有的政治经济权利，以减租减息作为抗战时期解决农民土地问题的基本政策。第五，八路军的具体战略方针是独立自主的山地游击战。

洛川会议是中国共产党在历史转折关头召开的一次重要会议。它制定了中国共产党的全面抗战路线，规定了中国共产党的基本任务和各项具体政策，为中国共产党和全国人民指明了抗战的正确方向。

抗日战争爆发后，国民党内以汪精卫为代表的亲日派竭力鼓吹“亡国论”，“再战必亡”，为投降日本作舆论准备。国民党政府的腐败和军队的节节败退以及大片国土的沦丧，也使得一部分群众对抗战产生了悲观情绪。以蒋介石为代表的亲英美派则常常鼓吹“速胜论”，他们把抗战胜利的希望寄托在外国援助上，幻想依靠英美等国迅速打败日本。在共产党内一些人也有轻敌思想，以为依靠国民党 200 万正规军就可以使抗战速胜。党内党外都有人轻视游击战争，以为游击战争不值一提，抗战的希望在于国民党的正规军队上。为了驳斥“亡国论”和“速胜论”，澄清混乱思想，回答人们普遍关心的中国抗战能不能胜利，怎样才能取得胜利的问题，1938 年 5 月毛泽东在延安抗日研究会上发表了《论持久战》这篇讲演。

在《论持久战》中，毛泽东全面地考察和论证了中国能够、也必须经过持久战取得抗战胜利的客观依据。他指出，中日战争不是任何别的战争，乃是半殖民地半封建的中国和帝国主义的日本之间在 20 世纪 30 年代进行的一场决死的战争。在这场战争中，中日双方之间存在着互相矛盾的四个基本特点：即敌强我弱，敌退步我进步，敌小我大，敌失道寡助我得道多助。其中，第一个特点决定了日本的进攻能在中国横行一时，中国不能速胜，中国抗战不可避免地要经历一段极为艰苦的历程；后三个特点决定了中国不会亡国，而且随着战争的进行，日本各种战争资源的加速消耗，最后的胜利一定属于中国。“亡国论”和“速胜论”都是没有根据的。“亡国论”者夸大了敌强我弱的矛盾，并把它当做考察中日战争的唯一根据；“速胜论”者则夸大了其他矛盾，而忽视了敌强我弱的矛盾。他们是战争中的唯心论和机械论。

毛泽东科学地预言到，持久的抗日战争将经过战略防御、战略相持和战略反攻三个阶段。他明确指出，通过这三个阶段，在双方的力量对比上，中国必将由劣势到平衡再到优势，而日本则必将由优势到平衡最后到劣势。其中，相持阶段是最艰苦的，时间也最长，然而它是持久抗战转到最后胜利的“枢纽”，中国抗战力量的生长主要是在这个时候。经过相持阶段的努力，中国的力量将转弱为强，使敌我力量对比发生根本性的变化，那时，抗日战争就能够进入收复失地的反攻阶段了。毛泽东指出，在相持阶段，游击战将成为抗日战争的主要作战形式，而运动战和阵地战是辅助形式。在第三阶段，运动战将成为作战的主要形式。毛泽东在抗战不到一年的时间内所描绘的这个战争过程的轮廓是对战争发展趋势的科学预测。他对持久战特别是相持阶段特点的论述，起到了对抗日战争战略指导的重要作用。

毛泽东指出，持久战是抗日战争总的战略方针，为了实现它，必须制定一套具体的战略方针，这就是主动地、灵活地、有计划地执行防御战中的进攻战，持久战中的速决战，内线作战中的外线作战。包括正规战争和游击战争在内的整个抗日战争都应该采取这种战略方针。只有这样，我们才能日益壮大，由劣势到优势，由弱方到强方，直至最后取得抗日战争的伟大胜利。《论持久战》还指出，“兵民是胜利之本”，“战争的伟力之最深厚的根源，存在于民众之中”。争取抗战胜利的唯一正确道路是充分动员和依靠群众，发动人民战争。而游击战争是人民战争的一种最生动的形式。不发动广大人民群众的力量，也就不可能有广泛的游击战争。《论持久战》不仅指明了必须持久抗战才能取得最后的胜利，而且提出了一套动员人民群众、在持久战中不断削弱敌方的优势、生长自己的力量，以夺取最后胜利的切实可行的办法，从而在思想上武装了全党、全军和广大人民，极大地鼓舞和坚定了广大人民争取抗战胜利的信心和决心。

中国共产党领导和开辟的敌后战场，在抗战初期配合正面战场作战，到战略相持阶段挑起中国抗日的重担，上升为主战场，成为中国抗战的中流砥柱，为赢得抗日战争的彻底胜利，作出了巨大的历史贡献。它与正面战场形成了前后夹击日军的战略态势，是人类战争史上的一大创举。

中国抗日战争开始后不久，就形成了既相互依存又相互独立的两个战场：一个是由国民党军队所担负的正面战场，另一个是共产党领导的人民军队所担负的敌后战场。这是中国抗日战争的显著特点。正面对抗是战争中最普遍的战争形态，抗战初期的正面战场是日军处于战略进攻，中国军队处于战略防御，这是无从选择的。而敌后战场则不然，它不能自然形成，必须靠战争指导者在知己知彼的条件下，充分发挥主观能动性、灵活性和创造性去开辟。

以毛泽东为代表的中国共产党人在全国抗战开始后，全面科学地分析了中日战争的形势和日军、共产党、国民党三方的具体情况，认为由于敌强我弱，日军装备精良，训练有素，中国在军事上单靠正面防御是难以取胜的，还必须到敌人后方去发动群众性的游击战争；由于敌小我大，所以日军在中国占据的地域越广，其兵力就越不足，其只能控制主要交通线和城镇，这样敌后广大乡村地带必然成为开辟抗日根据地的理想区域。国民党军队控制着大部分的人力、物力、财力和地区，有 200 多万正规军；而共产党领导的军队数量少、装备差，抗战开始时仅 4 万多人，不但没有飞机、坦克，连大炮也没有，只有步枪、手榴弹，但战斗力较强。与国民党军队严重脱离群众不一样，共产党及其领导的人民军队与人民群众有着密切的血肉联系，具有全心全意为中华民族解放而牺牲的革命精神，有进行游击战和创建革命根据地的丰富经验。加之敌后农村基本上是自给自足的自然经济，不怕敌人进行封锁。所以，共产党领导的经过十年土地革命战争锻炼的人民军队深入敌后，必然能够成为抗战的火种和骨干力量，动员和组织起浩浩荡荡的人民抗日武装，创建敌后抗日根据地，开辟与正面战场相配合的广阔的敌后战场。因此，中共中央在 1937 年 8 月召开的洛川会议上，及时而果断地提出党所领导的人民军队，在军事战略上必须实现由国内革命战争的正规战向抗日民族解放战争的游击战的转变，坚决实行全面抗战的正确路线和在敌后独立自主发动游击战争的方针，担负起开辟敌后战场，创建抗日根据地，壮大人民抗日武装力量，在战略上配合正面战场友军作战的战略任务。

由于蒋介石国民党执行“持久消耗，以空间换时间”的战略方针，在战役上采取“多筑工事，层层布防，处处据守”的单纯防御，否定运动战和游击战，作战呆板，致使国民党军的 200 多万军队在 15 个月内遭受 104 万余人的重大伤亡，出现了正面战场的大溃败，并丢失了华北、华中大片国土和华南要地，先后有 13 个省的 340 余座大、中、小城市，100 多万平方公里的土地落入敌手，使侵华日军迅速占领了大半个中国。

与此相反，八路军、新四军和华南抗日游击队在正面战场溃败之时，迅速挺进华北、华中和华南敌后，变日军的后方为前线，广泛开展游击战争，创建了敌后八路军抗日根据地。

八路军第一一五师及集团军总部特务团各一部在晋察冀边地区，第一二〇师在晋西北地区，八路军总部率第一二九师全部及第一一五师一部在晋冀豫边地区，分别依托五台山、吕梁山、管涔山、太行山创建了敌后抗日根据地。与此同时，中国共产党在冀中、冀南、冀东、冀鲁豫边和山东等平原地区，先后领导了人民抗日武装起义，建立了抗日武装战线。从 1938 年 4 月起，八路军各部又逐渐将抗日游击战争由山区推向冀鲁豫平原和察绥广大地区，开辟了广阔的华北敌后战场。在华中，新四军各部于 1938 年 4 月由皖南和鄂豫皖边挺进华中敌后、大江南北，先后在苏南、皖中、豫皖苏边等地区开展游击战争，创建抗日根据地。自 1937 年 9 月平型关初战到 1938 年 10 月武汉失守，八路军、新四军在敌后战场对日军作战 1600 多次，毙伤日军 6 万余人。1938 年在敌后战场抗击日军兵力 40 万人，占全部侵华日军的 58.8%；抗击伪军 7.8 万人，达 100%。先后建立了晋察冀、晋西北、晋冀豫、冀鲁豫、苏南、淮南、豫皖苏边等 24 块抗日根据地，在正面战场在战略上对日军形成夹击之势，从而使日军占领的地区只限于城市和主要交通线，使其兵力愈加分散，迫使日军停止了战略进攻。

八路军、新四军也迅速发展壮大，从出师抗日前线时的 5 万余人，发展到 18.1 万余人，壮大了近 4 倍。敌后抗日根据地的迅速建立和扩大，构成了对日军的致命威胁，促使中国抗日战争战略相持阶段提前到来。敌后战场的开辟，形成了独当一面的战略格局，打乱了侵华日军作战前线与后方的划分，变战略内线为战略外线，变被动为主动，变战略被包围为战略反包围，形成敌后与正面两个战场夹击日军的有利战略态势。

敌后战场在战略相持阶段上升为中国抗战的主战场，成为中国抗日的重心所在。1938 年 10 月以后，日本帝国主义开始由重视国民党转变为重视共产党，对国民党采取以政治诱降为主、军事打击为辅的政策，企图分化、瓦解抗日民族统一战线。

在军事上，日军停止对国民党正面战场的战略进攻，逐渐转移其主要兵力进攻敌后战场。国民党也由抗日之初的比较努力抗战转为比较消极抗日，由与中国共产党合作抗日转变为积极反共。1939 年 1 月，国民党五届五中全会通过《限制异党活动办法》，秘密颁发《共党问题处置办法》等。这是国民党政府由联共抗日转向消极抗日、积极反共的标志。

抗日战争进入了相持阶段，敌后战场开始上升为主战场。1941 年至 1943 年，国民党顽固派先后掀起两次大规模反共高潮，尤以皖南事变为甚，中国抗战出现严重分裂、倒退的危险。侵华日军也转移其主要兵力来“扫荡”敌后抗日根据地，巩固其占领区。从此，中国抗日战争的重担几乎完全落在共产党领导的敌后解放区战场。

从 1941 年至 1945 年 9 月，除 1944 年春日军重新向国民党正面战场作了一次带战略性的进攻外，正面战场只进行了几次有限规模的局部作战，其间并没有其他重大战事发生。此外，由于日本急欲尽快结束对华战争，对国民党蒋介石采取一打一拉的策略，以促成蒋介石、汪精卫合流，达到“以华治华”的图谋，因而在蒋介石积极反共消极抗日的影响下，国民党内的“曲线救国”理论日益嚣张，导致国民党军先后有78万人投敌（其中将级军官67名），充当伪军，配合日军进攻八路军、新四军。在相当长的一段时间内，侵华日军的主力主要是对着解放区作战的。

从战略相持阶段至太平洋战争爆发后，日军作战重心逐渐由中国战场转移到南太平洋战场，对中国战场采取巩固其占领区的方针，对敌后各抗日根据地实行军事、政治、经济、文化及特务活动的所谓“总力战”，采取连续“扫荡”、“蚕食”、“清乡”、“治安强化”以及“囚笼政策”和惨绝人寰的“三光政策”，制造无人区，企图彻底毁灭敌后抗日根据地。1939年，日军对敌后解放区作战使用的兵力达54万人，占其侵华（不含东北）总兵力的62%；使用伪军14.5万人。1940年，日军对敌后解放区作战使用的兵力达47万人，占全部侵华日军的58%。

为粉碎日寇的“扫荡”，敌后解放区军民与日军进行了艰苦的作战，先后取得香城固、齐会、陆房、梁山等作战的胜利。1939年冬，晋察冀边区军民粉碎日军2万余人的大“扫荡”，取得歼敌4000余人，击毙日军“名将之花”第二旅团长阿部规秀中将的胜利。1940年8月至12月，八路军发动“百团大战”，以正太路为重点，对华北所有的铁路、公路及其沿线两侧敌据点进行猛烈破击，攻克日军据点2993个，破坏铁路470公里、公路1500公里，毙伤俘虏日伪军4万余人。此役给日军以沉重打击，进一步坚定了全国军民持久抗战的信心，对于克服国民党顽固派的投降危险，争取时局好转，起了重要作用。

1939年冬至1940年春，八路军还打退了国民党顽固派发动的第一次反共高潮；新四军先后创建了苏南、苏北、皖东等抗日根据地，打开了华中抗战局面；华南抗日武装在广东建立了东江、琼崖、粤中、雷州半岛、潮汕等抗日根据地。自武汉失守至1940年底，敌后解放区军民共毙伤及俘虏日伪军近40万人，在华北、华中和华南敌后建立和扩大了拥有1亿人口的较大抗日根据地，主力军发展到50余万人。1940年10月，日本华北方面军参谋长笠原幸雄在一次谈话中认定“华北治安的症结就是中共”。

1941年至1942年，日军更加强调集中力量打击共产党，使用其侵华兵力的70%，约40余万人（不含侵占东北的日军），对敌后各抗日根据地实施“扫荡”“清乡”，企图消灭八路军、新四军和华南抗日武装。两年间，日军对敌后解放区进行了数千人兵力的“扫荡”共1322次，其中，1万人至7万人兵力的“扫荡”达27次，且“扫荡”持续时间逐渐延长。日军铁蹄所到之处，烧杀抢掠，民房村舍尽成灰烬，男女老幼惨遭杀害，敌后抗日根据地遭受严重摧残。八路军、新四军和华南抗日武装采取“敌进我退”、主力兵团地方化、地方武装群众化的作战方针和精兵简政、发展生产、减租减息等十大政策，对日军实行反“扫荡”、反“清乡”、反“蚕食”的斗争，与日伪军作战4万余次，毙伤日伪军27万余人，打退了敌人的进攻。虽然敌后解放区人口由1亿减到5000万以下，军队由

50多万人缩小到30多万人，根据地缩小了六分之一，但终于坚守了敌后抗日根据地，消耗和钳制了日军大量兵力，从战略上支援了太平洋战场上美英军队的对日作战。到1943年冬，美英军在太平洋战场上对日军转入战略反攻时，敌后解放区战场还抗击了占侵华日军58%的约35万人、伪军90%的约73.5万人。

中国共产党领导的敌后战场能够开辟、巩固和发展，并逐渐上升为中国持久抗战的主战场，始于劣势，终于后胜，主要是以毛泽东为首的中共中央实行了正确的战争指导和全体军民浴血奋战的结果。其一，实行一条全民族的即人民战争的抗战路线。其二，执行持久战的战略总方针及其作战原则。其三，实行正确的政策，建立抗日民主政府，组织各种群众抗日团体，充分调动和发挥广大人民群众抗战的积极性、创造性。其四，实行主力军、地方军和民兵游击队三结合的武装力量体制。总之，敌后战场的抗战，是伟大的真正全面的人民战争，其抗战的极端英勇，其对待苦难的极端坚忍，其牺牲的极端壮烈，完全代表了中华民族的浩然正气，是中华民族精神的完美体现，写下了中华民族在抗战中最壮烈不朽的史诗。

抗日战争以来，共产党吸收了一大批农民和小资产阶级分子入党，许多非无产阶级思想被带进了党内，为党内错误思想的滋长提供了新的土壤。正是在这种情况下，党中央为了统一全党思想，争取抗日战争的胜利，领导全党进行了整风运动。第一阶段是准备阶段，即高级干部整风学习阶段。1941年5月，毛泽东同志在延安高级干部会议上作《改造我们的学习》的报告，标志着整风运动开始。7月、9月，党中央先后作出了《关于调查研究的决定》和《关于增强党性的决定》。9月，中共中央决定成立中央学习研究组，毛泽东任组长，王稼祥任副组长，组织在延安的高级干部学习马克思列宁主义理论。第二阶段为全党整风阶段。1942年2月1日，毛泽东在中央党校开学典礼上作了《整顿党的作风》的报告，同年2月8日在延安干部会上作了《反对党八股》的报告，全面地阐明了整风的任务和方针。中共中央成立了由毛泽东主持的总学习委员会，领导全党的整风学习。5月，党在延安召开文艺座谈会，毛泽东阐明了革命文艺为人民群众服务的根本方针。座谈会后，文艺界也开始进行整风学习。第三阶段为总结历史经验阶段。随着运动的深入开展，从1943年冬季起，中央决定让高级干部重新学习党的历史问题，分别召开了许多总结党的历史经验的座谈会，使干部从切身的实践经验中，更好地认识党在历史上路线的是非问题。1944年4月，毛泽东在延安高级干部会上作了《学习和时局》的报告，对在整风学习中提出的一些重大问题作了科学的分析和解答。在深入讨论的基础上，1945年4月，党的六届七中全会讨论并通过了《关于若干历史问题的决议》，标志着延安整风运动的胜利结束。

延安整风运动的主要内容是，反对主观主义以整顿学风，反对宗派主义以整顿党风，反对党八股以整顿文风。解决的中心问题是反对教条主义，树立一切从实际出发、理论与实践统一、实事求是的马克思主义的作风。整风采取“惩前毖后，治病救人”和“团结—批评—团结”的方针，认真严肃地开展批评与自我批评，对犯错误的同志不着重追究个人责任，而着重分析其犯错误的环境和原因，以达到“既要弄清思想，又要团结同志”的目的。整风的方法是学习理论，联系实际，总结经验教训，提高思想认识。

在延安整风期间，曾一度出现“抢救失足者运动”的错误。1943 年 4 月，中共中央发布《关于继续开展整风运动的决定》，要求在整顿党风的同时，对全党干部进行一次认真的组织审查。1943 年 7 月，康生在延安干部会上作了动员报告，掀起了所谓“抢救失足者运动”，大搞“逼、供、信”的过火斗争，在 10 余天中造成了大批冤假错案。中共中央及时纠正了这一错误。1944 年春，有关领导部门开始对错案进行甄别平反，并对受到冤屈的人员赔礼道歉。

延安整风在中国共产党历史上具有深远的历史意义，它是党的建设史上的一个伟大创举。通过延安整风，使全党确立了一条实事求是的辩证唯物主义的思想路线，使干部在思想上大大地提高一步，使党达到了空前的团结，并进一步成熟起来。

1941 年，日本侵略者企图以破坏敌后抗日根据地的经济来消灭抗日的有生力量，对解放区采取了“蚕食”“扫荡”“三光”政策，敌后可耕土地被大量毁坏，难以维持正常的生产。为了克服严重的物质生活困难，减轻边区人民的负担，巩固抗日根据地。中共中央于 1942 年 12 月底提出了“发展经济，保障供给”的方针，号召解放区军民自力更生，克服困难，开展大规模的生产运动。王震率领的八路军三五九旅分三路从绥德警备区开进人烟稀少、土地荒芜的南泥湾开荒种地，发展生产。昔日荒芜的南泥湾变成了“处处是庄稼，遍地是牛羊”的“陕北的好江南”。

大生产运动的胜利开展减轻了人民的负担，改善了人民的生活，克服了严重的物质困难，为争取抗日战争的最后胜利奠定了物质基础。通过大生产运动，锻炼了广大干部，尤其是锻炼和培养了一批经济工作干部，使他们学会了生产斗争的知识，积累了做经济工作的经验，这对以后领导革命和发展经济具有深远的意义。大生产运动提高了部队的战斗力，密切了军民关系、上下级关系，也密切了党政与群众的关系，使人民更加拥护中国共产党，爱护民主政权和人民军队，为最后战胜日本侵略者创造了有利的条件。

三、新民主主义理论

1948 年 4 月 1 日，毛泽东在晋绥干部会议上的讲话中，对新民主主义革命总路线作了完整的概括：无产阶级领导的、人民大众的，反对帝国主义、封建主义和官僚资本主义的革命，这就是中国的新民主主义革命，这就是中国共产党在当前历史阶段的总路线和总的政策。这条总路线正确地解决了新民主主义革命的性质、对象、任务、动力和领导权等一系列基本问题。

新民主主义革命的对象是帝国主义、封建主义和官僚资本主义。中国社会的性质和主要矛盾，决定了中国革命的主要对象或主要的敌人，就是帝国主义和封建主义。帝国主义对中国人民的民族压迫是最大的压迫，是阻止中国社会向前发展的最主要的障碍，因而它是中国人民的第一个且最凶恶的敌人；地主阶级是帝国主义统治中国的主要的社会基础，是用封建剥削制度剥削和压迫农民的阶级，是在政治上、经济上和文化上阻碍中国社会前进而没有丝毫进步作用的阶级，作为一个阶级来讲，它是革命的主要对象；官僚资产阶级，直接为帝国主义所豢养，并与封建统治阶级相结合，垄断了全国的经济命脉，成为买办的、垄断的资本主义，并构成蒋介石反动政权的经济基础，严重阻碍社会生产力的发展，因而官僚资产阶级也是中国民主革命的对象之一。

新民主主义革命总路线的核心是“无产阶级领导”，就是说，新民主主义是无产阶级领导的，这是新民主主义革命区别于旧民主主义革命的根本标志。中国的新民主主义革命为什么必须由无产阶级领导呢？第一，中国革命必须由无产阶级来领导，这是近代中国革命历史发展的必然选择。中国资产阶级应当担负起反帝反封建的民族民主革命的领导重任，中国的资产阶级也确曾为此努力过、奋斗过。但由于中国资产阶级的软弱性和妥协性，不可能使中国实现真正的民族独立和民主政治。历史证明，中国资产阶级没有能力担负中国革命的领导责任。中国革命客观上要有新的领导阶级，走新的道路，中国无产阶级正是顺应时代的要求，成为中国革命的领导阶级。第二，中国革命必须由无产阶级来领导，这也是由中国无产阶级的自身优点决定的。中国工人阶级具有强烈的反抗意识和彻底的革命性；高度集中，容易团结形成强大的战斗力；与农民有天然的联系，便于与农民结成亲密的联盟三大特点，这些优点必然使它成为近代中国一个善于战斗的最革命的阶级，担当起领导中国革命的重任。第三，中国革命必须由无产阶级来领导，是坚持无产阶级对民主革命的领导权这条马克思主义原则的要求。无产阶级对中国革命的领导是通过自己的政党来实现的，无产阶级领导的实质就是共产党的领导。中国共产党是由无产阶级先进分子组成的，是无产阶级先锋队，它以马克思列宁主义为指导，能够了解中国社会与中国革命发展的规律，制定正确的纲领、路线、方针、政策，始终站在革命运动的最前头，把革命一步步引向胜利。

新民主主义革命基本的革命动力是无产阶级、农民阶级和城市小资产阶级，在一定的时期还有民族资产阶级的参加。中国无产阶级是中国社会最先进、最革命的阶级，是新民主主义革命的领导阶级。农民阶级是无产阶级最可靠的同盟军，是中国革命的主力军。小资产阶级，包括广大的知识分子、小商人、工业者和自由职业者，他们都受帝国主义、封建主义和大资产阶级的压迫，具有反帝反封建的革命性，是革命的动力之一，是无产阶级可靠的同盟者。民族资产阶级受帝国主义的压迫，又受封建主义的束缚，所以他们同帝国主义和封建主义有矛盾，从这方面来说，他们是革命力量之一；但另一方面，由于他们同帝国主义、封建主义并未完全断绝经济上的联系，他们没有彻底的反帝反封建的勇气。中国无产阶级要取得革命的胜利，就必须在各种不同的情形下团结一切可以团结的革命阶级和阶层。

中国半殖民地半封建社会的性质和中国革命的任务，决定了中国革命的性质是资产阶级民主主义革命，而不是无产阶级社会主义革命。但是，它又不是旧式的、一般的资产阶级民主主义革命，而是新式的特殊的资产阶级民主主义革命：革命不再由资产阶级来领导，而是由无产阶级及其政党来领导；革命的指导思想不是西方资产阶级民主思想，而是马克思主义；革命的前途不是建立资产阶级专政，而是无产阶级的社会主义。新民主主义革命和社会主义革命也不相同：新民主主义的革命对象不是一般的资产阶级，而是民族压迫和封建压迫；革命措施不是一般的废除私有财产，而是保护私有财产；革命的结果是既有社会主义因素的发展，又有资本主义因素的发展。

新民主主义革命的前途是社会主义。这是因为：第一，无产阶级领导着这场新式的特殊的资产阶级民主革命；第二，新民主主义革命处在社会主义高涨，资本主义低落的国际环境中，已不允许中国革命胜利后再走欧美资产阶级走过的老路，不允许在中国建立资本主义社会；第三，社会主义因素（无产阶级和共产党在全国政治势力的比重增长；农民、知识分子和城市小资产阶级承认无产阶级和共产党的领导权，国营经济和合作经济建立）比资本主义因素有更迅速的发展。

中国革命分为两个步骤：第一步改变半殖民地半封建的社会形态，使中国成为一个独立的新民主主义国家；第二步使中国革命向前发展，建立一个社会主义社会。这两者之间的关系就如文章的上篇和下篇的关系，只有上篇做好，下篇才能做好，民主革命是社会主义革命的必要准备，社会主义革命是民主革命的必然结果和趋势。

新民主主义革命的政治纲领是建立各革命阶级联合专政，实行民主集中制的新民主主义国家。新民主主义共和国与旧的欧美式的资产阶级专政的资本主义共和国不同，那种旧民主主义共和国不适合中国国情，帝国主义也不允许中国成为独立的资本主义国家。新民主主义共和国与苏联式的无产阶级专政的社会主义共和国也不同。新民主主义共和国是一定历史时期的过渡形式，将来必须要过渡到社会主义共和国，但目前这是不可移易的必要形式。

新民主主义革命的经济纲领是没收封建阶级的土地归农民所有，没收蒋介石、宋子文、孔祥熙、陈立夫为首的官僚垄断资本归新民主主义国家所有，保护民族工商业。

新民主主义革命的文化纲领是无产阶级领导的人民大众的反帝反封建的文化，即民族的科学的大众的文化。

抗日战争时期，以毛泽东为首的中国共产党人，进一步把马克思列宁主义与中国革命的实际相结合，科学地分析了中国的社会性质、中国革命的历史特点和中国革命发展的基本规律，从而在国际共产主义运动中第一次把民主革命区别为新、旧民主革命，并使新民主主义革命的理论、路线和相应的基本政策形成了完整的体系。这标志着马克思列宁主义同中国革命实践相结合的毛泽东思想有了进一步发展。毛泽东对中国新民主主义革命理论的论述，使中国人民清楚地看到了中国革命的发展规律和发展前途，极大地鼓舞了他们胜利的信心，有力地指导和促进了抗日战争和中国革命的胜利。

第三节　抗日战争的伟大胜利

一、世界反法西斯战争的胜利

德国进攻苏联后，日本加快了对东南亚的侵略。日本统治集团的企图是：占领菲律宾、马来西亚、印度尼西亚和缅甸，迫使美国和英国停止战争。截至1941年12月，日本用以对美英两国作战的有11个师，3个旅和9个坦克团，飞机1700多架，舰艇177艘。盟军在太平洋战区拥有22个师，舰艇218艘，飞机1500多架。盟国在太平洋地区的陆军数量超过日本，但日本海军在航空母舰的数量上大大超过盟军，在海上战役中拥有优势。日本还占有比较有利的战略地点，如小笠原群岛、硫磺列岛、马里亚纳群岛、马绍尔群岛、加罗林群岛，岛上各基地远离大陆，位于海洋之中，可保障日本在太平洋中部展开积极行动。日本在南部诸海区的态势更为有利，如在中国台湾地区、中国大陆和印度支那建立的军事基地网可对美属菲律宾、英属马来西亚和缅甸、荷属印度实施强大突击。

1942年1月2日，日军进占马尼拉，并占领菲律宾大部地区。经过马来战役，日军攻占了马六甲半岛和英国在新加坡的最大海军基地。1月，日军占领缅甸大部并进至印度边界，在太平洋中部，日军攻占了关岛和威克岛，夺取了盟军重要海空军基地拉包尔。1942年3月，日军发动了爪哇战役，攻占了整个荷属印度。日军逼抵澳大利亚，对澳大利亚通往美国的海上交通线造成威胁。5月，盟军统帅部在澳大利亚附近海域和南太平洋组织防御，从夏威夷群岛和大西洋调来了航空母舰、巡洋舰和潜艇，在澳大利亚组建了几个新编陆军兵团。美军在珊瑚海海战中取得了对敌的第一次胜利。日军在澳大利亚附近海域受挫后，发动了中途岛—阿留申群岛战役，但以惨败告终。日军在新几内亚东南部和所罗门群岛上的进攻也以失败告终。日本失掉了战略主动权，战争转入战略防御。

1943年夏季，盟军开始实施夺岛战役，向东夺取吉尔伯特群岛和马绍尔群岛，向西夺取整个所罗门群岛、俾斯麦群岛和新不列颠岛。盟军在年底前顺利攻取了吉尔伯特群岛、所罗门群岛、新几内亚东南部和新不列颠西部。盟军在太平洋北部解放了阿留申群岛。太平洋战区的整个形势继续有利于盟军，盟军在飞机和战斗舰艇方面的优势得到加强。

1944 年 2 月，美军先后攻占马绍尔群岛、马里亚纳群岛、帛琉群岛、乌利西群岛和加罗林群岛，为攻占菲律宾创造了条件。盟军进占菲律宾，美日舰队进行了一场大规模海战，海战以日本舰队失败告终。美军牢牢掌握制海权和制空权。12 月，完全占领莱特岛并控制了太平洋中部和西南部的所有岛屿。1945 年 7 月，占领了整个菲律宾。1945 年 3 月，美军先后夺取了硫磺岛、冲绳岛，并开始加紧轰炸日本本土。美军于 8 月 6 日向广岛、8 月 9 日向长崎投下了原子弹。1945 年 8 月 9 日，苏联对日宣战，随即出兵中国东北，对日本关东军发起进攻。8 月 9 日，毛泽东发表《对日寇的最后一战》的声明。8 月 10 日和 11 日，朱德连续发布受降及对日军展开全面反攻的命令。1945 年 8 月 15 日，日本宣布投降。

二、抗日战争胜利的伟大意义

中国抗日战争是中国各族人民反对日本法西斯奴役、争取解放的正义战争，同时又是积极支援和配合世界各国人民反对国际法西斯侵略的正义战争，是第二次世界大战的一个重要组成部分，对世界反法西斯战争的胜利作出了不可磨灭的历史贡献。

中国战场粉碎了日本法西斯“北进”计划，使苏联得以避免两线作战。1941 年，苏德战争爆发后，德军主力指向东方，苏德战场成为世界反法西斯战争的主要战场和胜败的关键。苏德战争爆发之前，苏联政府就看到了德国法西斯进攻的危险。他们最不希望出现东西两线作战的局面，西面要对付纳粹德国，东面又要对付日本侵略军。中国人民掀起全面抗战，不仅粉碎了日本军国主义的美梦，也是对苏联的有力支援。在苏德战争爆发前夕，苏联能够从远东方面军和外贝加尔军区抽调出一个合成集团军共 57000 多人，去加强西部防务。在整个苏德战争过程中，苏联之所以能把东部地区作为巩固的后方基地，并在这里组织训练战略预备队，源源不断地投入苏德战场，正是得力于中国抗日战争“紧紧束缚了日本侵略者的手脚”。

中国战场同样也遏制了日本法西斯的“南进”计划，并且在太平洋战争爆发之后，有力地支援了美、英盟军在太平洋战场和东南亚战场上的作战。太平洋战争爆发后，中国人民坚持抗战，日本始终存有后顾之忧，不能放手大胆地把更多兵力从中国战场上调出，加强太平洋战场。正是由于中国战场打击和牵制了日本陆军主力，支援和配合了盟军作战，才使美、英盟军在太平洋战场上逐渐取得了战略主动权。

1945 年，八路军、新四军完成了对日寇的夏季攻势作战，逐步由游击战向运动战转变。8 月 8 日，苏军对日作战，沉重地打击了在东北的日本关东军，中国抗日战争随即进入全面反攻阶段。8月9日，毛泽东发表对日寇最后一战的声明，随即各抗日根据地对日军和伪军发起猛烈的全面进攻，共解放县以上城市150座。8月15日，日本天皇向公众宣布无条件投降。9月2日，日本代表在投降书上签字，在华128万日军向中国投降。至此，中国的抗日战争胜利结束。

抗日战争的胜利，结束了近代中国在外敌入侵时屡战屡败的历史，是一百多年来第一次完全胜利的民族解放战争。从1840年开始，帝国主义列强纷纷入侵中国，由于清政府腐败软弱，最后都以割地赔款而告终。抗日战争的胜利，洗雪了百年来的民族耻辱。中国人民经过浴血奋战，终于彻底打败了日本法西斯。这是中华民族的胜利，是世界和平民主力量和人类进步事业的胜利。

抗日战争的胜利从根本上改变了战前世界政治格局，大大提高了中国的国际地位。抗战以前，中国在世界上毫无地位可言。中国抗日战争和世界反法西斯战争的胜利，中国的国际地位大大提高，成为世界反法西斯阵营中四个大国之一。中国国际地位的变化，是由中国抗日战争在世界反法西斯战争中的重要地位所决定的。1942年1月，26个反法西斯国家联合发表《联合国家共同宣言》，中国作为四大国之一在宣言上领衔签字。1945年4月，筹建联合国，会议在美、英、苏、中四大国首席代表轮流主持下进行。中国是联合国创始国之一，也是在安理会拥有一票否决权的五个常任理事国之一。这种国际地位的变化，在中国近代史上是有重要意义的。

抗日战争的胜利，使中国基本挣脱了束缚在身上的枷锁，废除了帝国主义列强强迫中国签订的一系列不平等条约。随着中国国际地位的日益提高，苏联宣布放弃沙俄在中国的特权。美、英两国政府也于1942年10月通知中国，表示愿意废除领事裁判权及其他特权（九龙租借权除外）。中国还收回了被日本侵占达半个世纪的台湾和澎湖列岛等中国领土，为国家的独立、民族的解放迈出了至关重要的一步。

在中华民族面临亡国灭种的最危急时刻，抗日战争促进了中华民族的觉醒，中华民族从此由衰落走向振兴。中国抗日战争是在中国共产党倡导的抗日民族统一战线旗帜下，由中华各界各族人民和海外侨胞、港澳台同胞广泛参加的一次全民抗战。海外赤子心系祖国，泰国1000多名华侨司机回国参加军事运输，美国华侨飞行员回国参战等。抗战的胜利鼓舞了中国人民，振奋了民族精神，增强了民族自信心。

抗日战争是中国近代历史的一个根本转折，为国家的独立、民族的解放奠定了基础，中国人民的革命事业由此走向胜利。抗日战争对中国革命的发展有着扭转乾坤的伟大意义，经过抗战，改变了中国内部政治力量对比，大大加速了中国革命的发展，为新中国代替旧中国准备了精神和物质条件。

本章事件与人物

《义勇军进行曲》 由聂耳作曲、田汉作词。原为1935年上海电通公司拍摄的故事影片《风云儿女》所作的主题歌。太平洋战争爆发后，反法西斯同盟国各广播电台，尤其是民间广播电台，都将《义勇军进行曲》视为中国国歌。1949年春，在捷克斯洛伐克首都布拉格召开“保卫世界和平大会”。中国代表团在开幕式上，唱《义勇军进行曲》来代替国歌。1949年9月27日，中国人民政治协商会议第一届全体会议通过：“在中华人民共和国的国歌未正式制定前，以《义勇军进行曲》为代国歌。”在“文化大革命”时期，《东方红》变成非官方国歌。1978年3月5日，中华人民共和国第五届全国人民代表大会第一次会议通过集体填词的《中华人民共和国国歌》。1982年12月4日，第五届全国人民代表大会第五次会议通过关于中华人民共和国国歌的决议，撤销1978年3月全国人民代表大会通过的歌词，恢复田汉作词、聂耳作曲的《义勇军进行曲》为中华人民共和国国歌。2004年3月14日，第十届全国人民代表大会第二次会议正式将《义勇军进行曲》作为国歌写入宪法 。

中国远征军赴缅作战 1941年12月太平洋战争后，日本向西南太平洋进攻，英美军节节败退，中国西南后方受到严重威胁。1942年初，日军以10万之众集结泰国边境，谋攻缅甸。1月2日，日军攻入缅甸。3月8日，仰光失守，中国唯一的国际交通线——滇缅公路——入口被阻断。中国最高当局立即组建中国远征军，以罗卓英、杜聿明为正副司令，辖3个军9个师，计10万人。3月中旬，中国部队师长戴安澜率第二〇〇师抵达缅甸同古。3月20日，同古争夺战开始。日军先以30架飞机轰炸开道，继以战车跟进，纵横扫射，还使用了毒气。中国军队奋不顾身，短兵相接，鏖战三日，双方伤亡重大，势均力敌。3月底，日军从仰光增援，杜聿明见势下令后撤，日军占同古后北进。4月中旬，英缅军7000余人在仁安羌被日军包围，中国三十八军奉命驰援，激战两日，歼敌1200余人，在危急中解了英缅军之围，掩护其后撤。但英缅军解围后弃中国军队不顾，单独遁道入印度。日军趁机追击。5月8日，日军攻陷缅北重镇密支那，切断中国军队的后路，远征军孤立无援。北撤途中，远征军经过人烟稀少的野人山区，行军十分艰难。当时正值缅甸雨季，天气潮湿炎热，病疫流行，加上给养困难和日军追截，官兵死伤累累，沿途尸骨遍野。第二〇〇师师长戴安澜在后撤途中，遭日军伏击殉国。至此，10万远征军死伤过半，仅剩4万余人，分别撤至印度东北和中国滇西地区。1942年8月，远征军重新编组，进行整训，国内空运了一批有文化的青年补充入伍。1943年世界反法西斯战争取得重大胜利，盟军当局决定反攻缅甸。为进行反攻，从印度东北往缅北密支那至中国昆明，开辟了一条中印公路（即史迪威公路）。同年11月雨季结束，反攻开始。中国远征军从印度和滇西分别进入缅北，夹击日军。经艰苦战斗，于1944年8月收复缅北重镇密支那。1945年1月27日，两支远征军在中缅边境的畹町胜利会师，旋即南下，追击日军。不久，日军退出缅甸，缅甸光复。中国远征军的最后胜利，为中国战场大反攻创造了条件，同时也是中国人民对世界反法西斯战争作出的重大贡献之一。

南京大屠杀 1937年12月13日，侵华日军攻占了南京城，在长达6个星期的时间里对南京无辜市民和放下武器的中国军人进行了残酷的血腥大屠杀，死难者达30万人以上。其中被集体屠杀并毁尸灭迹者达19万人以上，被分散屠杀，尸体经慈善团体掩埋者达15万人以上。日军在杀戮的同时，无数妇女被奸淫，无数住宅、商店、工厂、机关、学校和仓库被抢劫、焚烧、破坏，全市约有三分之一以上化为灰烬。南京大屠杀事件是在日本当局策划和华中派遣军司令官松井石根等战犯直接指挥下制造的，是日本军国主义在侵华战争中制造的一起惨绝人寰、灭绝人性的历史事件。

八路军 1937年2月，中国共产党同中国国民党就中国工农红军改编和开赴抗日前线的问题达成协议。8月22日，国民党政府宣布中国工农红军主力部队改编为国民革命军第八路军，简称八路军。8月25日，中共中央军委发布命令，将驻陕甘宁边区的红军第一、第二、第四方面军和西北红军改编为国民革命军第八路军，朱德任总指挥，彭德怀任副总指挥，叶剑英任参谋长，左权任副参谋长，任弼时任政治部主任，邓小平任政治部副主任。下辖三个师：第一一五师，林彪任师长，聂荣臻任副师长；第一二〇师，贺龙任师长，萧克任副师长；第一二九师，刘伯承任师长，徐向前任副师长。全军共4.6万人。改编后，主力开赴华北前线作战。为保卫陕甘宁边区的安全，成立八路军后方总留守处（12月改称八路军留守兵团），萧劲光任主任，统一指挥各师留守部队。抗日战争期间，八路军共歼灭日伪军125万余人，解放了大片国土，为抗日民族解放战争和世界反法西斯战争作出了巨大贡献。抗日战争结束时，八路军发展到100余万人，成为解放战争时期中国人民解放军的主要组成部分。

平型关大捷 1937年9月，华北日军侵入山西，以精锐部队进攻雁门关等长城关隘，企图夺取太原。国民政府组织太原会战，林彪、聂荣臻率领八路军一一五师在山西参加会战。平型关地形险要，是晋北交通要道。一一五师利用平型关的有利地形，于9月25日伏击日军，歼灭日军板垣师团1000多人，缴获大批军用物资，取得平型关大捷。这是抗战以来中国军队的第一次大捷。平型关大捷，粉碎了日军不可战胜的神话，摧毁了日军直取太原的军事计划，支援了国民党军队正在准备的忻口会战，鼓舞了全国人民抗战胜利的信心。

百团大战 为打击日军的"囚笼政策"，争取华北战局更有利的发展，并影响全国的抗战局势，八路军总部决定破袭华北日军交通线。由于先后出动兵力达105个团，故名百团大战。战役于1940年8月20日开始，八路军和地方游击队在人民群众的配合下，以正太铁路为重点，同时向同蒲、平汉、津浦、北宁、平绥、白晋、德石等铁路线和一些主要公路，以及日军占领的许多据点进行广泛的破击和袭击。历时3个半月的百团大战共作战1800余次，毙伤日军2万余人、伪军5000余人，俘日军280余人、伪军1.8万余人，拔除据点2900多个，破坏铁路470余千米、公路1500余千米，缴获各种炮50余门、各种枪5800余支(挺)。八路军伤亡1.7万余人。百团大战沉重地打击了日军的侵略气焰，有力地配合了正面战场作战，鼓舞了全国人民夺取抗战胜利的信心，提高了共产党和八路军的声望，对参战部队、民兵武装和广大人民群众也是一次很大的锻炼。

偷袭珍珠港 日本海军总司令山本五十六，实施了奇袭美国太平洋舰队的计划。1941年12月7日夏威夷时间7时55分，从日本机动部队的航空母舰上起飞的183架飞机，向美国海军在太平洋上最大的基地珍珠港发动偷袭。共击沉美战列舰5艘，击伤3艘，毁损其他舰艇10艘；击毁飞机188架，击伤291架；美军官兵死2408人，伤2000余人，美太平洋舰队遭受重创几乎全军覆没。日军仅损失微型潜艇5艘、飞机29架，战死者不足百人。次日，美国对日本宣战，太平洋战争爆发。偷袭珍珠港使日军暂时取得太平洋区域的军事优势，乘机大举南进，侵略东南亚诸国。

《联合国家共同宣言》 1941年12月，日本发动太平洋战争，美国总统罗斯福、英国首相丘吉尔在华盛顿举行会谈，倡议对法西斯国家作战，各国签署一项宣言。1942年1月1日，中、苏、美、英等26国在华盛顿发表《联合国家共同宣言》，宣言表示赞成《大西洋宪章》，并决心共同战败德、日、意的法西斯侵略，不到侵略国无条件投降，决不与敌国单独议和。签署和发表《联合国家宣言》，标志着以美、英、苏、中为核心的世界反法西斯联盟正式形成，并为建立联合国组织奠定初步基础。1945年4月25日至6月26日，由中、苏、美、英四国发起，邀请《联合国家宣言》的签字国和参加国的代表，在美国旧金山举行了联合国制宪会议。从此，中国作为联合国的发起国之一而载入史册，中国还成为这个最广泛的国际组织的安全理事会5个常任理事国之一。

杨靖宇（1905—1940） 原名马尚德，河南确山人。1927年11月领导发动了刘店秋收起义，重新组建中共确山县委，并成立了确山县农民革命军，任总指挥。1929年7月调往东北从事党的工作。1932年11月开始使用杨靖宇的化名，在南满领导抗日武装斗争。先后担任东北人民革命军第一军第一独立师师长兼政委，第一军军长兼政委，中共南满省委书记，东北抗日联军第一军军长，第一路军总司令兼政委。1940年2月23日，在吉林省濛江县战斗中壮烈牺牲。

周保中（1904—1964） 云南大理人。1928年受中共中央派遣赴苏联莫斯科，先后入东方劳动者共产主义大学和国际列宁学院学习。1935年任东北抗日联军第五军军长，领导创建绥宁抗日游击根据地。1937年10月先后任东北抗日联军第二路军总指挥、中共吉东省委书记。1945年8月率部配合苏联红军进军东北，曾获苏联授予的“红旗”勋章。解放战争时期，历任东北人民自卫军总司令兼政治委员，东北民主联军副司令员兼东满军区司令员，吉林省政府主席，东北军区副司令员兼吉林军区司令员。中华人民共和国成立后，曾任云南省人民政府副主席、西南行政委员会政法委员会主任兼民政部长等职。

赵尚志（1908—1942） 辽宁朝阳人。1931 年任中共满洲省委常委、军委书记。1933 年 10 月领导创建北满珠河反日游击队，任队长。1934 年任东北反日游击队哈东支队司令，与李兆麟等创建了珠河、汤原抗日游击根据地。1935 年任东北人民革命军第三军军长。1936 年任北满抗日联军总司令、东北抗日联军第三军军长、中共北满临时省委执委会主席、东北抗日联军第二路军副总指挥。1942 年在战斗中受伤被俘，壮烈殉国。

聂 耳（1912—1935） 云南玉溪人。1927 年考入云南第一师范。1930 年 11 月加入反帝大同盟。1931 年 3 月任明月歌剧社小提琴手，师从普杜什卡，接受严格的小提琴训练。1932 年 8 月参与北平左翼戏剧家联盟和左翼音乐家联盟的演出活动和组织建设，并师从外籍教师托诺夫继续学习小提琴。曾在联华影业公司、入百代唱片公司工作，发起组织“中国新兴音乐研究会”，参加中国左翼戏剧家联盟音乐小组。1935 年 7 月 17 日，在日本藤泽市鹄沼海滨游泳时不幸溺水身亡。作有歌曲《义勇军进行曲》《前进歌》《毕业歌》等 37 首。

田 汉（1898—1968） 湖南长沙人。1916 年留学日本东京高等师范。1921 年与郭沫若、成仿吾、郁达夫等组织创造社。1927 年任上海艺术大学校长，成立南国社及南国艺术学院。1930 年加入“左联”。1932 年加入中国共产党，任左翼戏剧家联盟党团书记等职。中华人民共和国成立后，先后任文化部戏曲改进局局长、艺术事业管理局局长，中国戏曲学校首任校长，中华全国文学艺术界联合会副主席，中国戏剧家协会主席。“文化大革命”中被迫害致死。毕生从事文艺事业，创作了话剧、歌剧 60 余部，电影剧本 20 余部，戏曲剧本 24 部，歌词和新旧体诗歌近 2000 首。代表作有《关汉卿》《文成公主》等。

张自忠（1891—1940） 山东临清人。1911 年考入天津法政学校，1912 年转入济南法政专科学校。1914 年投军，后转入冯玉祥部。1931 年任国民党第二十九军第三十八师师长。先后任察哈尔省主席、天津市市长。抗日战争爆发后，率部南下抗战。后升任国民党第三十三集团军总司令、第五战区右翼兵团总司令。1940 年 5 月 1 日在枣宜战役中英勇殉国。1940 年 5 月 28 日在重庆，国民政府为其举行隆重葬礼。1982 年，中华人民共和国民政部追认张自忠为革命烈士。

李宗仁（1891—1969） 广西桂林人。1913 年广西陆军速成学校毕业。参加护国战争、护法战争。1926 年任国民革命军第七军军长，成为桂系的领导人。1929 年 3 月蒋桂战争爆发，桂系兵败后出走香港。1930 年 3 月中原大战策应冯、阎军作战，失利后退守广西。1936 年 6 月与广东陈济棠等发动“两广事变”，反对蒋介石。抗日战争爆发，任第五战区司令长官，指挥徐州会战，获台儿庄大捷。抗日战争胜利后任北平行辕主任，支持蒋介石发动全面内战。1948 年 4 月当选为中华民国“副总统”。1949 年 1 月任“代总统”，派代表团到北平（今北京）与中国共产党代表团进行和平谈判；12 月去美国。1965 年 7 月冲破重重险阻，毅然回归祖国大陆。著有《李宗仁回忆录》。

阎锡山（1883—1960）　山西五台人。1909 年毕业于日本陆军士官学校。武昌起义后被推举为山西都督。北洋政府执政期间支持袁世凯，任山西省省长。1927 年任国民党第三集团军总司令。1929 年任陆海空军副总司令。1930 年与冯玉祥等发动倒蒋的中原大战。抗日战争时期采取“抗日和日、联共反共、拥蒋拒蒋”的两面政策。1949 年赴台湾，任“行政院长”及国民党中央评议委员。1960 年病逝于台北。

松井石根（1878—1948）　日本战犯。1898 年入日本陆军士官学校。1904 年参加日俄战争，晋升为步兵大尉。曾任日本参谋本部中国班班员、驻中国广东武官。1922 年任海参崴派遣军情报参谋，后调任哈尔滨特务机关长，成为军界的一名“中国通”。1937 年八一三事变时任上海派遣军司令官，后任华中派遣军司令官。1937 年 12 月 13 日日军侵占南京后，与谷寿夫指挥部下进行了长达 6 周的大屠杀，残害中国军民 30 余万人。1945 年 8 月 15 日日本投降后被列为甲级战犯。1948 年 11 月被远东国际军事法庭判处绞刑。

左　权（1905—1942）　湖南醴陵人。1924 年入黄埔军校第一期学习。1925 年底赴苏联学习，先后在莫斯科中山大学、伏龙芝军事学院等处学习。历任红一方面军参谋长、红五军团第十五军军长兼政委。1934 年参加长征，任红一军团代理军团长。抗日战争爆发后，任八路军副参谋长、第二纵队司令员。1942 年 5 月 25 日在山西辽县（今左权县）率八路军突破日军包围时牺牲。

新四军　在国共两党合作抗日的形势下，经国民党当局同意，由江西、福建、广东、湖南、湖北、河南、浙江、安徽八省 14 个地区的红军游击队从 1937 年 10 月起陆续改编而成。军长叶挺，副军长项英，参谋长张云逸。辖 4 个游击支队，10 个团，1 个特务营，共 10329 人。1937 年 12 月 25 日，在汉口建立军部。1938 年 1 月 6 日，移驻南昌。同年 3 月和 4 月，根据中共中央关于向敌人后方发展的指示和国民政府军事委员会关于集中整训的命令，先后在皖南、皖中、皖东等长江南北，以游击战的形式频繁打击日军。1939 年 2 月，新四军确定了“向南巩固，向东作战，向北发展”的战略方针。新编江北游击纵队，在安徽长江北岸开展游击战争。领导发展了苏南、苏北部队，开辟了豫皖苏、鄂豫皖、豫鄂边区的抗日根据地。

1940 年 11 月，在江苏海安成立华中新四军总指挥部（后迁至盐城），叶挺任总指挥，陈毅任副总指挥并代理总指挥，中共中央中原局书记刘少奇任政治委员，统一指挥陇海路以南、长江以北的新四军和八路军部队。留在苏南的新四军第二支队领导机关，组建了新的江南指挥部。

1941年1月7日，国民党当局制造皖南事变，围攻奉命北移的新四军军部。叶挺下山谈判被扣，项英、周子昆被叛徒杀害。袁国平在突围时牺牲。1月17日，国民党当局宣布取消新四军番号。1月20日，中共中央军委发布命令，重建新四军军部，任命陈毅为代理军长，刘少奇为政治委员，张云逸为副军长，赖传珠为参谋长，邓子恢为政治部主任。陇海路以南的新四军和八路军部队，分别改编为新四军第一至第七师和独立旅。全军共9万余人。

项　英（1898—1941）　湖北黄陂人。1926年至1930年期间曾任湖北省总工会党团书记、全国总工会执行委员兼上海总工会党团书记。1931年后任苏区中央局代理书记、中华苏维埃共和国临时中央政府副主席等职。抗日战争时期，任中共中央东南局书记、新四军副军长兼政委。1941年1月在国民党反动派制造的皖南事变被叛徒杀害。

邓子恢（1896—1972）　福建龙岩人。土地革命战争时期，领导了龙岩武装暴动，创建了闽西革命根据地。1934年留在革命根据地坚持游击战争，任中共中央江西分局委员，闽西南军政委员会副主席。抗日战争时期，任新四军政治部副主任等职务，领导开辟了皖东抗日根据地。解放战争时期，任中共中央华中分局书记、中共中央中原局第三书记、第四野战军第二政委。新中国成立后，历任中共中央中南局第二书记、国家计划委员会副主任、农村工作部部长、国务院副总理等职。

林　彪（1906—1971）　湖北黄冈人。1925年考入黄埔军校。曾任第一纵队司令员，红四军军长，红一军团军团长，红军大学校长。抗日战争时期，任八路军一一五师师长。解放战争时期，任东北民主联军总司令、东北野战军司令员、第四野战军司令员。中华人民共和国成立后，曾任军事委员会副主席、国防部部长，军委副主席。1955年被授予元帅军衔。“文化大革命”中结成反革命集团，阴谋夺取党和国家的最高权力。1971年9月13日乘飞机外逃，在蒙古温都尔汗地区坠机身亡。

第七章 解放战争

第一节 从争取和平民主到进行自卫战争

一、战后各党派的政治主张

为坚持独裁统治，抵制联合政府，抢夺抗战胜利果实，1945 年 5 月国民党在重庆召开第六次全国代表大会。大会议题是召开“国民大会”，实行“宪政”；准备反共内战，抢夺抗战胜利果实。这次大会确定的路线是坚持独裁、反对民主、准备内战的路线。抗战胜利后，国民党打着“和平建国”的旗号，坚持独裁、内战、卖国的反动政策。在军事上，垄断接收权，抢夺战略要地，加紧内战部署；在经济上，利用接收敌伪财产的机会，搜刮民脂民膏，聚敛了大量的财富，使得中国官僚资本空前膨胀。代表大地主大资产阶级利益的国民党统治集团，企图抢夺抗战胜利果实，用内战的方式来剥夺人民已经取得的权利，使中国社会退回到抗战前一党独裁专制的反动统治。

1945 年 4 月 23 日至 6 月 11 日，中国共产党第七次全国代表大会在延安召开。毛泽东致《两个中国之命运》的开幕词。他说，在中国人民面前摆着两条道路，光明的路和黑暗的路；有两种中国之命运，光明的中国之命运和黑暗的中国之命运。我们的任务不是别的，就是放手发动群众，壮大人民力量，团结全国一切可以团结的力量，在我们党领导之下，为着打败日本侵略者，建设一个光明的新中国，建设一个独立的、自由的、民主的、统一的、富强的新中国而奋斗。我们应当用全力去争取光明的前途和光明的命运。

七大确定了党的政治路线，即“放手发动群众，壮大人民力量，在中国共产党的领导下，打败日本侵略者，解放全国人民，建立一个新民主主义的中国”。大会拟定了建立联合政府的具体步骤，制定了新民主主义国家在政治、经济、文化方面的纲领，提出了实现中国工业化的宏伟任务。大会宣布，要让有利于国计民生的私人资本主义有一定程度的发展，并把能否解放、发展生产力作为检验一切政党政策的根本标准。

七大总结历史经验，把党在长期奋斗中形成的优良传统和作风概括为三大作风，即理论和实践相结合的作风，和人民群众紧密联系在一起的作风，批评与自我批评的作风。党的七大另一个重大历史性贡献是将毛泽东思想写在了党的旗帜上，确立毛泽东思想为党的指导思想并写入党章。七大通过的新党章指出：“毛泽东思想，就是马克思列宁主义的理论与中国革命的实践之统一的思想，就是中国的共产主义，中国的马克思主义。”刘少奇在七大《关于修改党章的报告》中深入论述了毛泽东和毛泽东思想在中国革命中的地位和作用，对毛泽东思想作了较为全面、系统和科学的概括，揭示了毛泽东思想的丰富内涵和本质特征，使全党对毛泽东思想有了比较完整的认识和深刻的理解。

党的七大是中国共产党在新民主主义革命时期召开的极其重要的一次，也是最后一次代表大会。它总结了中国新民主主义革命20多年曲折发展的历史经验，制定了正确的路线、纲领和策略，克服了党内的错误思想，使全党特别是党的高级干部对于中国民主革命的发展规律有了比较明确的认识，从而使全党在马克思列宁主义、毛泽东思想的基础上达到了空前的团结。这次大会作为团结的大会、胜利的大会而被载入史册。它为党领导人民争取抗日战争的胜利和新民主主义革命在全国的胜利，奠定了政治上、思想上和组织上的深厚基础。

第三条道路又称中间路线，是一种主张通过和平的议会方式在中国建立一个资产阶级共和国，走独立发展资本主义道路的思潮。这种思潮的兴起是在抗日战争胜利后随着国共两党谈判的恢复及随之而来的中间党派的活跃而出现的，在1946年召开重庆政协会议前后达到高潮。抗日战争的胜利，为中间道路的发展提供了千载难逢的机遇。他们纷纷组织党派、发表政见，力图使中国按照他们所设计的道路前进。中间道路的基本内容是：政治上，核心是自由与民主，远景目标是建立政党政治与多党政治，近期目标是立即取消一党专政，建立民主联合政府，立即释放一切政治犯，党派平等合法，废除“保甲”制度，用普选的方式召开国民大会，成立真正的民主联合政府；军事上，核心是军队国家化，保持国防最低限度之常备军，实行征兵制。

二、重庆谈判

抗日战争胜利后，蒋介石一方面准备发动内战，一方面又受到国内外要求和平、反对内战的舆论压力，于是采取了“假和平，真内战”的策略。1945年8月，蒋介石三次邀请毛泽东去重庆“商讨”国内和平问题。他的意图是：如果毛泽东不去，就宣传共产党没有和平诚意，把发动内战的责任加在共产党身上；如果毛泽东去了，就可以借谈判，逼共产党交出人民军队和解放区政权。

1945年8月28日，为谋求和平，毛泽东、周恩来、王若飞等中共领导人从延安前往重庆，开始了重庆谈判。国民党派王世杰、张治中、邵力子为谈判代表。这次谈判共进行了43天。中共代表团提出了和平建国的基本方针，即坚决避免内战，在和平、民主、团结的基础上实现全国统一，建立独立、自由、富强的新中国。蒋介石不得不表面同意结束专制统治，召开各党派政治协商会议，保障民主自由，保障各党派平等合法地位等主张，并于10月10日公布了《国共代表会谈纪要》（即《双十协定》）。

国共双方在解放区的政权问题和军队问题上争论激烈。中共代表团要求承认人民军队和解放区民主政权的合法地位，蒋介石则要求中共交出军队和解放区。为了争取和平，中共代表团做出让步，在普遍裁减全国军队的条件下，将人民军队减少为24个师，并自动退出广东、湖南等8个解放区。重庆谈判迫使蒋介石承认了和平建国等政治方针，同时也揭穿了国民党假和平、真内战的阴谋，使得中国共产党在政治上取得主动，国民党在政治上陷入孤立。

蒋介石的内战政策激起了全国人民的反对。国民党统治区人民和平民主运动的发展显示了中国人民反内战、反独裁的意志和力量。蒋介石不得不根据《双十协定》的规定召开政治协商会议。1946年1月，政治协商会议在重庆召开，出席会议的有国民党、共产党、民盟、青年党和无党派人士的38名代表。以周恩来为首的中共代表团与民主同盟等民主党派和无党派人士的代表密切合作，同国民党当局认真协商，推动政协会议达成政府组织案、国民大会案、和平建国纲领、军事问题案、宪法草案等五项协议。

关于国家的政治体制，政协协议规定，改组国民党一党政府，成立政府委员会为最高国务机关，委员的一半由国民党以外人士担任。改组后的政府为结束国民党的"训政"到实施宪政的过渡时期的政府，负有召集国民大会以制定宪法的任务。会议通过的宪法草案规定，立法院为相当于议会的最高国家立法机关，由选民直接选举产生；行政院为最高行政机关，并对立法院负责；立法院对行政院全体不信任时，行政院或辞职或提请国家元首解散立法院。宪法草案又规定，中央同地方分权，省为地方自治的最高单位，省长民选，省可以制定省宪等。

政协的上述协议虽然不是新民主主义性质的，但在一定程度上有利于冲破国民党独裁统治和实行民主政治，有利于和平建国，因而受到全国人民的欢迎，激起了中国人对于实现和平、民主、团结、统一的热烈期望。协议较多地吸收了中间人士的意见，调动了他们的积极性。在一个时期内，是否忠实履行政协协议，成了人们衡量政治是非的重要尺度。

中国共产党决定履行政协协议。国民党政权代表的是大地主、大资产阶级的利益，既不能容忍也经受不住任何的民主改革，待相应的内战准备完成后，悍然撕毁政协协议，全面内战一触即发。

三、粉碎国民党的全面进攻和重点进攻

1946年6月底，国民党军队以进攻中原解放区为起点，挑起了全国性的内战。10月11日，国民党军占领华北解放区重镇张家口。1947年3月，国民党当局限令中共驻南京、上海、重庆三地代表及工作人员全部撤退。至此，一切和平谈判之门都被国民党关闭，国共关系彻底破裂。

全面内战爆发时，中国共产党面临的形势是极为严峻的。当时，国民党军的总兵力为430万人，它占有3.39亿以上人口、730万平方公里的地区，控制着

几乎所有的大城市和绝大部分铁路交通线；不仅接收了100余万日军和数十万伪军的装备，而且美国还为国民党训练和装备了50万军队。人民解放军的总兵力为127万人，装备基本上是缴自日军的步兵武器；解放区的人口为1.36亿，面积约230万平方公里，而且是被分割、包围的，在物质上得不到任何外援。国民党对解放区的进攻方针是：集中兵力，迅速消灭山海关内解放军主力，控制津浦、平汉南北两条交通大动脉，稳住江南，确保华北。中原解放区首当其冲成为其目标，国民党并企图在消灭中原解放区后，向苏皖解放区进击，再攻延安，“扫荡”沂蒙，“清剿”山东，平定华北，而后转向山海关外，消灭东北民主联军。10月11日，国民党军队攻占张家口，标志其全面进攻达到顶峰。面对国民党军队的进攻，解放区军民依照中共中央方针，依托解放区，各解放区军队紧紧地依靠人民群众，相互协同，密切配合，集中优势兵力实行内线作战，并逐步扩大战役规模，力求大量歼灭国民党军队的有生力量，打破国民党军队的全面进攻以促进革命高潮的到来。人民解放军先后在中原、华中、华东、华北以及东北战场取得了一系列胜利，共歼敌71万余人。国民党军队陷于被动，不得不放弃对解放区的全面进攻。

1946年7月至1947年2月，人民解放军在华东战场、晋冀鲁豫战场、晋察冀战场及东北战场歼灭国民党军队71万余人，平均每月歼其正规军超过8个旅，收复和新解放的城市87座。人民解放军在贯彻中央军委积极防御方针的作战中取得重大胜利。

1947年3月，蒋介石为解决进攻兵力不足的问题，放弃全面进攻计划，改以进攻陕北和山东解放区为重点，实行被称为“双矛攻势”的重点进攻，企图从解放区的东西两翼与人民解放军主力决战，并将人民解放军堵在黄河以北，使战争继续在解放区内进行，而在其余各战场则转为守势。1947年3月13日，胡宗南等部以25万人的兵力向陕北解放区发动大规模进攻。在敌我力量极为悬殊的情况下，中共中央和西北野战军主动放弃延安。从1947年3月19日撤出延安开始，以毛泽东为首的中共中央和中央军委坚持转战在陕北，在物资供给极端艰苦和与敌周旋十分险恶的环境下，从容地指挥着全国各战场的作战。中共中央这一决策和胆略，极大地鼓舞了全国各解放区军民的战斗意志和胜利信心。西北人民解放军撤出延安后，按照中央军委和毛泽东确定的“蘑菇战术”，与胡宗南部在陕北高原盘旋打转，连续进行青化砭、羊马河、蟠龙三次歼灭战，共歼灭胡宗南部1.4万余人。8月，又取得沙家店战役的胜利。这样，基本稳定了陕北战局，粉碎了国民党军队对陕北的重点进攻。

国民党军队重点进攻的另一个主要方向是山东解放区。1947年4月下旬，国民党军队调集约45万人的兵力先后发动了三次猛烈攻势。华东野战军在陈毅、粟裕、谭震林的指挥下，先后取得泰蒙战役和孟良崮战役的胜利，歼灭国民党军5万余人，击毙敌中将师长张灵甫，接连打退了国民党军队发动的三次攻势，粉碎了国民党军队对山东解放区的重点进攻。其他各解放区也歼灭了大量敌人，收复和解放了大批城市和地方，基本上粉碎了国民党军队的重点进攻。

从 1946 年 7 月到 1947 年 6 月，人民解放军在第一年度作战中，共歼敌 112 万人。粉碎了国民党军队的全面进攻和重点进攻，为解放战争从战略防御转入战略进攻奠定了基础，进而把中国革命推向新的高潮，为革命胜利创造了极为有利的条件。战局的发展，从根本上粉碎了国民党统治集团的速战速决计划，并使他们陷入了人民战争的汪洋大海之中，难以逃脱灭顶之灾的命运。

第二节　解放战争的伟大胜利

一、三大战役

1948 年秋，人民解放战争进入夺取全国胜利的决定性阶段。敌我力量对比及战争形势出现了重大变化。当时，人民解放军由战争初期的 127 万人发展到 280 万人，其中野战军 149 万人。政治上高度团结，生活上获得改善，战斗力进一步提高。解放区的面积扩展到 235 万平方公里，人口达 1.68 亿。革命老区的土改运动基本完成，后方更加巩固。

国民党军队的总兵力进一步减少到 365 万，可用于第一线的兵力仅 174 万，且士气低落，内部矛盾重重，战斗力下降。国民党政权岌岌可危，再也无法摆脱战略上全面被动的局面。在解放军的强大攻势下，国民党军只得放弃分区防御而实行重点防御。它的六个战略集团被分割在西北、中原、华东、华北、东北等几个战场，相互间难以形成配合，并企图撤出东北，确保华中，以待时机。中共中央抓住战机，毅然决定发起战略决战，指示全军确立打前所未有的大歼灭战的决心，就地歼敌，夺取解放战争的全胜。在毛泽东和中共中央军委的领导和指挥下，在人民群众的热烈支援下，中国人民解放军先后发动了辽沈、淮海、平津三大战役。

战略决战的序幕首先在山东拉开。1948 年 9 月 16 日，粟裕等指挥华东野战军 32 万人发动济南战役。经过八昼夜的激烈作战，攻克济南，歼国民党军 10 万余人，其中起义 2 万余人。济南的解放，是中国人民解放军大规模围歼敌军主力和解放敌人重兵设防的大城市的开始，严重地打击了国民党军坚守大城市的信心；有力地证明了解放军的城市攻坚作战能力已大大提高，蒋介石以大城市为重点的防御体系开始崩溃。

中国人民解放军把战略决战的方向首先指向东北战场，是因为在东北战场的中国人民解放军主力有 70 万人，而敌人只有 48 万人，解放军数量超过敌人；解放军围困着国民党占领的大城市和交通要道，可进可退，机动灵活，补给充足；而国民党军东北“剿总”卫立煌集团辖 4 个兵团，共 14 个军 44 个师 48 万余人，加上地方保安团队共约55万人，仅有长春、沈阳、锦州三个互不相连的孤立地区，而且无论从全局还是东北地区看，态势突出，补给支援均很困难。在战略指挥上，或撤或守，蒋介石正举棋不定。同时东北解放区土改完成，后方巩固，关内解放区均可支援。首战东北，既可打破敌人战略收缩企图，又有利于东北野战军挥师入关，从而推动全国战局的发展。

东北野战军于冬季攻势后，为适应“大兵团、正规化、攻坚战”的需要，位于长春周围及长春、沈阳之间的主力，先后进行了整编，加强了以炮兵为重点的特种兵建设。至辽沈战役进行时，东北野战军已有12个步兵纵队、1个炮兵纵队和17个独立师共60余万人，加上机关和地方部队总兵力已达100余万人。东北地区双方兵力对比，东北野战军已占相当大的优势。东北解放区已拥有全东北98%以上的土地，86%以上的人口，并控制了95%的铁路线。

1948年9月12日，人民解放军发起了辽沈战役。战役开始，毛泽东强调：东北野战军就地全歼东北之敌。中央军委指示东北野战军置长春、沈阳之敌于不顾，主力南下北宁路，攻占锦州。锦州，是东北敌军通向关内的“咽喉”，攻占这一战略要点，不仅割裂了傅作义、卫立煌两集团之间的联系，便于人民解放军向两翼机动作战，而且把卫立煌集团封闭于东北，切断其南逃、北援之通道，形成“关门打狗”之势，并可诱使沈阳之敌出援，造成打运动战的条件。因此，攻克锦州是整个战役的关键，即便其他一切目的均未达到，只要攻克了锦州，就掌握了战局的主动权，就是一个伟大的胜利。为了配合东北战场的作战，中央军委还指示华北军区第二、第三兵团发起察绥战役，以牵制傅作义集团，使其无暇东顾。

第一阶段：9月12日至10月18日，攻克锦州，解放长春。9月12日，东北军野战主力在林彪、罗荣桓率领下，自东北北部出敌不意地迅速分头南下分别包围和切割北宁线上各点的敌人，将锦州层层包围起来。10月1日，东北野战军攻占义县并扫清了锦州外围的敌人。当锦州陷入重围时，东北野战军在塔山、黑山、大虎山等地坚决阻击了敌人南北两方增援军。10月14日，东北野战军对锦州守敌发起总攻，经过31个小时激战，攻占锦州，歼敌10万余人，俘虏敌东北“剿总”副总司令范汉杰。锦州解放后，东北大门被关闭。长春守敌鉴于突围无望，守必被歼，在东北野战军攻锦州胜利与强大的政治攻势影响下，10月17日，长春守敌六十军军长曾泽生率部起义；10月19日，敌东北“剿总”另一副总司令郑洞国率新编第七军等部被迫投降，长春遂告解放。此时，东北国民党全军覆灭的命运已成定局。

第二阶段：10月19日至28日，辽西会战，围攻廖耀湘兵团。锦州被围困后，廖耀湘兵团向锦州前进，梦想夺回锦州，打通关内外联系，在彰武、黑山地区，遭东北野战军顽强阻击。10月26日，东北野战军将廖耀湘兵团合围在辽河以西、大虎山以东、无梁殿以南、魏家窝铺以北120平方公里地域内。28日，全歼美机械化装备的廖耀湘兵团10万人，生俘兵团司令廖耀湘。

第三阶段：10月29日至11月2日，解放沈阳、营口。东北野战军在全歼廖耀湘兵团后，立即向沈阳、营口追击进军。11月2日，解放沈阳、营口，除万余敌人从海上逃跑外，歼敌14万余人。至此，东北全境获得解放。

辽沈战役自9月12日至11月2日，历时52天，共歼敌36个整编师47万人，人民解放军从此在数量上对国民党军队有了优势，使中国革命形势发展到一个新的转折点。东北的解放，不仅使近百万东北野战军成为一支强大的战略后备队，为以后顺利进行平津战役、解放华北创造了条件，而且使解放战争获得了一个巩固的、具有一定工业基础的战略后方，对于加速全国的解放都有着重大的战略意义。

遵照中央军委指示，各战区在东北野战军进行辽沈战役前后，也相继发动攻势，歼灭了大量敌人。华北军区第二、第三兵团，在陕甘宁晋绥联防军区一部配合下，发动察绥战役，解放了绥东、察北广大地区，进占包头，包围归绥，歼敌2.1万余人，迫使傅作义在平绥线上往返调动军队，不敢大力增援东北。接着，人民解放军又收复了临沂、烟台等地，除青岛外基本上解放了山东全境。西北野战军先后进行澄合、荔北战役和冬季攻势，歼敌胡宗南部6万余人，将胡宗南集团钳制在西北战场。

在辽沈战役结束，淮海战役正在胜利发展之际，东北野战军和华北军区第二、第三兵团共100万人，联合发动了平津战役。当时华北战场的国民党军傅作义集团60万人，在华北人民解放军的牵制和打击下，又受到辽沈、淮海战役胜利的震撼，已成惊弓之鸟，困守于北平、天津、张家口三个地区。蒋介石一方面企图利用傅作义集团阻止人民解放军南下，另一方面又想诱使傅作义集团经塘沽海运江南，增援华东战场，傅作义集团本身还有沿平绥线西撤绥远的企图。敌人或撤退或收缩，都将对战局的发展不利。为了稳住敌人不使其逃跑，力求全部就地歼灭，东北人民解放军不进行休整，迅速秘密入关，配合华北兵团，出敌不意，对敌人实行战略包围。1948年11月29日至1949年1月31日，在东起唐山、西至张家口长达500公里的战线上，对华北国民党“剿总”总司令傅作义集团进行的一场大规模的战略性决战开始了。

第一阶段：人民解放军采取“隔而不围”“围而不打”的原则，切断了敌人西撤南逃的退路。以突然动作，分三路奔袭：右路奔袭平绥线，断敌退路；中路切断平津敌人的联系，横扫北平外围；左路沿北宁线进军，包围天津，切断津塘间的联系。完成了对张家口、新保安、北平、天津、塘沽之敌的分割包围。

第二阶段：实施先打两头，孤立中间。12月22日，围歼了新保安之敌。24日，攻克了张家口，切断敌人西窜之路。1949年1月14日，对拒绝放下武器的天津守敌发起总攻，经过29个小时的激战，全歼守敌13万余人，活捉敌指挥官陈长捷，关闭了敌人从海上逃跑的大门。

第三阶段：和平解放北平。北平15万敌军在人民解放军严密包围下已陷入绝境，人民解放军在北平地下党有力配合下，经过谈判，敌军在傅作义率领下接受和平改编。1月31日，人民解放军进入北平，北平宣告和平解放，平津战役胜利结束。

平津战役历时64天，除塘沽守敌5万余人从海上逃跑外，共歼灭和改编敌军52万余人，基本上解放了华北全境。平津战役中攻克天津、和平解放北平及后来的“绥远起义”，为我军尔后解决国民党一百余万残余军队提供了“天津方式”、“北平方式”和“绥远方式”，这对于进一步加速解放战争的进程具有重要的意义。

正当辽沈决战方兴未艾之际，我华东野战军和中原野战军以及部分地方武装60万人，以徐州为中心，在东起海州、西至商丘、北起临城（今薛城）、南达淮河地区，发起规模空前的淮海战役。中央军委决定由刘伯承、陈毅、邓小平、粟裕、谭震林组成总前敌委员会，邓小平为总前委书记。

在淮海战场，国民党在以徐州为中心的津浦、陇海两条铁路相交的十字架上部署着80万人，不但在兵力上超过人民解放军参战部队，在武器装备上更占有巨大的优势。人民解放军在作战指导思想上采取将敌军的重兵集团多次分割，集中优势兵力，各个加以歼灭的办法。

第一阶段：战役的重心是集中兵力歼灭黄百韬兵团，完成中间突破。解放军以一半以上兵力用于阻断和打击来援救黄百韬兵团的敌军，以期使分散之敌不得靠拢，被围之敌无法漏网。11月6日，战斗打响。黄百韬兵团企图夺路西逃。华东野战军主力迅速切断正向徐州靠拢的黄百韬兵团的退路，各路增援的敌军都受到坚决阻击。黄百韬兵团在碾庄，被压缩在纵横不到10公里的包围圈内。22日，敌人被歼，黄百韬被击毙。

第二阶段：主要作战目标是歼灭豫南远道赶来增援而孤军突出的黄维兵团。黄维兵团约12万人，是蒋介石的嫡系部队，战斗力较强，其中的第十八军是国民党军精锐主力之一。中原野战军主力和华东野战军一部采取“围三缺一、网开一面、虚留生路、暗设口袋”的打法，于25日将黄维兵团包围在浍河以南的双堆集地区。前来增援的敌军或者被歼，或者受阻。12月6日至15日，解放军发起总攻，全歼该敌，生俘黄维。在此期间，国民党徐州“剿总”副总司令杜聿明率领邱清泉、李弥、孙元良三个兵团撤离徐州，被华东野战军主力合围在陈官庄一带，孙元良兵团被歼灭。

第三阶段：主要作战目标是歼灭杜聿明部。在这个阶段的最初一段时间，为了配合平津战役，麻痹并稳住傅作义集团，淮海前线解放军曾奉命在两星期内暂停对杜聿明部的军事攻击，主要开展敦促杜聿明等率部投降的政治攻势。待华北战场上完成对傅作义兵团的分割包围后，对拒绝投降的杜聿明发起总攻，全歼邱清泉、李弥两个兵团，其中包括国民党军队精锐主力之一的第五军，击毙邱清泉。

淮海战役历时66天，共歼灭国民党军55.5万人，创造了人民解放军战史上以少胜多的光辉范例。经过这一战役，南线国民党军队的精锐主力已被消灭，长江中下游以北的广大地区获得解放，并同华北解放区连成一片。解放军压到长江北岸，国民党政府首都南京直接暴露在解放军面前，国民党的反动统治陷入土崩瓦解的状态。

辽沈、淮海、平津三大战役，无论是战争的规模还是取得的成果，在中国战争史上都是空前的，在世界战争史上也是罕见的。三大战役从1948年9月12日开始至1949年1月31日结束，历时142天，共争取起义、投诚、接受和平改编与歼灭国民党正规军144个师，非正规军29个师，合计154万余人，使国民党赖以维持其反动统治的主要军事力量基本上被摧毁，为中国革命在全国的胜利奠定了坚固的基础。

三大战役的胜利是人民战争的伟大胜利。在战役进行中，解放军广大指战员发挥高度的革命积极性和主动精神，英勇机智地同国民党军队战斗。各解放区人民以无比巨大的热情，以源源不断的人力物力给予前线以空前规模的支援。国民党统治区的中共地下组织和革命群众也为战争的胜利作出了贡献。当时，解放军的装备已改善，但运输条件还很落后。供应前方庞大部队的需要，全靠肩挑背负，小车推送。千百万群众的全力支援，有力地保障了战略决战的胜利，是人民解放军战无不胜的威力的最深厚的根源。三大战役的胜利，是毛泽东军事思想的胜利。以毛泽东为首的中共中央、中央军委以伟大的革命气魄和高超的军事指挥艺术，及时抓住战略决战的时机，正确地选定决战方向，并针对东北、华北、华东战场的不同情况制定出各具特点的作战方针，有力地保证了这场伟大的战略决战的胜利。

二、国民党政权的覆灭

三大战役结束后，国民党军队主力已被歼灭。但蒋介石仍不甘心失败，在美国的策划下，一面与中国共产党假和谈，一面部署江防，企图凭借长江天险阻挡中国人民解放军南进。1949年4月20日，国民党政府最后拒绝在国内和平协议上签字。21日，中国人民革命军事委员会主席毛泽东和中国人民解放军总司令朱德发布了《向全国进军的命令》。4月20日晚和21日，人民解放军第二、第三野战军，先后发起渡江战役，百万雄师以木帆船为主要航渡工具，在炮兵、工兵的支援配合下，在西起湖口、东至江阴的千里战线上强渡长江，迅速突破国民党军的江防，占领贵池、铜陵、芜湖和常州、无锡、镇江等城，彻底摧毁了国民党军的长江防线。23日，第三野战军一部占领南京，宣告了国民党统治的覆灭。

中国人民解放军全线渡江后，蒋介石为了避免其江防部队被分割围歼，令所有部队火速向浙赣路、杭州、上海方向撤退，企图控制皖浙赣山区，构成新防线继续顽抗。中国人民解放军于27日在吴兴会师后，29日在广德地区全歼敌5个多军。接着分路追击，于5月3日解放杭州。西集团突破江防后，以徽州、上饶、贵溪为目标，多路向南追击，5月7日控制了浙赣路，切断了汤恩伯、白崇禧两集团的联系，粉碎了敌组织新防御线的企图。5月14日，第四野战军从武汉以东团风至武穴地段南渡长江；16日、17日，解放武汉三镇。22日，第二野战军一部解放南昌。27日，第三野战军主力攻占全国最大城市——上海。6月1日，野战军乘胜解放崇明岛。至此，渡江战役胜利结束。

渡江战役是继三大战役后，中国人民解放军又一次大规模的战役行动。此役共歼国民党军43万余人，解放了南京、杭州、上海、武汉等大城市和苏、浙、赣、皖、闽、鄂广大地区。这一胜利，为进军华南、西南创造了有利条件，加速了全国的解放。

南京国民党政权走向崩溃是必然的。因为从政权的阶级属性及社会基础看，它只是代表少数大地主大资产阶级的利益，自始至终与广大民众相对立，缺乏深厚的社会基础，就是少数的地主豪绅及资产阶级也并没有一直作为它忠实的同盟者。从中央与地方的关系看，地方势力始终拥兵自重，各为己谋。从政治行为模式上看，国民党政权其实完全承袭了中国封建社会的一套政治行为模式，由于本身的阶级属性及由此而造成的北伐过程中的“政治南伐”，致使封建遗老、旧政客、军阀等投机分子纷纷涌入，因而极具封建腐朽性。从党自身的状况看，由于1927年的清党，把优秀分子清除出党，而腐朽投机分子乘虚而入。又由于背叛了孙中山的三民主义，背叛了中国革命，致使国民党从一个颇具战斗力的党逐渐蜕变为腐败无能的党。从这个政权的一大支柱军队的状况看，国民党军队貌似强大，实为一盘“大杂烩”，除派系林立外，又都极其缺乏军事及政治素养，因而战斗力低下。

从抗日战争爆发前的形势看，当时人们预料不到国民党政权将在短短十几年之后被共产党领导的人民大众所推翻。一方面，因为它打着孙中山及三民主义这块招牌，欺骗人民尚有效果，其自身的弱点在未经激烈的社会动荡前还不会立即充分暴露出来。为巩固其统治，从20世纪30年代初起，国民党政权着手进行经济建设、政治改良、剪除地方恶性势力等工作，尽管因为政权自身的性质特点决定了这些工作无法见起色，然而还是可以起到延缓灭亡的作用。加之国民党政权外有帝国主义做靠山，内有江浙财团官僚买办资本做后盾。另一方面，作为国民党政权最大的敌对势力，中国共产党所领导的革命力量尚且相当弱小，长征到达陕北后红军只有两万余人，至抗战前夕也不过几万人，同国民党相比实力天壤之别。

抗日战争加速了国民党的灭亡，壮大了中国共产党的力量。首先，使国民党政权在经济上遭受致命的打击。作为一个落后的半殖民地半封建国家，同发达帝国主义国家之间进行一场战争，造成经济上的巨大损耗是不可避免的，然而，这个政权的本质决定了它无法把损失限制在最低限度，反而加剧了它。由于惧怕人民，不敢实行人民战争，致使军事上节节溃败，大片国土落入敌手，遭受日本的疯狂破坏和掠夺。政府的军政官员及四大家族为首的官僚买办阶级本来已是极端腐败，而今更是借着抗战之名义大发国难财。国家经济由此而遭受致命的打击，出现了严重危机。到20世纪40年代初，国统区通货膨胀，物价上涨恶性发展，一发不可收拾。农业大幅度减产，城市民族资本主义企业大量倒闭，人民生活水平严重下降。据统计，到1944年，产业工人的购买力降到战前的43%，依靠工资收入的人员已难以维持最低的生活水平。民生凋敝，民怨沸腾。其次，造成国民党政权权威地位的迅速下降和共产党地位、作用的迅速提高。原先各方对于国民党都寄予很高的期望，但国民党在抗战中的表现却颇令人失望。特别是在抗战进入相持阶段后，从本阶级利益出发，为了保存实力以便在战后继续维持其一党专政，国民党顽固地执行消极抗日、积极反共的政策，把国家、民族的利益置于阶级党派的利益之下，并且对于在抗战中兴起的抗日民主势力严加压制，始终拒绝给予人民抗战的民主和自由。国民党战场在抗战中的地位和作用急转直下，一直到抗战结束。抗战头两年的那种悲壮的局面一去不复返。更有甚者，躲在西南大后方的官员们大多借抗战之名行腐败之实，重庆一片“乌烟瘴气”。与此相反的是，中国共产党的力量迅速壮大，在抗战中的地位和作用迅速提高。因为共产党是人民利益的真正代表者，因而敢于而且能够发动人民，依靠人民，同人民融为一体，通过人民战争之形式，弥补自身力量的不足，并迅速发展抗日武装，很快就承担起抗日的主要任务。由于共产党作用的提高，延安的励精图治、勃勃生机，共产党在人们心目中的地位大为提高。其三，抗战胜利初期的“劫收”局面，使得国民党政权固有的腐败性淋漓尽致地表现出来，国民党政权因此在底层民众面前威信剧降，大失民心，直接动摇了国民党政权。与此相对应的是，日占区人民对共产党信任的日益提高。

抗日战争胜利后，政治民主化骗局的败露和内战的挑起，是国民党政权迅速走向灭亡的又一个重要的、外部的必然性因素。从抗战胜利后的局势看，尽管国民党政权已出现了危机，但是，的确还没有充分的迹象表明它将迅速崩溃。首先，虽然共产党领导的革命力量经过八年抗战，已发展到相当的规模了，但相比而言，国民党势力仍占有绝对优势。无论从军队数量、装备、后方基地还是从外援等方面看，双方实力相差仍旧悬殊。其次，抗战的胜利使得蒋介石的声望空前提高。国民党政权尽管已令社会中下层民众感到不满和失望，但从和平与安定的愿望出发，人们仍然对它寄予希望，希望能改善它，而不是推翻它。其三，战后共产党表示承认蒋介石的领袖地位，承认国民政府并愿意与之继续合作，确立了和平、民主、团结的方针。抗战胜利后的局势表明，国民党政权已不可能再维持抗战前的那种独裁专制的局面，必须根据各阶层人民的要求，适应现代的潮流，进行改组，使之成为一个容纳各党各派、各种新兴势力共同参加的民主政府。政治民主化能否实现，已成为战后时期关系到国民党统治能否继续维持的关键。由于国民党政府的内在本质，决定了它不可能实行政治民主化。1946 年 6 月全面内战爆发，宣告国民党政治民主化骗局的败露。1946 年底的伪国大，1947 年初的“改组政府”两幕闹剧，随之而来的便是空前严重的政治危机。国民党为维持其一党独裁，选择了战争这条自取灭亡的道路。

第三节　中华人民共和国的成立

一、新中国成立前的准备

1949 年 3 月 5 日至 13 日，中共中央在河北建屏县（今属平山县）西柏坡村召开七届二中全会。全会着重讨论并决定了党为争取全国胜利，最后摧毁国民党统治的战略安排。党的工作重心的战略转移，规定了全国胜利后，党在各个方面的基本政策，以及由新民主主义社会发展到社会主义社会、党的总任务和主要途径等重大问题。全会听取并讨论了毛泽东的报告，批准关于召开新的政治协商会议及成立民主联合政府的建议，批准关于以八项条件作为与南京政府进行和平谈判的基础的声明，并通过了相应的决议。

会议指出了促进革命迅速取得全国胜利和组织这个胜利的各项方针。会议认为，在国民党军队主力已被消灭的情况下，消灭国民党残余部队的方式，不外乎天津、北平、绥远三种。第一种是天津方式，即用战斗来解决敌人；第二种是北平方式，即迫使敌军用和平方法改编为人民解放军；第三种是绥远方式，即有意保存一部分国民党军队，等把主要敌人歼灭以后，再去进行改编。三种方式的提出，加速了解放战争取得全国胜利的进程。会议说明了在全国胜利的局面下，党的工作重心必须由乡村转移到城市。全会报告指出，党着重在乡村聚集力量、用乡村包围城市的时期已经完成，从现在起，开始了由城市到乡村并由城市领导乡村的时期。城乡必须兼顾，但工作重心必须放在城市。为了适应这一转变，毛泽东要求全党干部必须用极大的努力去学会管理城市和建设城市。同时，还要学会在城市中间向帝国主义、国民党、资产阶级作斗争，又要学会同他们作隐蔽的斗争。在城市斗争中，中国共产党必须全心全意地依靠工人阶级，团结其他劳动群众，并争取一切可以合作的人，一步步地去战胜这些敌人，进行建设事业。会议阐述了全国胜利后国内外的基本矛盾和党在各方面的基本政策。会议指出，在全国胜利解决了土地问题以后，中国存在着两种基本矛盾，在国内是工人阶级和资产阶级的矛盾；在国际上，是中国人民和帝国主义之间的矛盾。因此，必须强化工人阶级领导的人民共和国的国家政权。在社会经济方面，必须认清中国是一个基础薄弱和经济落后的大国。这是在革命胜利后一个相当长时间内一切问题的基本出发点。从这一点出发，产生了中国共产党一系列的战略上、策略上和政策上的问题。没收帝国主义和官僚资本主义企业归国家所有，以此建立我国的经济基础，掌握经济命脉；对于私人资本主义企业，既要利用它的积极性以利于发展经济，但对于不利于国民经济的部分要加以限制。对于个体的农业经济和手工业经济，则是引导它们向着现代化和集体化方向发展，通过合作社组织起来。新民主主义国家的经济形态有国营经济、合作社经济、私人资本主义经济、个体经济以及国家资本主义经济，在社会主义性质的国营经济领导下，通过合作社经济改造个体经济，通过国家资本主义经济改造私人资本主义经济，保证中国可能由新民主主义社会发展到社会主义社会。会议分析了革命胜利后思想战线的形势和任务。报告指出，因为胜利，党内的骄傲情绪，以功臣自居的情绪，停顿起来不求进步的情绪，贪图享乐不愿再过艰苦生活的情绪可能生长。资产阶级也会出来捧场。报告提醒全党，要警惕糖衣炮弹的攻击，要继续地保持谦虚、谨慎、不骄、不躁的作风，务必继续地保持艰苦奋斗的作风。全会注意了在胜利情况下防止对个人的迷信，决定禁止给党的领导人祝寿，禁止用党的领导人的名字命名。

在中国革命转折关头召开的七届二中全会，具有重大的历史意义。毛泽东在全会上的报告是一篇具有重大意义的马克思列宁主义文献。它完满地解决了中国共产党夺取民主革命的彻底胜利和由新民主主义转变为社会主义的重大问题，使全党在革命转变关头，从政治上、思想上作了充分的准备。会议所作出的各项政策规定，不仅对迎接中国革命在全国的胜利，而且对新中国的建设事业，都具有巨大的指导作用。

国家政权问题是革命的根本问题。中国人民在推翻了国民党反动政权以后，建立一个什么性质的国家，这是人们十分关心的重大问题。为了阐明共产党在建立新中国问题上的主张，毛泽东于 1949 年 6 月 30 日发表了《论人民民主专政》一文。

文章论述了在中国建立人民民主专政的历史必然性，科学分析了人民民主专政国家内部各阶级的地位及其相互关系，论述了人民民主专政的本质特征是对人民实行民主和对敌人实行专政，论述了人民民主专政的职能和任务，人民民主专政的组织形式是人民代表大会等思想。全面地总结了中国革命斗争的历史经验，着重阐述了人民民主专政的理论和政策，奠定了中国人民民主专政的理论基础和政策基础，是对马克思主义国家学说的丰富和发展。中共七届二中全会的决议和毛泽东的《论人民民主专政》，构成了《中国人民政治协商会议共同纲领》的基础。

1949 年 9 月 21 日，中国人民政治协商会议第一届全体会议在北平隆重举行，宣告中国人民政治协商会议正式成立。人民政协是共产党领导的以工农联盟为基础的人民民主统一战线的组织形式，参加这次政协会议的有中国共产党、各民主党派、无党派人士、各人民团体、人民解放军、各地区、各民族以及国外华侨的代表共 622 人。在普选的全国人民代表大会召开前，政协全体会议代行全国人民代表大会的职权。

会议通过了《中国人民政治协商会议组织法》、《中华人民共和国中央人民政府组织法》、《中国人民政治协商会议第一届全体会议宣言》《中国人民政治协商会议共同纲领》。会议规定，“中华人民共和国为新民主主义即人民民主主义的国家，实行工人阶级领导的、以工农联盟为基础的、团结各民主阶级和国内各民族的人民民主专政”，“行使国家政权的机关为各级人民代表大会和各级人民政府”，“各级政权机关一律实行民主集中制”。经济建设的根本方针是，“以公私兼顾、劳资两利、城乡互助、内外交流的政策，达到发展生产、繁荣经济之目的”，国家调剂国营经济、个体经济和私人资本主义经济等，“使各种社会经济成分在国营经济领导之下，分工合作，各得其所，以促进整个社会经济的发展”。

政协会议选举毛泽东为中央人民政府主席，朱德、刘少奇、宋庆龄、李济深、张澜、高岗为副主席，周恩来、陈毅等56人为委员，组成中央人民政府委员会。会议决定新中国的国名为中华人民共和国，北平为新中国首都并改名为北京，采用公元纪年，以《义勇军进行曲》为代国歌，五星红旗为国旗。

9月30日晚，在天安门广场举行了人民英雄纪念碑奠基典礼。中国共产党和全国人民怀着崇敬的心情，纪念在长期斗争中为中国的民族独立和人民解放而英勇献身的革命先烈。

1949年9月，参加中国人民政治协商会议第一次全体会议的共有11个民主党派，初步形成了共产党领导的多党合作和政治协商制度的格局。1949年底，三民主义同志联合会、中国国民党民主促进会并入中国国民党革命委员会，中国人民救国会自行解散，遂形成现有的8个民主党派的格局。1948年4月30日，中共中央在纪念五一国际劳动节的口号中提出：“各民主党派、各人民团体、各社会贤达迅速召开政治协商会议，讨论并实现召集人民代表大会，成立民主联合政府。”这个号召得到各民主党派和社会各界的热烈响应。从当年8月起，各民主党派负责人、无党派民主人士接受中共中央邀请，分别从香港、上海、北平及海外，陆续进入东北、华北解放区。

1949年1月22日，李济深、沈钧儒等民主党派的领导人和著名的无党派民主人士55人联合发表《对时局的意见》，一致认定中共提出的关于召开政治协商会议、成立联合政府的主张“符合于全国人民大众的要求”，恳切表示“愿在中共领导下，献其绵薄，共策进行，以期中国人民民主革命之迅速成功，独立、自由、和平、幸福的新中国之早日实现”。这个政治声明表明，中国各民主党派和无党派民主人士自愿地接受了中国共产党的领导，决心走人民革命的道路，拥护建立人民民主的新中国。

二、中华人民共和国的成立

随着成立新中国的各项准备工作的完成，1949年10月1日下午2时，中央人民政府委员会在北京举行第一次全体会议，会上一致决议：宣告中华人民共和国中央人民政府成立，接受《中国人民政治协商会议共同纲领》为政府施政方针，选举林伯渠为中央人民政府委员会秘书长，任命周恩来为中央人民政府政务院总理兼外交部长、毛泽东为中央人民政府人民革命军事委员会主席、朱德为中国人民解放军总司令、沈钧儒为中央人民政府最高人民法院院长、罗荣桓为中央人民政府最高人民检察署检察长，并责成他们从速组成各级政府机关，执行各项政府工作。同时决议：向世界各国政府宣布，本政府为代表中华人民共和国全国人民的唯一合法政府，凡愿遵守平等、互利及互相尊重领土主权等项原则的任何外国政府，本政府均愿与之建立外交关系。

下午3时，首都30万军民齐聚天安门广场，隆重举行开国大典。在群众的欢呼声中，毛泽东宣读了《中华人民共和国中央人民政府公告》，在天安门城楼上庄严宣告：中华人民共和国中央人民政府今天成立了。广场升起了第一面鲜艳的五星红旗。朱德宣读了中国人民解放军总部命令，命令人民解放军迅速肃清国民党一切残余武装，解放一切尚未解放的国土，同时肃清土匪和其他一切反革命匪徒，镇压他们的一切反抗和捣乱行为。接着，举行了阅兵式。朱德总司令检阅人民解放军陆海空三军的受阅部队。全国已解放的各大城市，举行了热烈的庆祝活动。

中华人民共和国的成立，标志着一百多年来殖民主义、帝国主义同封建统治者勾结起来奴役中国人民的历史和内外战乱频仍、国家四分五裂的历史从此结束。它标志着中国共产党领导的新民主主义革命已取得基本胜利，并向社会主义社会过渡；标志着中国共产党在全国执政地位的确立；在中国基本上结束了半殖民地半封建社会的黑暗统治，开辟了历史的新纪元，中国人民从此成为中国社会的真正主人。中华人民共和国的成立，标志着一个东方大国挣脱了帝国主义、殖民主义统治的枷锁，取得了民族解放运动的伟大胜利，极大地解放了中国的社会生产力。中国革命的成功，是继十月社会主义革命之后最重大的政治事件。它的胜利改变了世界力量的对比，对国际局势和世界人民的革命斗争来说，沉重地打击了帝国主义的殖民制度，推动和鼓舞了被压迫民族的解放事业；特别是对反抗帝国主义、殖民主义的斗争，将具有深远的影响。中华人民共和国的成立，标志着马克思列宁主义、毛泽东思想的伟大胜利。充分证明了马列主义、毛泽东思想的真理性，这是中国共产党领导中国人民，进行伟大英勇的斗争得来的胜利，是马克思列宁主义同中国革命实践相结合的伟大胜利，具有划时代的伟大历史意义。

本章事件与人物

中国国民党革命委员会　简称“民革”，1947年秋由三民主义同志联合会、中国国民党民主促进会及其他国民党民主派酝酿成立的联合组织。1947 年 12 月，中国国民党民主派第一次联合代表大会在香港召开，宣告中国国民党革命委员会正式成立。宋庆龄为名誉主席，李济深为主席。

中国民主同盟 简称“民盟”，1941 年 3 月中国民主政团同盟在重庆诞生。民盟由救国会、中华民族解放行动委员会（亦称第三党，后改称中国农工民主党）、中华职业教育社、乡村建设协会以及青年党和国家社会党（后改称民主社会党）6 个组织联合组成。中国民主政团同盟于 1944 年 9 月更名为中国民主同盟。主席为张澜。

中国民主建国会 简称“民建”，1945 年 12 月在重庆成立。组成人员主要是知识界和实业界的中上层人士。黄炎培、胡厥文等当选为常务理事。

中国民主促进会 简称“民进”，1945 年 12 月在上海宣告成立。组成人员一部分是马叙伦所联系的文化、教育、出版工作者，另一部分是王绍鏊所联系的部分上海工商界爱国人士。会务由马叙伦负责。

中国农工民主党 亦称“第三党”，简称农工党。1928 年谭平山、章伯钧等酝酿成立中华革命党，并开始发展成员，开展活动。1930 年 8 月召开第一次全国干部会议，中国国民党临时行动委员会宣告成立，邓演达当选为总干事。1935 年 12 月改称中华民族解放行动委员会。1947 年 2 月改称中国农工民主党。章伯钧任主席。

中国致公党 1925 年 10 月五洲洪门恳亲大会在美国旧金山召开，成立致公党总部。1947 年 5 月中国致公党在香港召开第三次代表大会，选举李济深为主席，陈其尤为副主席。

九三学社 1944 年底重庆科技界、文化界、教育界的一些高级知识分子经常在一起举行座谈会（一度称民主科学座谈会）。1945 年 9 月 3 日，座谈会改名为九三学社。1946 年 5 月 4 日，九三学社在重庆宣告正式成立。许德珩等当选为理事。

台湾民主自治同盟 简称“台盟”。“二二八”起义失败后，为团结台湾各界人士坚持斗争，1947 年 8 月谢雪红等在香港酝酿成立政治组织。11 月，台湾民主自治同盟正式成立。

五星红旗 1949 年，中国人民政治协商会议通过中华人民共和国国旗是五星红旗。旗面的红色象征革命，旗上的五颗五角星及相互关系象征中国共产党领导下的革命人民大团结。星用黄色是为着在红底上显出光明，黄色较白色明亮美丽，四颗小五角星各有一尖正对着大星的中心点，表示围绕着一个中心而团结，在形式上也显得紧凑美观。旗面为长方形，长与宽比为 3∶2，五颗星在旗面左上方四分之一处，旗杆套为白色。

王若飞（1896—1946） 贵州安顺人。1922 年参与发起成立旅欧中国少年共产党。1923 年赴苏联入莫斯科东方大学学习。曾任中共豫陕区委书记、中共中央秘书部主任。参与领导了上海工人第一、第三次武装暴动。1927 年任中共江苏省委农民部部长和宣传部部长。1928 年 6 月赴苏联莫斯科出席中共六大，后任中共驻共产国际代表团成员。1931 年被捕，1937 年获释。抗战爆发后，任八路军副参谋长、中共中央秘书长。1944 年任中共中央南方局工委书记，负责主持南方局日常工作。1945 年 8 月与毛泽东、周恩来一起作为中共代表赴重庆同国民党谈判。1946 年 4 月 8 日在由重庆返回延安途中，因飞机失事于山西兴县黑茶山遇难。

卫立煌（1896—1960）　安徽合肥人。1917 年入孙中山的卫队充当卫士、排长。1926 年 7 月参加北伐，任第十四师师长。1928 年入北平陆军大学受训。1932 年任第十四军军长，参加对鄂豫皖苏区的“围剿”。1936 年授陆军上将。1937 年 10 月指挥忻口会战，重创进犯山西之日军。1943 年冬任中国远征军司令长官赴缅甸作战。1948 年 1 月任东北“剿总”总司令。1955 年 3 月由香港回到北京。历任国防委员会副主席、全国政协常委、民革中央委员会常委等职。

傅作义（1895—1974）　山西荣河人。1918 年保定陆军军官学校毕业。1926 年 6 月任晋军第四师师长。1931 年任国民党第三十五军军长、绥远省政府主席。率部参加长城抗战。抗日战争爆发后，任第七集团军总司令兼绥远省政府主席，积极指挥部队参加平绥线战役、忻口会战、太原防御战等。1939 年率部转入绥远西部，任第八战区副司令长官，兼绥远省政府主席。1947 年 3 月任张垣绥靖公署主任兼察哈尔省政府主席。1948 年任国民党政府华北“剿总”总司令。为北平和平解放作出贡献。中华人民共和国成立后，历任全国政协副主席、国防委员会副主席、水利部和水利电力部部长等职。

白崇禧（1893—1966）　广西桂林人。1916 年毕业于保定陆军军官学校。1923 年任广西讨贼军参谋长。1924 年任定桂讨贼军前敌总指挥兼参谋长，成为新桂系首领之一。北伐战争期间，任国民革命军总司令部参谋长、东路前敌总指挥。1927 年 1 月任北伐东路军前敌总指挥、上海警备司令。抗战爆发后，任国民党军事委员会副总参谋长。1938 年 7 月代理第五战区司令长官，参与指挥武汉保卫战。任桂林行营主任，负责指挥第三、第四、第九战区对日军作战。1939 年桂南会战，在昆仑关战役中，取得了抗战以来首次攻坚战的胜利。解放战争期间，先后任国民党政府国防部长、战略委员会主任、华中军政长官。1950 年去台湾，任台湾“总统府”战略顾问委员会副主任。

李济深（1885—1959）　北伐战争时期，曾担任国民革命军总参谋长、广州政治分会主席、第八路军总指挥、军事参议院院长等职。九一八事变后，与蔡廷锴等人组织福建人民政府，反蒋联共抗日。抗日战争胜利后，与国民党民主派人士成立中国国民党革命委员会，反对蒋介石的独裁内战政策。1949 年应中共中央的邀请，参加新政协的筹备工作。当选为中央人民政府副主席。

张　澜（1872—1955）　四川省南充人。1894 年中秀才。1903 年留学日本，入东京弘文书院师范科。1913年任国会众议院议员，参加进步党。1917年秋任四川省长。1925年任成都大学校长。1939年与黄炎培等在重庆成立“统一建国同志会”。1941年3月参与组织中国民主政团同盟，任主席。1949年9月赴北平，新中国成立后历任中央人民政府副主席、全国人大常委会副委员长、全国政协副主席。著有《说仁说义》等。

高　岗（1905—1954）　陕西横山人。与刘志丹创建陕甘革命根据地。1935年任中共西北局书记。1945年抗日战争胜利后被派往东北地区工作。中华人民共和国成立，被选为中央人民政府副主席，并担任东北人民政府主席、东北局书记。1952年11月任中央人民政府国家计划委员会主任兼东北行政委员会主席。1954年，中共中央政治局会议揭露了他与饶漱石进行分裂党、篡夺党和国家最高权力的阴谋。会后，高岗自杀。1955年3月，中共中央通过决议，开除高岗的党籍。

林伯渠（1886—1960）　湖南临澧人。1902年入湖南西路师范学堂。1904年春留学日本，入东京弘文学校。1905年8月加入同盟会。1913年加入中华革命党。1920年出任孙中山大元帅府参议。1921年1月加入上海共产主义小组。国共合作时期，任国民政府农民部长、武汉国民政府军委会秘书长、第六军党代表兼政治部主任。土地革命战争、抗日战争期间，曾担任中华苏维埃中央政府国民经济部长、中央政府财政部长、陕甘宁边区政府主席，任八路军驻陕办事处党代表。中华人民共和国成立，当选中央人民政府委员会秘书长、全国人大常委会副委员长。

罗荣桓（1902—1963）　湖南衡山人。1926年秋毕业于青岛大学。1927年4月到武昌中山大学学习。参与组织通城、崇阳农民武装，鄂南暴动。参加湘赣边秋收起义。曾任第四军军委书记兼政治委员、八路军一一五师政治委员、山东军区司令员、中共中央山东分局书记。抗日战争胜利后，任东北民主联军副政治委员、东北局副书记、东北军区第一副政治委员、东北野战军政治委员、第四野战军政治委员、华中局第二书记、华中军区第一政治委员。中华人民共和国成立后，任最高人民检察署检察长、政务院政治法律委员会委员。1950年4月任中国人民解放军总政治部主任、军事委员会副主席、解放军政治学院院长。1955年9月被授予中华人民共和国元帅军衔。

沈钧儒（1875—1963）　浙江嘉兴人，早年留学日本法政大学。1912年参加同盟会。曾任广东军政府总检察厅检察长、浙江省临时政府秘书长、上海法科大学教务长。1935年参加中国民权保障同盟。1935年12月领导成立上海文化界救国会，次年5月与宋庆龄、马相伯等领导成立全国各界救国联合会。1941年倡议组织中国民主政团同盟，后任中国人民救国会主席。新中国成立后，历任中华人民共和国中央人民政府委员、最高人民法院院长、全国人大常委会副委员长、全国政协副主席、民盟中央主席。

第八章　社会主义制度的确立

第一节　新民主主义社会的建立

一、新民主主义社会的政治制度

1939年12月，毛泽东在《中国革命和中国共产党》中指出，中国的新民主主义革命在政治上是几个革命阶级联合起来对于帝国主义者和汉奸反动派的专政，反对把中国社会变成资产阶级专政的社会。在抗日战争中，在中国共产党领导的各抗日根据地内建立起来的抗日民主政权，乃是抗日民族统一战线的政权，它既不是资产阶级一个阶级的专政，也不是无产阶级一个阶级的专政。只要是赞成抗日又赞成民主的人们，不问属于何党何派，都有参加这个政权的资格。中国现阶段的革命所要建立的民主共和国，一定要是一个工人、农民和其他小资产阶级在其中占一定地位起一定作用的民主共和国，是一个工人、农民、城市小资产阶级和其他一切反帝反封建分子的革命联盟的民主共和国。1940年1月，毛泽东在《新民主主义论》中进一步指出，无论如何，中国无产阶级、农民、知识分子和其他小资产阶级，乃是决定国家命运的基本势力。这些阶级，或者已经觉悟，或者正在觉悟起来，他们必然要成为中华民主共和国的国家构成和政权构成的基本部分，而无产阶级则是领导的力量。现在所要建立的中华民主共和国，只能是在无产阶级领导下的一切反帝反封建的人们联合专政的民主共和国，这就是新民主主义的共和国。国体是各革命阶级联合专政。政体是民主集中制。这就是新民主主义的政治。1949年6月，毛泽东在《论人民民主专政》中又指出，工人阶级，农民阶级，城市小资产阶级和民族资产阶级，这些阶级在工人阶级和共产党的领导之下团结起来，组成自己的国家，选举自己的政府，向着帝国主义的走狗即地主阶级和官僚资产阶级以及代表这些阶级的国民党反动派及其帮凶们实行专政。对于人民内部，则实行民主制度。对人民内部的民主方面和对反动派的专政方面，互相结合起来，就是人民民主专政。

人民民主专政的基础是工人阶级、农民阶级和城市小资产阶级的联盟，而主要是工人和农民的联盟，因为这两个阶级占了中国人口的80%～90%。推翻帝国主义和国民党反动派，主要是这两个阶级的力量。由新民主主义到社会主义，主要依靠这两个阶级的联盟。人民民主专政需要工人阶级的领导。因为只有工人阶级最有远见，大公无私，最富于革命的彻底性。民族资产阶级在现阶段上有其很大的重要性。为了对付帝国主义的压迫，为了使落后的经济地位提高一步，必须团结民族资产阶级共同奋斗。但是，民族资产阶级不能充当革命的领导者，也不应当在国家政权中占主要地位。因为民族资产阶级的社会经济地位决定了他们的软弱性，他们缺乏远见，缺乏足够的勇气，并且有不少人害怕民众。新民主主义社会的政治形态，集中到一点，就是工人阶级领导的以工农联盟为基础的人民民主专政。

二、新民主主义社会的经济制度

1939 年 12 月，毛泽东指出，中国的新民主主义革命在经济上是把帝国主义者和汉奸反动派的大资本大企业收归国家经营，把地主阶级的土地分配给农民所有，同时保存一般的私人资本主义的企业，并不废除富农经济。1940 年 1 月，毛泽东指出，大银行、大工业、大商业，归这个共和国的国家所有。在无产阶级领导下的新民主主义共和国的国营经济是社会主义的性质，是整个国民经济的领导力量，但这个共和国并不没收其他资本主义的私有财产，并不禁止不能操纵国民生计的资本主义生产的发展，这是因为中国经济还十分落后的缘故。将采取某种必要的方法，没收地主的土地，分配给无地和少地的农民。农村的富农经济，也是容许其存在的。在这个阶段上，一般地还不是建立社会主义的农业，但在耕者有其田的基础上所发展起来的各种合作经济，也具有社会主义的因素。中国的经济，一定要走节制资本和平均地权的路，决不能是少数人所得而私，决不能让少数资本家少数地主操纵国民生计，决不能建立欧美式的资本主义社会，也决不能还是旧的半封建社会。这样的经济，就是新民主主义的经济。而新民主主义的政治，就是新民主主义经济的集中的表现。新民主主义社会的经济形态的几种构成成分有：国营经济、合作经济、农民个体经济、私人资本主义经济、富农经济。

1945 年 4 月，毛泽东在《论联合政府》中，对新民主主义社会的经济形态的几种构成成分作了进一步的论述，他指出，在现阶段上，中国的经济，必须是由国家经营、私人经营和合作社经营三者组成的。而国家经营的所谓国家一定要不是少数人所得而私的国家，一定要是在无产阶级领导下而为一般平民所共有的新民主主义的国家。耕者有其田，是把土地从封建剥削者手里转移到农民手里，把封建地主的私有财产变为农民的私有财产，使农民从封建的土地关系中获得解放，从而造成将农业国转变为工业国的可能性。因此，耕者有其田的主张是一种资产阶级民主主义性质的主张，并不是无产阶级社会主义性质的主张，是一切革命民主派的主张，并不单是共产党人的主张。有些人不了解共产党人为什么不但不怕资本主义，反而在一定的条件下提倡它的发展。共产党人的回答是这样的简单：拿资本主义的某种发展去代替外国帝国主义和本国封建主义的压迫，不但是一个进步，而且是一个不可避免的过程。客观存在不但有利于资产阶级，同时也有利于无产阶级，或者说更有利于无产阶级。现在的中国是多了一个外国的帝国主义和一个本国的封建主义，而不是多了一个本国的资本主义，相反地，中国的资本主义是太少了。在中国的条件下，在新民主主义的国家制度下，除了国家自己的经济、劳动人民的个体经济和合作社经济之外，一定要让私人资本主义经济在不能操纵国民生计的范围内获得发展的便利，才能有利于社会的向前发展。私人经营是新民主主义社会的经济形态的必要的构成成分。帮助农民在自愿原则下，逐渐地组织在农业生产合作社及其他合作社之中，生产力就会发展起来。这种农业生产合作社，现时还只能是建立在农民个体经济基础上的、农民私有财产基础上的。集体的互助的劳动组织，国营经济是社会主义性质的，合作社经济是半社会主义性质的，加上私人资本主义，加上个体经济，加上国家和私人合作的国家资本主义经济，这些就是人民共和国的几种主要的经济成分，这些就构成新民主主义的经济形态。

新民主主义社会是从资本主义社会过渡到社会主义社会的一个过渡形态的社会。所谓新民主主义社会具有过渡性质，并不是在社会发展的一般意义上讲的。因为，就社会发展的一般意义来说，任何一个社会形态，无论是原始社会、奴隶社会、封建社会、资本主义社会，还是社会主义社会，作为社会发展的一个环节，都具有过渡性质。这里所说的新民主主义社会具有过渡性质，是指新民主主义社会作为一种社会形态，既不属于资本主义社会，也不属于社会主义社会，而且不是一种相对独立的社会形态。它是由半封建、半殖民地社会过渡到社会主义社会的一种过渡社会形态。

三、新政权的巩固

中国人民解放军在解放西南地区之后，开始准备向西藏进军，考虑到西藏地区的具体情况，中央人民政府多次通知西藏地方政府派代表来北京商谈关于和平解放西藏的事宜。因西藏上层反动分子和帝国主义势力的阻挠，原西藏地方政府迟迟不派出代表，并在昌都部署藏军主力。1950 年 10 月，中国人民解放军歼灭了藏军主力，解放昌都，打开了进军西藏的大门。1951 年 4 月，西藏地方政府派出以阿沛·阿旺晋美为全权首席代表的和平谈判代表团抵北京，同中央人民政府指派的以李维汉为全权首席代表的代表团进行关于和平解放西藏的谈判，并于 5 月 23 日在北京签订《关于和平解放西藏办法的协议》，人民解放军进驻拉萨，西藏和平解放。

1950 年 6 月，朝鲜战争爆发，美国随即打着联合国旗号武装干涉朝鲜并派遣第七舰队入侵台湾海峡。侵朝美军不顾中国政府的多次警告，越过三八线，直逼中朝边境的鸭绿江和图们江，出动飞机轰炸中国东北边境的城市和乡村，新中国面临着外部侵略的严重威胁。

应朝鲜党和政府的请求，中共中央和中央人民政府决定抗美援朝、保家卫国。10月19日，以彭德怀为司令员兼政治委员的中国人民志愿军奉命开赴朝鲜战场，以大无畏的英雄气概，毅然承担起保卫和平的历史重任。到1951年6月，志愿军与朝鲜人民军紧密配合，历时8个月，连续进行五次大的战役，将以美国为首的“联合国军”从鸭绿江边赶回到三八线附近，美国被迫同意进行停战谈判。与此同时，党和政府在国内发动了一场轰轰烈烈的抗美援朝运动，极大地激发了全国人民的爱国主义热情。在整个战争期间，全国人民支援朝鲜前线的捐款可折合战斗机3710架，各种作战物资达560万吨，为战争的胜利作出了重大贡献。

抗美援朝战争在此后持续两年的打打谈谈中，美国将其全部陆军的三分之一、空军的五分之一和海军的近半数投入朝鲜战场，中朝人民军队针锋相对，以打促谈。敌我双方投入战场的最高兵力达300多万，兵力密度、敌方空中轰炸密度和许多战役战斗的炮火密度都是空前的。在异常残酷的战争中，志愿军指战员发扬祖国和人民利益高于一切、为了祖国和民族的尊严而奋不顾身的爱国主义精神，英勇顽强、舍生忘死的革命英雄主义精神，不畏艰难困苦、始终保持高昂士气的革命乐观主义精神，为完成祖国和人民赋予的使命、慷慨奉献自己一切的革命忠诚精神，以及为了人类和平与正义事业而奋斗的国际主义精神，创造了伟大的抗美援朝精神。三年来，志愿军中涌现出杨根思、黄继光、邱少云等30多万英雄功臣。美国在战场上没有得到的东西，在谈判桌上也没有得到。在遭到空前的严重失败后，美国不得不于1953年7月27日在停战协定上签字。

抗美援朝战争的胜利，粉碎了帝国主义扩大侵略的野心，维护了亚洲和世界和平，使中国的国际威望空前提高，包括美、苏在内的世界各国都感到必须重新估计中国在世界上的分量。帝国主义从此不敢轻易欺侮和侵犯中国，为中国新民主主义改革和建设赢得了一个相对稳定的和平环境。

1951年12月1日，由于在增产节约运动中揭发出了大量的贪污浪费现象，中共中央作出《关于实行精兵简政，增产节约，反对贪污，反对浪费和反对官僚主义的决定》，从此，以反贪污、反浪费、反官僚主义为中心任务的“三反”运动在全国展开。

在“三反”运动中，揭发出了资产阶级不法分子同国家机关中的贪污分子相互勾结，向党和政府猖狂进攻的一系列严重事件。对此，1952年1月26日中共中央发出了《关于在城市中限期展开大规模的坚决彻底的“五反”斗争的指示》，要求在全国大中城市，向违法的资本家开展反对行贿、反对偷税漏税、反对偷工减料、反对盗骗国家财产和反对盗窃国家经济情报的“五反”运动。2月上旬，“五反”运动首先在各大城市开始。根据“三反”、“五反”运动发展情况，中央作出了“严肃与宽大相结合、改造与惩治相结合”的方针，规定了对贪污分子和违法工商业者的处理办法。到1952年夏，“三反”、“五反”运动胜利结束。“三反”、“五反”运动打击了不法资本家和蜕化变质分子，打退了资产阶级的猖狂进攻，巩固了无产阶级专政，纯洁了党的队伍。

第二节　社会主义制度的建立

一、过渡时期总路线

随着土地改革的基本完成和国民经济的迅速恢复，建立在没收官僚资本基础上的国营企业和新建国营企业的力量日益发展壮大，实际上成为对整个国民经济进行社会主义改造的重要力量。工人阶级在整个国家中的领导地位和国家对社会经济活动的控制能力，得到很大加强。调整工商业采取的加工订货、统购包销等措施，不仅起到利用和限制的作用，实际上也是对资本主义工商业进行社会主义改造的最初步骤。土地改革后，中国共产党注意发扬农民个体经济和互助合作这两种生产积极性，帮助农民组织起来，倡导互助合作运动，实际上成为引导个体农业向社会主义的集体化逐步过渡的开端。新民主主义的前途必然是向社会主义发展，新民主主义的经济中本来就有社会主义因素，而且是有决定意义的因素，是不断壮大其力量和扩展其范围的因素。苏联社会主义的发展已经显示出对于资本主义的优越性，对我国有重大的榜样作用。在这种情况下，党认为解决工人阶级与资产阶级的矛盾，在农村和城市开始逐步进行社会主义改造的步骤已经成为必要并有现实可能，于是提出向社会主义过渡的问题。

1953 年，中共中央制定了指导全国人民全面开始从新民主主义向社会主义过渡的基本纲领和路线。过渡时期总路线的基本内容是：从中华人民共和国成立到社会主义改造基本完成，这是一个过渡时期。党在这个过渡时期的总路线和总任务，是要在一个相当长的时期内，逐步实现国家的社会主义工业化，并逐步实现国家对农业、对手工业和对资本主义工商业的社会主义改造。

从中华人民共和国成立到社会主义改造基本完成，这是一个过渡时期。由于中国经济的极端落后性和建设社会主义的艰巨性，完成从新民主主义向社会主义的过渡需要一个相当长的时期。当时估计至少需要 3 个五年计划或更长一点的时间。党在过渡时期有着两项互相联系的基本任务，即逐步实现国家的社会主义工业化，并逐步实现国家对农业、对手工业和对资本主义工商业的社会主义改造。过渡时期总路线是革命和建设同时并举的路线，“一化”是主体，“三改”是两翼，两者互相关联而不可分离。过渡时期总路线的实质，是使生产资料的社会主义所有制成为我国国家和社会的唯一经济基础。实现国家的社会主义工业化的中心环节是发展重工业，以建立国家工业化和国防现代化的基础。由于我国的工业化，是社会主义性质的工业化，因此，必须首先发展国营工业，并逐步对手工业和资本主义工商业进行社会主义改造。对农业的社会主义改造，必须经过合作化的道路，必须采用说服教育、示范和国家援助的方法。对手工业的社会主义改造，同样要经过合作化的道路。对资本主义工商业的改造，是在利用、限制和改造的方针指导下，第一步把私人资本引导到国家资本主义的轨道上来，第二步逐步地变国家资本主义经济为社会主义经济。加强党的领导作用，是我国在过渡时期总路线彻底胜利的保证。

二、三大改造的完成

根据过渡时期的总路线和第一个五年计划，从1953年起，国家开始对农业、手工业和资本主义工商业进行社会主义改造。1953年，中国共产党先后作出关于农业生产互助合作的决议和关于发展农业生产合作社的决议。两个决议要求按照积极发展、稳步前进的方针和自愿互利的原则，采取典型示范和逐步推广的方法，把农业互助合作当作一件大事去做。在这两个决议的指导下，全国80%以上的合作社都增产增收，并且一般都是互助组优于单干，合作社又优于互助组。因此互助合作运动得到广大农民的欢迎，参加合作社已开始成为一种群众性的行动。

随着工业化的发展，急剧扩大了商品粮食的需求量，出现了粮食供应不足、农民待价惜售和私人粮商粮贩操纵粮食市场的局面。在中国实行工业化，必须依靠农业的发展和农民的支持。1953年10月，中央作出关于实行粮食的计划收购和计划供应（简称统购统销）的决议。粮食统购统销的实行，初步缓解粮食供应的紧张，保持了市场物价的稳定，在不高的水准上满足了工业化对粮食的需要。互助合作、粮食征购，成为对小农经济进行改造的相互联系、相互促进的两大战略措施。

1954年初，在开展过渡时期总路线宣传教育的基础上，农村很快掀起大办农业合作社的热潮，1955年春达到67万个。农业合作社大发展中一些地方工作的粗糙，引起农民的不满。中央决定对农业生产合作社进行一次整顿。整顿的方针是：区别不同地区的情况，或者暂时停止发展，或者适当收缩，或者在巩固中继续发展，即“停、缩、发”。经过初步整顿，当年夏收，百分之八十以上的农业社增产，初步奠定了农业合作化的基础。

农业互助合作运动的发展和粮食统购统销政策的实行，直接推动资本主义工商业社会主义改造的进程。党对资本主义工商业的政策，概括为“利用、限制、改造”。利用和限制资本主义的过程，也就是改造资本主义的过程。在1953年底以前，着重发展以加工订货为主的初级和中级国家资本主义形式。1954年1月，中央财政经济委员会提出关于有步骤地将资本主义工业基本上改造为公私合营企业的意见。此后，开始转入重点发展公私合营这种高级形式的国家资本主义。加工订货，主要是国家同资本家在企业外部的合作。公私合营，是社会主义成分同资本主义成分在企业内部的合作，公方占有相当股权，公私双方共同经营企业，公方代表居于领导地位。这两种形式的国家资本主义，利润都实行“四马分肥”，即分国家所得税、企业公积金、工人福利费、资方红利四个部分，资方红利大体占四分之一，企业利润大部分归国家和工人，基本上是为国计民生服务的。这就使这些企业具有不同程度的社会主义性质。

当时私营企业大多设备陈旧，经营落后。加上原料、市场等方面的限制，不少私营企业经营渐感困难，主动要求国家支持，实行公私合营。这样，1954 年到 1955 年扩展公私合营的工作取得很大进展。企业合营后，由于国家派遣干部加强领导，投资进行新建、扩建，整顿经营管理，工人劳动积极性提高，使生产迅速发展，利润增加。这些情况使更多的资本家要求公私合营，形成对工商业社会主义改造的有利形势。1954 年 12 月，中央提出统筹兼顾、归口安排、按行业改造的办法。各行业以大带小，以先进带落后，先对中小企业进行改组、合并，然后实行公私合营，把个别改造和按行业的改组、改造结合起来。1955 年 11 月，中央提出了大大加速资本主义工商业全行业公私合营的计划。在各行业私营工商业者的要求下，政府采取一次批准、全面合营的办法，在首先承认全行业公私合营，然后进行清产核资，确定利息，并实行企业改组、人事调整、生产安置。这种公私合营企业与国营企业在实质上已没有多大差别。

在向社会主义过渡的进程中，中国共产党创造了一系列适合中国特点的过渡形式。在农业方面，创造了以初级农业生产合作社为主要形式的多种互助合作形式，使农民的个体私有制逐步转变为社会主义集体所有制。对个体手工业，也采取类似的办法。对资本主义工商业，创造了加工订货、经销代销、公私合营等一系列国家资本主义形式，使资本家私有制逐步过渡到社会主义公有制，成功地实现了对资产阶级的和平赎买。这些经验丰富和发展了马克思主义的科学社会主义理论。在社会主义改造过程中，党和政府适时进行政策调整，注意对生产和流通的许多环节统筹安排，纠正了改造高潮之中出现的紊乱现象，从而避免了通常情况下生产关系急剧变革引起对社会生产力的破坏，而且总体上保证了工农业生产的增长，促进了整个国民经济的发展。尽管在社会主义改造工作的后期存在要求过急、工作过粗、改变过快、形式也过于简单划一等缺点，以致在长时间遗留了一些问题。

第三节　社会主义建设在探索中曲折发展

一、良好的开局

1956 年 9 月 15 日至 27 日，中国共产党第八次全国代表大会在北京举行。出席大会的代表 1026 人，代表全国 1073 万名党员。毛泽东致开幕词，刘少奇代表中央委员会作政治报告，邓小平作关于修改党章的报告，周恩来作关于发展国民经济的第二个五年计划的建议的报告。

大会正确地分析了国内外形势和国内主要矛盾的变化，明确指出，由于社会主义改造已经取得决定性的胜利，中国无产阶级同资产阶级之间的矛盾已经基本上解决，国内的主要矛盾，已经是人民对于建立先进的工业国的要求同落后的农业国的现实之间的矛盾，已经是人民对于经济文化迅速发展的需要同当前经济文化不能满足人民需要的状况之间的矛盾。党和全国人民当前的主要任务，就是要集中力量解决这个矛盾，把中国尽快地从落后的农业国变为先进的工业国。这些论述，是社会主义制度在中国建立起来以后党确定正确路线的基本依据。

大会确定了经济、政治、文化和外交工作的方针。在经济建设方面，强调要从国家的财力物力的实际状况出发，坚持既反保守又反冒进即在综合平衡中稳步前进的方针。在管理体制方面，要求适当扩大地方管理权限，并调整一些经济管理体制。大会肯定陈云提出的“三个主体、三个补充”思想，即：国家与集体经营、计划生产和国家市场是主体，一定范围内国家领导的个体经营、自由生产和自由市场作为补充。在政治关系方面，强调进一步扩大国家的民主生活，建立健全社会主义法制；共产党和各民主党派、无党派民主人士实行“长期共存，互相监督”的方针，坚持中国共产党领导的统一战线和多党合作。在科学文化建设方面，确认“百花齐放，百家争鸣”为发展科学和文化艺术的指导方针，努力创造社会主义的民族的新文化。在对外政策方面，坚持以互相尊重主权和领土完整、互不侵犯、互不干涉内政、平等互利、和平共处五项原则为基础的外交政策。大会还提出了在全国执政的情况下加强党的建设的重要方针，要求更加重视发扬党的群众路线的优良传统，警惕执政党脱离群众实际；强调对党的组织和党员的监督，坚持集体领导和个人负责相结合的制度，发扬党内民主，反对个人崇拜。

八大制定的路线是正确的，提出的许多新方针和设想是富于创造精神的。这次会议对中国自己的建设社会主义道路的探索，取得了初步的并且具有深远历史意义的成果，为社会主义事业的发展和党的建设指明了方向。

1956年初，在生产资料私有制的社会主义改造不断取得胜利的形势下，中共中央开始把党和国家工作的着重点向社会主义建设方面转移。社会主义建设，从1953年执行第一个五年计划算起，已有三年多的实践经验。对于苏联经济建设中的一些缺点和错误也逐步有所了解。以苏联的经验教训为借鉴，总结自己的经验，探索一条适合中国情况的建设社会主义道路的任务，已经摆在了中国共产党面前。

1956年2月，毛泽东用了两个多月的时间先后听取了中央34个部委的汇报，汇报的内容主要是有关经济建设问题的调查研究。4月25日，毛泽东在政治局扩大会议上作了《论十大关系》的报告。

报告总结了中国社会主义建设的经验，提出了调动一切积极因素为社会主义建设事业服务的基本方针，对适合中国情况的社会主义建设道路进行了初步的探索。十大关系是：在重工业和轻工业、农业的关系问题上，要用多发展一些农业、轻工业的办法来发展重工业；在沿海工业和内地工业的关系问题上，要充分利用和发展沿海的工业基地，以便更有力量来发展和支持内地工业；在经济建设和国防建设的关系问题上，在强调加强国防建设的重要性时，提出把军政费用降到一个适当的比例，增加经济建设费用，只有把经济建设发展得更快了，国防建设才能够有更大的进步；在国家、生产单位和生产者个人的关系问题上，三者的利益必须兼顾，不能只顾一头，既要提倡艰苦奋斗，又要关心群众生活；在中央和地方的关系问题上，要在巩固中央统一领导的前提下，扩大地方的权力，让地方办更多的事情，发挥中央和地方两个积极性；在汉族与少数民族的关系问题上，要着重反对大汉族主义，也要反对地方民族主义，要诚心诚意地积极帮助少数民族发展经济建设和文化建设；在党和非党的关系问题上，共产党和民主党派要长期共存、互相监督；在革命和反革命的关系问题上，必须分清敌我，化消极因素为积极因素；在是非关系问题上，对犯错误的同志要实行“惩前毖后，治病救人”的方针，要允许人家犯错误，允许并帮助他们改正错误；在中国和外国的关系问题上，要学习一切民族、一切国家的长处，包括资本主义国家先进的科学技术和科学管理方法，要反对不加分析地一概排斥或一概照搬。毛泽东《论十大关系》的讲话，初步总结了中国社会主义建设的经验，提出了探索适合中国国情的社会主义建设道路的任务。

苏共二十大后，东欧一些社会主义国家弥漫着动荡不安的气氛，相继发生波兰和匈牙利事件。帝国主义乘机掀起反苏反共反社会主义的浪潮，波匈事件对中国也有一定影响。由于社会主义改造的急促，加上经济建设中冒进倾向的影响未能完全消除，一些社会矛盾突出起来。这样，从借鉴斯大林的错误和波匈事件的历史教训入手，总结自己的经验，正确认识和处理中国社会主义社会的各种矛盾，就成为以毛泽东为核心的党中央着重思考的重大课题。

《关于正确处理人民内部矛盾问题》是根据毛泽东在最高国务会议第十一次（扩大）会议上的讲话修改和补充而成，同年 6 月 19 日在《人民日报》上全文发表。文章阐述了 12 个问题，贯穿全文的基本思想是：把正确区分和处理人民内部矛盾，作为社会主义国家政治生活的主要内容。文章指出，社会主义社会的基本矛盾仍然是生产关系和生产力之间的矛盾，上层建筑和经济基础之间的矛盾。但同阶级对抗社会的矛盾根本不同，它是一种又相适应又相矛盾的情况，不具有对抗性，可以经过社会主义制度本身，不断地得到解决。毛泽东全面地分析了各种类型的人民内部矛盾，系统地论述了正确处理各种矛盾的方针政策，指出要用民主的方法，用“团结—批评—团结”的公式，作为从政治上处理人民内部矛盾的原则；解决经济领域中的矛盾，应依据发展生产，统筹安排，兼顾国家、集体和个人三者利益的原则；科学文化上的问题，应采取“百花齐放，百家争鸣”的方针；民族关系中的矛盾，应采取加强民族团结，帮助各少数民族发展经济文化的方针；在与民主党派关系上，应实行“长期共存，互相监督”的方针等。这篇讲话在中国生产资料私有制的社会主义改造已经基本完成的情况下，明确指出革命时期的大规模疾风暴雨式的群众阶级斗争基本结束，并把正确处理人民内部矛盾作为中国政治生活的主题提了出来，具有重大的理论和实践意义，是中国共产党第八次全国代表大会的正确方针的继续和发展。毛泽东对社会主义社会基本矛盾的论述，特别是关于两类不同性质矛盾的观点，以及处理人民内部矛盾的原则、方针和方法，为马克思主义政治学说增添了新的内容，对探索社会主义社会的规律具有重大的理论价值。

从1960年冬开始，党中央开始纠正农村工作中的“左”倾错误，对国民经济实行“调整、巩固、充实、提高”八字方针。“八字方针”以调整为中心，是党在这个阶段进行社会主义建设道路探索中指导方针的一次重要转变。它是在国民经济比例严重失调的情况下，为战胜困难而采取的重大战略决策。在经济上贯彻“八字方针”的同时，在政治上也采取了积极措施，召开七千人大会，目的是进一步总结经验教训、统一认识、增强团结，动员全党更坚决地执行调整方针，为战胜困难而奋斗。这次会议虽未能从根本上纠正中国共产党在指导思想上的“左”倾错误，但它发扬了民主，统一了大多数同志的认识，在具体工作上纠正了“左”倾错误，对全面贯彻“八字方针”，动员全党团结一致克服严重的经济困难，起了积极作用。从1962年起，经济逐渐恢复和发展；到1965年，调整任务胜利完成。

从1956年到1966年“文化大革命”爆发前的10年，是党领导中国社会主义建设在探索中曲折发展的10年。这期间，虽然遭受过严重挫折，但仍然取得了很大成就。

工业建设方面，以1966年同1956年相比，全国工业固定资产按原价计算，增长了3倍。棉纱、原煤、发电量、钢和机械设备等主要工业产品的产量，都有很大增长。石油工业的发展尤其突出，到1965年已经实现原油的全部自给。电子工业、石油化工、原子能、航天等一批新兴工业逐步建设起来，初步改善了工业布局，形成有相当规模和一定技术水平的工业体系。铁路、公路、水运、航空、邮电等事业都有较大发展。十年新修铁路8000公里，全国除西藏外，各省、市、自治区都有了铁路，宁夏、青海、新疆等第一次通了火车。农业基本建设和技术改造大规模展开，并逐步收到成效。全国农用拖拉机产量和化肥施用量都增长6倍以上，农村用电量增长70倍。十年的教育事业有很大发展。高等院校毕业生近140万人，为前七年的4.9倍。经过整顿，教育质量得到显著提高。科学技术工作取得比较突出的成果，国防科学技术的进展最为显著。1964年10月16日成功地爆炸了第一颗原子弹，有力地打破了超级大国的核垄断和核讹诈，提高了中国的国际地位。导弹和人造卫星的研制也取得突破性进展。1965年，在世界上首次人工合成结晶牛胰岛素。这些成就集中代表了中国科学技术达到的新水平。

在这十年里，无论是建设事业的专门人才，还是党政干部队伍，都有较大发展。这期间成长起来的成千上万各类专门人才，大部分成为后来改革开放和现代化建设事业各方面的骨干力量。党的组织部门选拔了一批优秀青年知识分子干部到基层挂职锻炼，并提拔一些人到省、部级领导岗位工作，其中大部分人经受住了后来政治运动的考验，成为领导改革开放和现代化建设事业的中坚力量。尤其需要指出的是，这些成就是在国内发生严重经济困难，在国际上遭到战争威胁和巨大压力的情况下取得的。党和人民团结一致，坚持独立自主、自力更生，顶住压力，战胜困难，表现出无比的英雄气概和高昂的精神状态，涌现出像河南兰考县委书记焦裕禄，大庆石油工人王进喜，解放军战士雷锋，科学家钱学森、李四光、钱三强等先进人物；还有响应党的号召，到祖国最需要的地方去，在国防尖端科技事业和三线建设中默默无闻地作出奉献的许许多多干部、职工、科技人员和解放军指战员。全党和全国人民在他们的精神鼓舞下同甘共苦，昂首前进。社会主义建设在战胜严重困难后逐步地重新出现欣欣向荣的景象。

在这十年里，党以苏联的经验教训为借鉴，积累了领导社会主义建设的重要经验，形成了一系列正确的理论观点。党的八大前后，以毛泽东为首的党中央提出的富于创造精神的方针政策，使探索中国自己的建设社会主义道路有了良好的开端。1957 年，提出必须正确区分和处理社会主义社会两类不同性质的社会矛盾，把正确处理人民内部矛盾作为国家政治生活的主题，并进一步阐述了“百花齐放，百家争鸣”“长期共存，互相监督”的方针和中国工业化道路，提出“造成一个又有集中又有民主，又有纪律又有自由，又有统一意志又有个人心情舒畅、生动活泼，那样一种政治局面”的要求。1958 年，提出要把党和国家的工作重点转到技术革命和社会主义建设上来。在领导纠正“大跃进”和人民公社化运动中的错误时，毛泽东提出不能剥夺农民，不能超越阶段，反对平均主义，强调发展商品生产、遵守价值规律和做好综合平衡，以农轻重为序安排国民经济计划等观点。党中央在 20 世纪 60 年代调整国民经济过程中陆续制订了农村人民公社、工业、商业、教育、科学、文艺等方面的工作条例草案，比较系统地总结了社会主义建设的经验，分别规定了适合当时情况的各项具体政策。所有这些，都是对中国自己的建设社会主义道路的有益探索。当然，在中国这样一个经济文化落后和地区发展很不平衡的大国建设社会主义，是十分艰巨而复杂的任务。由于国际局势的复杂多变，由于国内建设任务的艰巨繁重，由于缺乏领导社会主义建设的现成经验，使党在探索过程中难以避免曲折。这一时期的失误及其深刻教训，对党以后的工作也有着重要的借鉴作用。

总之，中国赖以进行现代化建设的物质技术基础，很大一部分是这个期间建设起来的；全国经济文化建设等方面的骨干力量和他们的工作经验，大部分是在这个期间培养和积累起来的。这是党在探索中国自己的建设社会主义道路十年工作中的主导方面。

二、探索中的曲折

从新中国成立到社会主义改造基本完成，在短短的7年里实现这样深刻的社会变革，不能不引起社会各阶级、各阶层的不同反应。反抗和敌视社会主义的势力在一定范围内还存在，中国要不要走社会主义道路和坚持中国共产党领导的问题，实际上没有完全解决。因此，对反对党的领导，反对社会主义道路的思潮和右派分子的进攻进行批判和反击是必要的，也是正确的。但是，敌视社会主义的人在国内毕竟只是极少数。由于当时党对阶级斗争的形势作了过于严重的估计和判断，导致反右派斗争严重扩大化，把一批知识分子、爱国人士和党内干部错划为右派分子，造成了不幸的后果。

反右派斗争扩大化的严重后果之一是，改变了八大一次会议关于社会主要矛盾的论断和社会阶级关系状况的分析，使党的指导思想开始出现“左”的偏差。毛泽东在1957年9、10月间召开的八届三中全会上，提出：“无产阶级和资产阶级的矛盾，社会主义道路和资本主义道路的矛盾，毫无疑问，这是当前中国社会的主要矛盾。”八大二次会议正式肯定这一论断，并认为中国社会有“两个剥削阶级和两个劳动阶级”，右派分子同被打倒了的地主买办阶级和其他反动派被称为一个剥削阶级，“正在逐步地接受社会主义改造的民族资产阶级和其他的知识分子”被称为另一个剥削阶级；工人和农民是两个劳动阶级。这就改变了八大一次会议关于中国社会阶级关系的正确分析，成为后来党在阶级斗争问题上屡犯扩大化错误的理论根源。

1956年中国生产资料私有制的社会主义改造基本完成，1957年又完成了发展国民经济的第一个五年计划，开始进入全面建设社会主义的新时期。在这种情况下，由于对社会主义建设经验不足，对经济发展规律和中国经济基本情况认识不足，更由于中央和地方不少领导同志在胜利面前滋长了骄傲自满情绪，急于求成，夸大了主观意志和主观努力的作用，没有经过认真的调查研究和试点，就在总路线提出后轻率地发动了“大跃进”运动。

1957年9月，在中共八届三中全会上，毛泽东认为1956年对经济工作中过急情况的纠正是“反冒进”。八届三中全会通过了《农业发展纲要十四条（修正草案)》，这实际上是农业“大跃进”的纲领。会后，全国大部分省、市、自治区召开党的各级干部会议，传达贯彻三中全会精神，积极准备掀起工农业生产的高潮。11月13日，《人民日报》发表社论，提出了“大跃进”的口号。1958年5月召开的中共八大二次会议是发动“大跃进”运动的一次重要会议。会议制定了“鼓足干劲，力争上游，多快好省地建设社会主义”的总路线，通过了第二个五年计划，提出了一系列不切实际的任务和指标。在这之后制订的1958年国民经济计划的主要指标过高，造成了经济工作中的急于求成和急躁冒进。

在“大跃进”中，高指标、瞎指挥、虚报风、浮夸风、“共产风”盛行，各地纷纷提出工业“大跃进”和“农业大跃进”的不切实际的目标，片面追求工农业生产和建设的高速度，大幅度地提高和修改计划指标。在农业上，提出“以粮为纲”，不断宣传“高产卫星”“人有多大胆，地有多大产”，粮食亩产量层层拔高；在工业上，错误地确定了全年钢产量1070万吨的指标，全国几千万人掀起了“全民大炼钢铁运动”，并且“以钢为纲”带动了其他行业的“大跃进”。

关于在我国农村建立“大社”的思想，早在农业合作化运动的高潮中已初见萌芽。1956年完成了高级合作化，每社平均200户左右。1957年冬和1958年春的农田水利建设高潮，又出现了联队、联社。毛泽东考虑到当时以大搞兴修水利为特点的农业生产建设的发展需要，觉得需要办大社。1958年3月，中共中央政治局成都会议通过了《关于把小型的农业合作社适当地合并为大社的意见》。意见指出：“为了适应农业生产和文化革命的需要，在有条件的地方，把小型的农业合作社有计划地适当地合并为大型的合作社是必要的。”会后，各地农村开始了小社并大社的工作，有的地方出现了“共产主义公社”“集体农庄”，有的地方出现了“人民公社”。1958年7月1日，《红旗》杂志第3期《全新的社会，全新的人》一文中，比较明确地提出“把一个合作社变成一个既有农业合作又有工业合作基层组织单位，实际上是农业和工业相结合的人民公社”。这是在报刊上第一次提“人民公社”的名字。8月，中共中央政治局在北戴河召开扩大会议，会议通过了《中共中央关于在农村建立人民公社问题的决议》。《决议》下达后，全国迅速形成了人民公社化运动的热潮。到10月底，全国74万多个农业生产合作社改组成为2.6万多个人民公社，参加公社的农户有1.2亿户，占全国总农户的99%以上，全国农村基本上实现了人民公社化。

由于在合作化运动的后期已出现了过急过猛的问题，所以人民公社化运动也出现了急于向共产主义过渡的情况，刮起了“一平二调三收款”的“共产风”。1958年11月中共中央工作会议（第一次郑州会议）后，毛泽东和中共中央开始逐步纠正人民公社化运动中的错误。1961年，毛泽东主持制定了《农村人民公社工作条例（草案）》，进一步明确了在现阶段人民公社实行三级所有、队为基础的制度，这在一定程度上对克服农村工作中的“左”倾错误，调动广大农民的积极性，促进农业的恢复和发展，起了积极作用。

1959年7月2日至8月1日，在庐山召开中央政治局扩大会议。毛泽东提出，总的形势是成绩很大，问题不少，前途光明；根本问题是经济工作中的平衡问题。他要求大家在充分肯定成绩的前提下，认真总结经验教训；动员全党完成1959年的“大跃进”任务。会议初期起草的《庐山会议诸问题的议定记录（草稿）》，基本精神是纠“左”。7月14日，中央政治局委员、国防部长彭德怀给毛泽东写信陈述意见。他在肯定1958年成绩的基础上，着重指出“大跃进”以来工作中存在的一些严重问题及其原因。7月16日，毛泽东批示将彭德怀的信印发与会全体同志。中央政治局候补委员、外交部副部长张闻天，人民解放军总参谋长黄克诚，中共湖南省委第一书记周小舟等分别在小组会上发言，明确表示支持彭德怀信中的基本观点。7月23日，毛泽东在大会讲话中对彭德怀等人的不同意见进行了批驳，认为是右倾的表现。于是，会议主题由纠“左”变为反右。8月2日至16日举行的党的八届八中全会通过决议，认定彭、黄、张、周犯了“具有反党、反人民、反社会主义性质的右倾机会主义路线的错误”，随即在全党范围内展开大规模的“反右倾”斗争。

“反右倾”斗争造成严重后果，使党内从中央到基层的民主生活遭到严重损害，中断了纠正“左”倾错误的进程，使错误延续了更长时间。庐山会议后继续“大跃进”的错误，加上自然灾害和苏联政府背信弃义地撕毁合同，党和人民面临新中国成立以来所未有的严重经济困难。

1966年5月至1976年10月的“文化大革命”，其发展过程分为三个阶段。

第一阶段：1966年5月“文化大革命”的发动到1969年4月中国共产党第九次全国代表大会的召开。1966年5月中央政治局扩大会议和同年8月八届十一中全会的召开是“文化大革命”全面发动的标志。两次会议相继通过了《五一六通知》和《关于无产阶级文化革命的决定》，对所谓“彭真、罗瑞卿、陆定一、杨尚昆”反党集团和“刘少奇、邓小平司令部”进行了错误的批判。根据《五一六通知》，5月28日，中共中央发出通知：设立中央文化革命小组，由陈伯达任组长、康生等任顾问，江青、张春桥等任副组长，成为“文化大革命”的实际指挥机构。

八届十一中全会后，全国掀起批判“资产阶级反动路线”的狂潮，矛头直指刘少奇、邓小平。“红卫兵”突起，并在全国范围内进行“大串联”，他们把中央“文革”的旨意带到各地，带动了各地的动乱，使地方党组织陷于瘫痪。12月，中共中央发出《关于抓革命、促生产的十条规定》（草案）和《关于农村无产阶级文化大革命的指示》（草案），规定业余时间由群众安排搞“文化大革命”，其方法也是采用“四大”。全国大动乱局面开始形成。

1967年1月6日，以王洪文为首的“上海工人革命造反总司令部”等“造反组织”在江青、陈伯达、张春桥等策动下召开“打倒上海市委大会”，夺了上海市委的权，这就是“一月风暴”。1月至2月间，在中央召开的不同会议上，老一辈无产阶级革命家对“文化大革命”的错误做法表示强烈不满，对林彪、江青一伙诬陷迫害老干部、乱党、乱军的罪恶活动进行斗争。二月抗争被诬之为“二月逆流”。到1968年9月5日，全国29个省、市、自治区先后建立了“革命委员会”，实现了所谓的“全国山河一片红”。1968年10月，中共八届扩大的十二中全会对“文化大革命”的理论和实践作了完全的肯定。1969年4月，中国共产党第九次全国代表大会召开。林彪、江青一伙的骨干分子进入中央政治局，大大加强了他们在党中央的势力。

第二阶段：从1969年4月中共九大的召开到1973年8月中共十大的召开。

这一阶段的主要内容，是林彪反革命集团阴谋夺取最高权力，策动反革命政变被粉碎。这一事件客观上宣告了“文化大革命”的失败。此后，周恩来主持中央日常工作，使各项工作有了转机。

九大以后，全国进入“斗、批、改”阶段。这一阶段的中心是要彻底否定所谓“修正主义路线”，贯彻九大方针，各方面工作纳入“文化大革命”的轨道。这一阶段继续开展“革命大批判”，继续“清队”，进行“一打三反”，清查“五一六”分子，使清队工作扩大化。而精简机构、下放干部，走所谓“五七”道路，使大批干部、知识分子受到迫害。“教育革命”又造成了教育质量普遍下降和教学秩序的混乱。1971 年，江青炮制的《全国教育工作会议纪要》，严重压抑了广大知识分子的积极性。

1971 年 9 月，林彪集团的反革命政变被粉碎后，周恩来在毛泽东支持下主持中央日常工作，在政治、经济、外交等方面采取了许多措施，使各方面的工作有了转机。1973 年 8 月，中国共产党第十次全国代表大会在北京召开。大会继承了九大的“左”倾错误和指导方针，王洪文当了党中央副主席。江青、张春桥、姚文元、王洪文在中央政治局内结成了“四人帮”。

第三阶段：从 1973 年 8 月中共十大召开到 1976 年 10 月“四人帮”被粉碎。

1973 年 7 月，中央提倡“批林批孔”，以维护“文化大革命”。1975 年初，四届人大确定了以周恩来为总理，邓小平等为副总理的国务院人选。会后，周恩来病重，邓小平在毛泽东、周恩来支持下主持中央日常工作。他先后召开了军委扩大会议和解决工业、农业、交通、科技等方面的一系列会议，着手对许多方面的工作进行整顿，使形势有了明显好转。但是，“批邓、反击右倾翻案风”运动中断了形势好转的局面。

1976 年 1 月 8 日，周恩来逝世，全国人民以各种方式进行悼念活动。“四人帮”却竭力压制，加上“批邓、反击右倾翻案风”运动的继续，激起了民愤。北京、南京、太原等地群众自发地发动了悼念周总理、反对“四人帮”的声势浩大的群众运动。中央对天安门事件的性质作了错误判断，将其定为“反革命事件”。

1976 年 9 月 9 日，毛泽东逝世。“四人帮”加快了反革命步伐。王洪文企图取代党中央的领导，同时向上海民兵分发武器，为叛乱作准备。10 月 4 日，《光明日报》登载“四人帮”炮制的文章《永远按毛主席的既定方针办》，伪造所谓“按既定方针办”的毛主席临终嘱咐，图谋执掌党和国家的最高领导权。10 月 16 日，以华国锋、叶剑英、李先念等为核心的中央政治局，粉碎了江青反革命集团，结束了“文化大革命”这场灾难。1977 年 8 月，在中国共产党第十一次全国代表大会上，党中央正式宣布“文化大革命”结束。

1981 年 6 月，中共十一届六中全会通过的《关于建国以来党的若干历史问题的决议》指出，“文化大革命”使党、国家和人民遭到建国以来最严重的挫折和损失。历史证明，“文化大革命”的主要论点既不符合马克思列宁主义，也不符合中国实际。“文化大革命”不是也不可能是任何意义上的革命或社会进步。“文化大革命”是一场由领导者错误发动，被反革命集团利用，给党、国家和各族人民带来严重灾难的内乱。

第四节 毛泽东与20世纪中国的历史性巨变

一、毛泽东

毛泽东（1893—1976），字润之，笔名子任。1893年12月26日生于湖南湘潭韶山冲。1913—1918年在湖南第一师范学校学习。1919年在长沙创办《湘江评论》。1920年发起组织新民学会和俄罗斯研究会，积极宣传马克思主义。同年在湖南创建共产主义组织。1921年7月出席中国共产党第一次全国代表大会，后任中共湘区委员会书记，中国劳动组合书记部湖南分部主任和湖南省工团联合会总干事，领导长沙、安源等地工人运动。

1923年6月，出席中共三大，当选为中央执行委员，参加中央领导工作。1924年参与中共帮助孙中山改组国民党的活动。在国民党一大、二大上当选为中央候补执行委员，任宣传部代理部长。1926年主办第六届广州农民运动讲习所。11月到上海担任中共中央农民运动委员会书记。1927年到武汉任全国农民协会总干事，主持中央农民运动讲习所。在此期间先后发表《中国社会各阶级的分析》和《湖南农民运动考察报告》，明确提出无产阶级领导权和依靠农民同盟进行革命的主张，批评了陈独秀的右倾投降主义，标志着毛泽东思想的萌芽。

1927年8月7日，在汉口召开的中共中央紧急会议上提出“枪杆子里面出政权”的著名论断，当选为临时中央政治局候补委员。会后到湘赣边发动和领导秋收起义，建立工农革命军第一师，后率部上井冈山，发动土地革命，建立第一个农村革命根据地。

1928年4月，率部与朱德、陈毅率领的南昌起义余部会师后，组成中国工农红军第四军，任党代表。5月，在中共湘赣边界第一次代表大会上当选为特委书记，后任中共第四军前敌委员会书记。6月，在中共六大上当选为中央委员。在此期间的革命实践中，毛泽东认真总结经验，先后撰写了《中国的红色政权为什么能够存在?》《井冈山的斗争》《星星之火，可以燎原》等著作，创造性地提出了农村包围城市、武装夺取政权的战略思想，开辟了一条具有中国特色的新民主主义革命取得胜利的唯一正确的道路，标志着毛泽东思想开始形成。

1930年8月，任中国工农红军第一方面军前委书记兼总政治委员。1931年任中共中央苏区中央局委员，代理书记，中央革命军事委员会副主席兼总政治部主任。同年11月中华苏维埃共和国临时中央政府在江西瑞金成立，当选为主席。1930年12月到1933年2月，同朱德领导红一方面军，先后粉碎了国民党的四次大规模的军事“围剿”。1933年被补选为中共中央政治局委员。以王明为代表的“左”倾冒险主义反对毛泽东关于中国革命和中国革命战争的指导方针，在他们进入中央革命根据地以后，就把毛泽东排斥于党和红军的领导之外，执行不同的战略和政策，导致第五次反“围剿”的失败。

1934年10月，中共中央和红一方面军不得不退出苏区，开始长征。1935年1月长征途中，在贵州遵义召开中共中央政治局扩大会议，确立了毛泽东的领导地位，结束了王明“左”倾路线的统治。随后又粉碎了张国焘的右倾分裂主义，胜利完成长征。红一、红二、红四方面军三大主力在陕北会师，开创了抗日救亡的新局面。1935年12月，针对日本帝国主义加紧侵华造成的危机，毛泽东在瓦窑堡会议后作《论反对日本帝国主义策略》的报告，阐明建立抗日民族统一战线的理论和政策。1937年撰写了《实践论》《矛盾论》哲学著作，丰富和发展了马克思主义的认识论和辩证法。

1937年7月抗日战争全面爆发后，毛泽东领导人民开展敌后游击战争，建立抗日根据地。撰写了《抗日游击战争的战略问题》《论持久战》等著作，批判了“亡国论”“速胜论”的错误思想，指明了争取抗日战争胜利的途径。1938年11月，为了克服王明的右倾投降主义的错误，在中共六届六中全会上发表《统一战线中的独立自主问题》的讲话。

1942年，毛泽东号召全党开展整风运动，使中共在思想上、政治上、组织上达到高度统一，为战胜困难和取得抗日战争的胜利奠定了基础。1943年3月，当选为中共中央政治局主席、中央书记处主席，以后在历届中央委员会都连续当选为主席，直至逝世。抗日战争时期，先后发表了《中国革命和中国共产党》《新民主主义论》《论联合政府》等重要著作，阐明了中国新民主主义革命的理论、政策和政治、经济、文化纲领，标志着毛泽东思想的成熟。

抗日战争胜利后，毛泽东针对蒋介石企图消灭共产党及其武装力量的现实，提出“针锋相对”的斗争方针。1945年8月，毛泽东亲赴重庆与蒋介石谈判，签订《“双十”协定》。1946年夏，蒋介石发动全面内战。毛泽东分析了双方力量对比，提出了战略上藐视敌人、战术上重视敌人和打败蒋介石的政治方针与军事原则，在粉碎蒋介石全面进攻、重点进攻后立即转入战略反攻。1948年9月—1949年1月指挥辽沈战役、淮海战役、平津战役，取得了战略决战的胜利。接着，号召“将革命进行到底”，发动渡江战役，命令中国人民解放军进军大西南、大西北，推翻了国民党政府。1949年3月，主持召开中共七届二中全会，并作重要报告，决定把党的工作重心从农村转向城市，规定了党在全中国胜利以后的各项基本政策。同年6月，发表《论人民民主专政》，阐明中华人民共和国政权的性质及其内外政策。9月，主持召开中国人民政治协商会议第一届全体会议，制定并通过了《中国人民政治协商会议共同纲领》，选举产生了中央人民政府委员会，当选为主席。10月1日，在北京天安门向全世界庄严宣告中华人民共和国成立。

中华人民共和国建立后的前三年领导全国人民，一面在国内完成了繁重的土地制度改革和其他民主改革任务，一面迫于美国军队攻入朝鲜、威胁中国东北部的形势，进行了抗美援朝战争，同时迅速恢复了国民经济。

1953年宣布了党在过渡时期的总路线，开始有系统地实行社会主义工业化和对生产资料私有制的社会主义改造。1954年第一届全国人民代表大会第一次会议通过了由毛泽东主持起草的《中华人民共和国宪法》，并选举毛泽东为中华人民共和国第一任主席，任职到1959年。1956年4月，作《论十大关系》的讲话，对适合中国国情的建设社会主义的道路进行了一些初步的探索。9月，生产资料私有制的社会主义改造基本完成，中共召开第八次全国代表大会，指出全国人民的主要任务已经转变为集中力量发展社会生产力。1957年2月，发表《关于正确处理人民内部矛盾的问题》的讲话，提出正确区分和处理社会主义社会中人民内部矛盾和敌我矛盾两类不同性质矛盾的学说。

1958年发动“大跃进”和农村人民公社化运动。从1960年到1965年，在中共中央的领导下，对国民经济实行“调整、巩固、充实、提高”的方针，初步纠正“大跃进”和人民公社化运动中的错误，使国民经济得到比较迅速的恢复和发展。在这期间，他提出了一系列措施，初步纠正了农村工作中和其他方面的“左”的错误。但不久又把主要的注意力转向了阶级斗争，错误地发动了“文化大革命”。“文化大革命”是一场由领导者错误发动，被反革命集团利用，给党、国家和各族人民造成严重灾难的内乱。“文化大革命”带来的严重挫折，使国家和人民得到了宝贵而沉痛的经验教训：第一，必须正确认识社会主义条件下政治与经济的关系，坚持以经济建设为中心，正确处理阶级和阶级斗争问题。第二，必须建设有高度民主的社会主义国家政治制度，保证人民代表大会的权威，保证宪法的尊严，保证人民对国家权力机构和领导人的有效监督。第三，必须坚持国家工作中的民主集中制和集体领导的原则，禁止和克服任何形式的个人崇拜。第四，必须深入地在群众中进行社会主义民主、法制、道德等精神文明教育，决不允许“文化大革命”时期的所谓“群众运动”的混乱局面再度发生。

从20世纪50年代末开始，领导中共同苏共领导人奉行的大国主义和干涉、控制中国的企图进行了坚决斗争。20世纪70年代，提出三个世界划分的战略思想，并且打开了对外工作的新局面，为中国进行现代化建设创造了有利的国际条件。1976年9月9日，在北京逝世。主要著作收入《毛泽东选集》，其他已公开发行的著作有《毛泽东书信选集》、《毛泽东农村调查文集》、《毛泽东新闻工作文选》和《毛泽东诗词选》等。

毛泽东始终坚持反对帝国主义、霸权主义，维护民族的独立和国家的主权，维护世界和平。就他一生来看，他对中国革命建立的不可磨灭的巨大功绩，远远大于他的过失，他仍然受到中国人民的崇高尊敬。1981年6月，中共中央十一届六中全会通过的《关于建国以来党的若干历史问题的决议》，对毛泽东的历史地位作出了全面、公正、实事求是的科学结论。毛泽东思想作为马克思主义在中国的发展，仍然是中国共产党的指导思想，是中国人民宝贵的精神财富。

二、毛泽东与20世纪中国的历史性巨变

在中华民族遭受外国列强侵略和欺凌，沦为殖民地半殖民地之后，近代中国有多少仁人志士、进步团体和革命力量为寻找救亡图存之路，前仆后继，英勇斗争。中国共产党对于在中国如何进行革命，找到一条夺取革命胜利的道路的认识，是经过艰辛探索的。毛泽东是中国共产党的创始人之一，他领导党实现了从新民主主义向社会主义的转变，艰难地开拓了进行社会主义建设的伟大事业。党的八十多年的奋斗历程，深深地打上了毛泽东的烙印。

从井冈山斗争开始，实行工农武装割据，经过开辟中央苏区，将武装斗争、土地革命、建立革命政权三者进一步结合起来，为党创建了当时最大的革命根据地。他在斗争实践中逐渐认识到要将党的工作重心由城市转移到农村，首先在农村地区开展游击战争，深入土地革命，建立和发展红色政权，待条件成熟后再转向城市，夺取全国政权。这就是农村包围城市、武装夺取政权的革命道路。这是在大革命遭受挫折，党发动的一系列城市武装暴动失败之后，毛泽东从中国的特殊国情出发，开辟的一条有别于俄国十月革命特点的具有中国特色的唯一正确道路。

党的二大初步将纲领作了区分，确定先进行民主革命，后进行社会主义革命的奋斗目标之后，毛泽东经过对直至抗日战争党所经历的两次胜利和两次失败经验教训的总结，认识到中国革命斗争的规律，明确提出中国革命要分“两步走”：民主革命是社会主义革命的必要准备，社会主义革命是民主革命的必然趋势。在党领导民主革命取得胜利，建立了全国性的新民主主义社会之后，到1956年党的八大一次会议召开，中国实现从新民主主义到社会主义的革命转变。这又是从中国具体实际情况出发所开辟的一条有别于马克思主义经典作家所设想的革命转变新路。

土地革命战争中期，中央的错误领导致使第五次反“围剿”失败，不得不退出中央苏区和其他苏区。在战略大转移过程中的错误军事指挥，又使红军陷入十分危险的境地。遵义会议后，毛泽东参与中央领导，直接指挥军事，四渡赤水，穿插川黔；奔袭云南，巧渡金沙；强渡大渡河，飞夺泸定桥；爬雪山，过草地，通过无人区；最后完全摆脱敌军的围追堵截，到达陕北根据地，使红军获得新生。

抗日战争胜利后，国民党反动集团在外国势力支持下，不顾全国人民反对，背信弃义，悍然发动内战。战争之初，反动派的气焰嚣张至极，声称只需3个月至多半年，就能消灭共产党。但在以毛泽东为首的党中央正确领导下，人民军队

很快粉碎其全面进攻。在国民党军队转向重点进攻陕北时，毛泽东坚持不离开陕北，采取“蘑菇战术”与敌军周旋。同时还运筹帷幄，指挥全国解放战争。人民军队由战略防御转为战略进攻后，为了更有利于指挥全国战争才渡过黄河。如周恩来所说，毛主席在两孔窑洞这个世界上最小的司令部里，指挥了世界上最大的人民战争。

在以遵义会议为标志实现党的历史上第一次生死攸关的转折，形成以毛泽东为核心的中央第一代领导集体之后，党制定了正确的思想路线、政治路线、军事路线和组织路线。抗日战争全面爆发后，毛泽东领导全党高举抗日民族统一战线大旗，团结全国各民族、各阶层人民共同抗日。经过八年艰苦抗战，中华民族在近代以来第一次打败外国侵略者，取得了全面胜利。在毛泽东的正确领导下，党不仅成为抗日战争的中流砥柱，而且通过抗日战争得到空前发展壮大。到抗战后期，党已成为拥有100多万党员、100多万正规军队、100多万平方公里的根据地和领导1亿多人口的大党。这是党由小到大、由弱到强的一个关键发展时期，它使党获得了在国民党反动派发动内战之后敢于与其进行政治军事较量的“资本”和资源。

抗战胜利后全国人民渴望和平。中国共产党也曾设想可能出现一个和平民主新阶段，并为此作了巨大努力。但是，国民党反动集团悍然发动内战后，毛泽东将不利形势和困难局面作了充分估计，准备再来一个“八年抗战”夺取胜利。但是，在他的正确领导下，人民军队扭转战争初期的困难局面后，迅即由防御转为反攻，经过大决战到大进军，总共只用了3年多时间就打垮了国民党800万军队，解放全中国，夺取了整个新民主主义革命的辉煌胜利。

建国伊始，毛泽东领导全国人民迅速医治战争创伤，恢复国民经济，各项建设事业取得的巨大成就，同第二次世界大战后发展中国家或发达国家相比较都位居前列。新中国的进步举世瞩目。在大规模开展工业化建设的同时，进行由新民主主义向社会主义的转变，基本完成对农业、手工业和资本主义工商业的改造，初步建立起了社会主义基本制度。尽管在社会主义改造后期存在着缺点和偏差，但整体说来，比较顺利实现这样一场异常复杂、困难和深刻的社会变革，是一个历史性的成就。党的八大前后，在全面建设社会主义之初，还提出了一系列富于创造精神的新的方针和设想。这八年的辉煌，使党为社会主义的探索有了良好开端。包括这以后探索社会主义所走过的曲折道路，都对十一届三中全会以后开辟的中国特色社会主义伟大事业提供了经验教训，作了某些方面的实践准备和理论准备。

近代中国革命的一条重要的历史经验：革命斗争要取得胜利，一定要有正确的理论指导。一百多年来的革命运动和进步斗争可歌可泣，包括孙中山领导的辛亥革命，尽管推翻了统治中国几千年的君主专制制度，但并没有从根本上改变中国的命运。这里一个重要的原因，就是没有找到观察和改变国家命运的思想武器。中国共产党是作为中国社会先进生产力实现者的无产阶级的先锋队而诞生的。它用先进的思想理论——马克思主义——作为指导思想，中国革命的面貌焕然一新。但是，指导革命的正确理论，从来不能照抄照搬。历史实践证明，不仅维新改良主义不能救中国，资产阶级共和国方案不能救中国，而且就是有了马列主义，如果将马列主义教条化，同样也不能救中国。只有马列主义基本原理与中国的具体实际情况相结合的理论，才能成为拯救中国、夺取革命胜利、引导革命事业发展的法宝。

中国经历了半殖民地半封建社会，经济文化发展水平相当落后。在这样的国度里，不仅进行革命比马列主义本本上讲的困难得多、复杂得多，而且要把马列主义理论同中国具体实际情况结合得好，也是很不容易的。没有现成的经验，只能在实践中苦苦地求索。党的早期领袖和革命家陈独秀、李大钊、瞿秋白、蔡和森、邓中夏、恽代英等都对马克思主义进行了传播，并在用它探讨中国革命的基本问题等方面作出了多方面的重要贡献，可谓马克思主义中国化的理论先驱。

毛泽东自投身中国革命之日起，就致力于研究中国实际。在确立马克思主义的信仰后，他非常注意独立思考。他的一些个人特质，使他在将马列主义与中国实际情况相结合方面，能取得更为卓越的成就。他出身农民家庭，与中国农民的天然关系，有利于他更能准确地把握中国革命的特点；他极高的领悟能力，有利于他能更准确地把握马列理论的精神实质；他求知欲极强，通融古今，为他更突出地将马克思主义中国化、民族化奠定了深厚的学问基础；他注重社会实际调查，为他创造性地把马列主义基本原理与中国具体实际相结合奠定了扎实的实践基础。党经过20世纪20年代后期30年代前期的严重挫折后，选择毛泽东作为党的主要领袖。全党经过对党领导的革命胜利和挫折的反复比较，经过延安整风提高了马克思主义的理论水平和运用能力，最终形成共识，在党的七大确立以他的名字命名的毛泽东思想为党的指导思想。这是中国共产党创立的第一个伟大思想理论。它既是马克思主义民族化的优秀典型——中国化的马克思主义，又是“我们这个民族的特殊的、完整的关于中国人民革命建国的正确理论”。在毛泽东思想指引下，党不仅取得新民主主义革命的胜利，建立了新中国，而且初步建立起社会主义基本制度，成功地进行了第一次伟大革命。

毛泽东思想根据马列主义基本原理，对中国革命和建设中的一系列独创性经验作了理论概括，是一个比较完备的科学体系。它包括党在民主革命和社会主义建设时期正确的基本理论和基本政策；体现革命战争、统一战线和党的建设的宝贵经验；贯通哲学、政治经济学、科学社会主义等学科领域，涉及政治、经济、文化、民族、军事和国际问题等诸多内容；涵盖治党治国治军、应对内政外交国防各个方面，创造性回答了在中国如何革命、夺取革命胜利和实现革命转变，走向社会主义的一系列根本问题；标志着党对中国社会发展规律和革命发展规律的认识开辟了马克思主义的新境界。毛泽东思想是中国共产党灵活运用马克思主义和创造性地发展马克思主义的光辉典范，实现了将马列主义基本原理同中国具体实际相结合的第一次历史性飞跃。

党的七大对毛泽东思想的一个定义，就是“马克思列宁主义的理论与中国革命的实践相结合的”思想。毛泽东在最初讲“相结合”这个原则时，是强调两个方面：既强调要将马克思主义理论中国化，又强调要将丰富的中国革命实践经验马克思主义理论化，即是双向的结合，互动的统一。新中国成立之后，毛泽东在总结社会主义建设的经验教训之后，在论述这个原则时，又进一步强调：马列主义理论不仅要与革命实践相结合，还要与建设实践相结合。实践证明：凡是坚持马列主义基本原理同中国具体实际相结合这个根本原则时，革命、建设和改革就取得胜利，获得成功；反之，就发生失误，遭受挫折。因此，毛泽东思想的这条根本原则，是党在任何时候都必须坚定不移地遵循的。

毛泽东思想活的灵魂的三个基本点是：实事求是、群众路线、独立自主。这是具有中国共产党人特色、并贯穿于毛泽东思想各个理论和组成部分的最基本的立场、观点、方法。学习马列主义理论，主要学习它的立场、观点、方法的思想，虽然不是毛泽东和中国共产党人最先提出的，但却是以毛泽东为代表的中国共产党人在延安时期，针对党内严重存在的教条主义倾向而特别加以强调的。毛泽东提出，要坚决反对只会片面地引用马列主义的个别词句，而不会运用其立场、观点、方法解决实际问题的教条主义，强调要区分创造性的马克思主义和教条式的马克思主义，只有善于运用马克思主义的立场、观点、方法，去正确分析和解决中国的实际问题，才算真正掌握了马克思主义的精神实质。中国共产党人最强调的思想观点，最基本的立场、观点、方法，就是实事求是、群众路线、独立自主。只有坚持毛泽东思想活的灵魂，正确地掌握它的立场、观点、方法，才能不断地与时俱进，发展毛泽东思想。

新民主主义理论包括革命和建设两方面的内容。通过对中国历史和社会状况的分析，阐明了中国革命的规律和特点，论述了新民主主义革命的时代背景和革命的性质、任务、对象、动力、领导、目标和前途等根本问题，规定了新民主主义革命的总路线，总结了中国革命取得胜利的三大法宝等。同时，又通过对党领导的抗日民主根据地建设、解放区建设和新中国成立初期建设新民主主义经验的总结，不仅提出而且不断丰富了建设“新民主主义社会”的思想。毛泽东在抗日战争期间，初步制定了建设新民主主义社会的政治、经济、文化的基本纲领和政策；解放战争时期又阐述了由新民主主义革命向新民主主义建设转变的问题，明确提出要建立无产阶级领导的、工农联盟为基础的人民民主专政的新民主主义共和国的国体；建国之际制定了新民主主义的共同纲领等，进一步丰富了新民主主义社会理论。包括革命和建设两个部分的新民主主义理论，是对马克思主义的革命和革命转变理论的伟大创新，具有重大的理论意义。

由于中国无产阶级人数很少、农民和其他小资产阶级占人口的绝大多数，因此，立足于这样的特殊国情，建设一个具有广泛群众性的马克思主义政党，是极其艰巨的任务。党的早期革命家在这方面做了许多努力。但是，真正解决在中国建设一个什么样的党的问题的是毛泽东。他长期把这个问题作为一个“伟大工程”来对待。邓小平说，把列宁的建党学说发展得最完备的是毛泽东同志。

中国的特殊国情决定了党不能不从农民和其他小资产阶级的先进分子中大量吸收党员。为了保持党的无产阶级先锋队性质，毛泽东从制定古田会议决议开始，就一直强调教育党员克服各种非无产阶级思想。这一方面要加强马克思主义基本理论教育，提高广大党员的理论水平和政策水平；另一方面不断加强党性修养教育，包括从中华民族的优良传统中汲取营养，用先进的文化理念教育广大党员树立共产主义的世界观、人生观、价值观。毛泽东“把全心全意为人民服务，一刻也不脱离群众，一切从人民的利益出发”作为共产党的先进性的根本要求；“共产党人的一切言论行动，必须以合乎最广大人民群众的最大利益，为最广大人民群众所拥护为最高标准”。

在党的七大上，毛泽东将党长期形成的优良作风概括为：理论联系实践，密切联系群众，批评与自我批评的作风。三大作风是中国共产党人区别于其他任何政党的显著标志。理论和实践相结合的作风，是作为党的指导思想的马克思主义理论本身的要求。马克思主义理论的价值，不仅仅在于认识世界，更重要的是改造世界，而改造世界就要实践。同人民群众紧密地联系在一起的作风，既是马克思主义唯物史观的基本要求，也是党代表无产阶级和广大人民群众根本利益的阶级性和先进性的体现。自我批评的作风，以是否符合中国最广大人民的最大利益作为党员思想和行为的准绳，不符合者就作自我批评加以抛弃，这体现了党的根本宗旨，也是马克思主义理论倡导的“坚持真理，修正错误”的要求。

从井冈山斗争开始，毛泽东就为克服党内存在的各种错误倾向，将党建设成为一个具有坚强战斗力的政治组织，进行了坚持不懈的努力。他强调“支部建在连上”，基层组织要发挥战斗堡垒作用，从地方到中央都要健全党的组织系统；强调坚持民主集中制原则，讨论决定问题要充分发扬民主，广泛听取意见，实行民主基础上的集中与集中指导下的民主相结合，对党的决议和政策允许保留不同意见，但在行动上要步调一致；强调严格遵守和维护党的纪律，个人服从组织，少数服从多数，下级服从上级，全党服从中央，正确处理党内存在的各个部门、地方和各种利益的关系，坚持局部利益服从全局利益；强调正确开展党内的批评和斗争，坚持“惩前毖后，治病救人”方针，从团结的愿望出发，经过批评和斗争，最后要达到团结的目的，反对任何破坏党的团结、制造分裂的错误行径，自觉地维护党的统一。

正确的干部路线是贯彻正确的政治路线的组织保证。毛泽东一直认为，政治路线确定之后，干部就是决定的因素。选拔和使用干部，提倡“任人唯贤”，反对“任人唯亲”；提倡“五湖四海”，反对宗派主义。党的干部政策，应以能否坚决执行党的路线，服从党的纪律，同群众保持密切联系，有独立工作能力，积极肯干，公道正派，不谋私利为标准。党的干部要有政治远见，胸怀坦荡，忠心耿耿地为民族、为人民、为阶级、为党勤奋工作，要有不怕困难、脚踏实地、清正廉洁、克己奉公、任劳任怨、富于牺牲的精神。

在党的七届二中全会上，毛泽东要求全党在伟大的胜利面前，保持清醒头脑，始终坚持党的性质和宗旨，防止出现骄傲自满、贪图享乐、脱离群众的危险，因而提出“务必使同志们继续地保持谦虚、谨慎、不骄、不躁的作风，务必使同志们继续地保持艰苦奋斗的作风”。这“两个务必”，虽然是作为保持党的优良传统作风问题提出的，但它关系到党能否过执政关的问题，关系到党能否跳出周期律、巩固执政地位的问题。新中国成立后，以毛泽东为核心的党中央一直把加强执政党建设作为党的工作首要任务。他从严处理了号称共和国第一大宗腐败案的刘青山、张子善事件，充分表明了执政兴国、从严治党的决心。

社会主义改造基本完成以后，中国共产党领导全国各族人民开始转入全面的大规模的社会主义建设。直到“文化大革命”前夕的十年中，中国共产党虽然遭到过严重挫折，仍然取得了很大的成就。1966 年同 1956 年相比，全国工业固定资产按原价计算，增长了 3 倍。棉纱、原煤、发电量、原油、钢和机械设备等主要工业产品的产量，都有巨大的增长。从 1965 年起实现了石油全部自给。电子工业、石油化工等一批新兴的工业部门建设了起来。工业布局有了改善。农业的基本建设和技术改造开始大规模地展开，并逐渐收到成效。全国农业用拖拉机和化肥施用量都增长 6 倍以上，农村用电量增长 70 倍。高等学校的毕业生为前 7 年的 4.9 倍。经过整顿，教育质量得到显著提高。科学技术工作也有了比较突出的成果。

党在这十年中积累了领导社会主义建设的重要经验。毛泽东同志在 1957 年春提出必须正确区分和处理社会主义社会两类不同性质的社会矛盾，把正确处理人民内部矛盾作为国家政治生活的主题。接着，他提出要“造成一个又有集中又有民主，又有纪律又有自由，又有统一意志、又有个人心情舒畅、生动活泼，那样一种政治局面”的要求。1958 年他又提出要把党和国家的工作重点转到技术革命和社会主义建设上来。这些都是八大路线的继续发展，具有长远的指导意义。毛泽东同志在领导纠正“大跃进”和人民公社化运动中的错误时提出了不能剥夺农民，不能超越阶段，反对平均主义，强调发展商品生产、遵守价值规律和做好综合平衡，主张以农轻重为序安排国民经济计划等观点；刘少奇同志提出了许多生产资料可以作为商品进行流通和社会主义社会要有两种劳动制度、两种教育制度的观点；周恩来同志提出了我国知识分子绝大多数已经是劳动人民的知识分子，科学技术在我国现代化建设中具有关键性作用等观点；陈云同志提出了计划指标必须切合实际，建设规模必须同国力相适应，人民生活和国家建设必须兼顾，制定计划必须做好物资、财政、信贷平衡等观点；邓小平同志提出了关于整顿工业企业，改善和加强企业管理，实行职工代表大会制等观点；朱德同志提出了要注意发展手工业和农业多种经营的观点；邓子恢等同志提出了农业中要实行生产责任制的观点。所有这些，在当时和以后都有重大的意义。党中央在调整国民经济过程中陆续制定的农村人民公社工作条例草案和有关工业、商业、教育、科学、文艺等方面的工作条例草案，比较系统地总结了社会主义建设的经验，分别规定了适合当时情况的各项具体政策，至今仍然有重要的借鉴作用。

本章事件与人物

上山下乡运动 是指20世纪六七十年代中国的“文化大革命”运动后期，组织大量城市知识青年离开城市，到农村定居和劳动的政治运动。上山下乡运动最早可以追溯到1955年，60名北京青年组成了青年志愿垦荒队，远赴黑龙江省去垦荒。河北邢燕子等人作为典型模范在青年人中广为宣传。真正有组织、大规模地把大批城镇青年送到农村去，则是在“文化大革命”后期。1968年12月，毛泽东下达了“知识青年到农村去，接受贫下中农的再教育，很有必要”的指示，上山下乡运动大规模展开。1968年当年在校的初中生和高中生（1966、1967、1968年三届学生，后来被称为“老三届”），全部前往农村。“文化大革命”中上山下乡的知识青年总人数达到1600多万人，全国城市人口的十分之一来到了乡村。这是人类现代历史上罕见的从城市到乡村的人口大迁移。上山下乡的“知青”当中，大部分是到农村“插队落户”，但还有一部分虽然也是务农，过的却是“生产建设兵团”的准军事化生活，他们的状况与“插队知青”有很大不同。上山下乡运动前期，全国各地组建了许多生产建设兵团，有一大批“知青”到这些生产建设兵团参加屯垦。生产建设兵团虽有屯垦的功能，但却非正规军队，它同时兼具安排城市失业青年就业和备战的目的。从1969年初到1970年，原有的“黑龙江生产建设兵团”大规模扩大建制，同时新成立了内蒙古、兰州、广州、江苏、安徽、福建、云南、浙江、山东、湖北共10个生产建设兵团以及西藏、江西、广西的3个农垦师，加上50年代组建的“新疆生产建设兵团”，全国共有12个“生产建设兵团”及3个农垦师。进入20世纪70年代以后，开始允许知识青年以招工、考试、病退、顶职、独生子女、身边无人、工农兵学员等各种各样名目繁多的名义逐步返回城市。1978年10月，全国知识青年上山下乡工作会议决定，停止上山下乡运动并妥善安置“知青”的回城和就业问题。1979年后，绝大部分“知青”陆续返回了城市，也有部分“知青”在农村结婚落户，永远地留在了农村。据统计，由于各种原因滞留农村边疆的“知青”约有数十万人。

红卫兵运动 “文化大革命”开始后，首先在青少年中发起了红卫兵运动。红卫兵最早于1966年6月出现于北京。1966年5月29日，清华大学附中的一群中学生在圆明园聚会，决定成立秘密的学生组织——红卫兵。他们声称自己是保卫毛主席的“红色卫兵”，毛主席是他们的“红司令”。这一天成为红卫兵的诞生日。8月1日毛泽东写信给清华大学附中红卫兵，认为他们的行动说明“对反动派造反有理”，向他们表示“热烈的支持”，同时要求他们“注意争取团结一切可以团结的人们”。从此，红卫兵运动遍及全国。红卫兵高呼“造反有理”的口号，造所谓“牛鬼蛇神”的反，揪斗所谓“走资派”，搞乱了地方党委，并造成群众之间派别纠葛和纷争。红卫兵在1966年8月以后进行了大串联。从8月18日到11月26日，中央主要领导同志先后8次在北京接见全国各地来京的1300万师生和红卫兵。全国停课、停产串联的人数以千万计。9月5日，中共中央、国务院发出通知，肯定了全国性的大串联。1967年8月，毛泽东号召“就地闹革命”，串联活动才基本上结束。红卫兵运动对全国“文化大革命”的发展起了推波助澜的作用，是造成全国动乱的重要因素。“文化大革命”后期，红卫兵运动被新的“知识青年上山下乡”运动所取代。

麦克阿瑟（1880—1964）　1899年考入美国陆军军官学校（西点军校）。1917年任陆军第四十二师参谋长，赴法参加第一次世界大战。1919年任西点军校校长。1922年任马尼拉特区司令。1925年晋升少将，任第三军区司令。1928年任驻菲美军司令。1930年任美国陆军参谋长。1941年7月任远东美军司令。1942年3月任西南太平洋盟军总司令。1945年8月被任命为盟军最高统帅，执行对日占领任务。9月2日代表盟国接受日本投降。朝鲜战争爆发后，任“联合国军”总司令。1951年4月被解职。

薄一波（1908—2007）　山西定襄人。1928年底，任中共北方局军委秘书长。1931年在北平被捕，1936年8月经组织营救出狱。曾任中共山西省工委书记、晋冀鲁豫边区行政委员会副主席、太岳军区政委、太岳区党委书记。抗日战争胜利后，任中共晋冀鲁豫中央局副书记、晋冀鲁豫军区副政委、华北局第一书记、华北军区政委、华北人民政府副主席、平津卫戍区政委、绥远军区政委。新中国成立后，任财政经济委员会副主任、财政部部长、国家建设委员会主任、国家经济委员会主任、国务院副总理。1982年5月，任国务委员，兼任国家经济体制改革委员会副主任。2007年1月15日在北京逝世，享年99岁。

赫鲁晓夫（1894—1971）　1925年任彼得罗夫斯克-马林斯克地区党委书记。1933年，任莫斯科地区党委第一书记。1938年当选为苏共中央政治局候补委员，任乌克兰党委第一书记。1939年成为苏共中央政治局委员。1949年重任莫斯科党委第一书记，兼任中央委员会书记。斯大林逝世后，1953年9月，在苏共中央全会上当选为苏共中央第一书记。1956年在苏共第二十次全国代表大会上作《关于个人崇拜及其后果》的秘密报告，批判斯大林的错误。其非斯大林化运动在国际上引起反响。力倡与美国和北大西洋公约组织成员国和平共处，受到一些共产党特别是中国共产党的抨击，使中苏两国关系趋于恶化。1964年10

月被迫辞职。

章伯钧（1895—1969） 安徽桐城人。1922 年入德国柏林大学攻读哲学。回国后，曾任中山大学教授。1930 年参与创建中国国民党临时行动委员会，任中央干部会干事。1941 年参与组织民主政团同盟。为中华民族解放行动委员会（农工民主党前身）和民主同盟的主要负责人之一。1947 年当选为中国农工民主党中央主席。建国后，曾任交通部部长，农工民主党中央主席，民盟中央副主席，光明日报社社长。

罗隆基（1898—1965） 江西安福人。1921 年清华大学毕业，留学于美国威斯康星大学、哥伦比亚大学，获博士学位。回国后曾在上海光华大学任教，创办《新月》杂志。1931 年组织再生社，次年改建为中国国家社会党。1932 年担任天津《益世报》主笔，北平《晨报》社长。1939 年发起组织统一建国同志会。1941 年参加发起创建中国民主政团同盟。建国后，曾任全国政协常委、民盟中央副主席。

黄克诚（1902—1986） 湖南永兴人。参与领导永兴起义，率部随朱德、陈毅到达井冈山，任中国工农革命军团长。参加了中央苏区历次反“围剿”和长征。1940 年，领导创建冀鲁豫根据地，开辟苏北抗日根据地。1941 年领导苏北军民开展敌后游击战争。抗日战争胜利后，率新四军第三师主力进军东北。中华人民共和国成立后，曾任解放军副总参谋长、中央军委秘书长、解放军总参谋长、中央纪律检查委员会第二书记等职。1955 年被授予大将军衔。

周小舟（1912—1966） 湖南省湘潭县人。1931 年入北平师范大学读书。参加了一二·九运动的组织领导工作。1936 年到陕北中共中央军委工作，任毛泽东的秘书。1948 年冬任华北局宣传部副部长。中华人民共和国成立后，历任中共湖南省委宣传部长、湖南省委第一书记、湖南省军区政治委员等职。在中共八届八中全会上，被错定为彭德怀、黄克诚、张闻天、周小舟“反党集团”。

张闻天（1900—1976） 上海浦东人。1925 年赴苏联莫斯科中山大学、红色教授学院学习。1931 年任中共中央宣传部部长、临时中央政治局常委。1933 年任中央书记处书记。1938 年后，担任中央书记处书记、中央宣传部长、马列学院院长等职。抗战胜利后，到东北做地方工作，先后担任中共合江省委书记、东北局组织部长等职。这期间，写了《关于东北经济构成及经济建设基本方针的提纲》，对于新中国经济建设具有重要理论意义。新中国成立后，任驻苏大使和外交部常务副部长。

罗瑞卿（1906—1978） 四川省南充人。1926 年入黄埔军校武汉分校学习。土地革命战争时期，曾任红四军政治委员，红一军团保卫局局长，中央红军先遣队参谋长，陕甘支队第三纵队政治部主任，红一方面军保卫局局长，红军大学教育长、副校长。抗日战争时期，任中国人民抗日军政大学教育长、副校长，八路军政治部主任。解放战争时期，先后任晋察冀野战军政治委员，华北军区政治部主任。中华人民共和国成立后，先后任公安部部长、国务院副总理、中央军委秘书长、解放军总参谋长。1955 年被授予大将军衔。

陆定一（1906—1996） 江苏无锡人。1925 年在上海南洋大学读书时参加五卅运动。1926 年调团中央宣传部工作，编辑《中国青年》。1927 年任团中央宣传部部长。1928 年底赴苏联莫斯科，任中国共产主义青年团驻少共国际代表、少共国际执委、中共驻共产国际代表团成员。遵义会议后，任中国工农红军总政治部宣传部部长，主编《红星》报。红军到达陕北后，任红一方面军政治部宣传部部长、红军前敌总指挥部政治部宣传部部长。抗日战争爆发后，历任八路军总政治部宣传部部长、八路军前方总部野战政治部副主任，担任《解放日报》总编辑。1945 年任中共中央宣传部部长。中华人民共和国成立后，先后担任中央宣传部部长、国务院副总理、文化部部长、全国政协副主席。

陶　铸（1908—1969） 湖南祁阳人。曾任鄂豫挺进支队政委、东北野战军政治部副主任。中华人民共和国成立后，历任中共广东省委第一书记、中共中央中南局第一书记。中共八届十一中全会上当选为中央政治局常委，兼任中央书记处常务书记、国务院副总理、中央宣传部部长。

陈伯达（1904—1989） 福建惠安人。1927 年去莫斯科中山大学学习。1930 年回国后，先后在北平中国大学、延安中共中央党校、马列学院任教，并在中共中央宣传部、军委、中央秘书处、中央政治研究室等机构工作。在此期间撰有《中国四大家族》《窃国大盗袁世凯》《人民公敌蒋介石》等政治论著，成为在中共党内有影响的理论宣传家之一。在中共七大上当选为中央候补委员，在八大上当选中央政治局候补委员。曾任中央宣传部副部长、《红旗》杂志总编辑等职。“文化大革命”期间任“中央文化革命小组”组长、中共中央政治局常委。积极参与林彪、江青夺取党和国家最高权力的阴谋活动，1973 年在中共十大上被开除党籍。1981 年 1 月，被判处有期徒刑十八年。

第九章　改革开放：社会主义建设的新时期

第一节　伟大的历史转折

一、真理标准问题的讨论

关于真理标准问题的讨论，是党的建设史上一次规模空前的马克思主义思想路线的自我教育运动。这个讨论大致可以分为两个阶段。第一阶段是从 1976 年 10 月粉碎“四人帮”到 1977 年底，主要内容是坚持“两个凡是”还是坚持实事求是的争论。第二阶段是从 1977 年底到 1978 年 11 月召开中共中央工作会议，这是广泛开展讨论的阶段。党的十一届三中全会以后，这一大讨论还持续了一段时间。

1976 年 10 月粉碎“四人帮”以后，华国锋提出“两个凡是”的方针，即：凡是毛主席作出的决策，我们都坚决维护；凡是毛主席的指示，我们都始终不渝地遵循。以“高举毛主席旗帜”、坚持毛泽东思想为借口，继续维护毛泽东晚年的错误，把“文化大革命”的理论口号及方针政策，包括对邓小平的错误结论等都以毛主席有过批示为由加以维护，阻碍拨乱反正工作的进行。

1977 年 2 月，“两个凡是”一公开提出，就引起了广大干部特别是老干部的忧虑。邓小平最早旗帜鲜明地反对“两个凡是”的错误方针。他在 1977 年 4 月 10 日给党中央的信中就指出：“我们必须世世代代地用准确的完整的毛泽东思想来指导我们全党、全军和全国人民，把党和社会主义的事业，把国际共产主义运动的事业，胜利地推向前进。”7 月，邓小平在党的十届三中全会上再次重申了要完整地准确地理解毛泽东思想这个辩证唯物主义的科学原则。他的观点受到了叶剑英、陈云等一批老一辈革命家的支持和响应。之后，开始出现了一些在理论上和政策上拨乱反正的好文章，促进了思想界、理论界的思想解放。

1977 年底，中央党校根据胡耀邦的意见，明确规定研究党的历史要遵守两条原则，一条是完整地准确地理解毛泽东的有关指示；一条是以实践为检验路线是非的标准。一场判断思想是非、理论是非标准问题的思想政治领域的大讨论已不可避免。

1978 年 5 月 10 日，中共中央党校内部刊物发表了由胡耀邦审定的《实践是检验真理的唯一标准》一文。11 日，《光明日报》以特约评论员名义刊登了此文，当天新华社转发。次日，《人民日报》和《解放军报》同时予以转载，全国绝大多数省、市、自治区的报纸也陆续予以转载。这篇文章阐述了马克思主义的思想路线，指出：检验真理的标准只能是社会实践，理论与实践的统一是马克思主义的一个最基本的原则，任何理论都要不断接受实践的检验；并阐明了革命导师是坚持用实践检验真理的榜样。这是从根本理论上对“两个凡是”的否定。这篇文章在全党引起了强烈反响，同时也遭到一些人的非议和谴责，从而引发了一场关于真理标准问题的全国性大讨论。

中央党校、中国社会科学院、《人民日报》、《光明日报》、《解放军报》以及许多地方报刊也纷纷发表文章，开展关于真理标准问题的讨论。从6月到11月，全国绝大多数省、市、自治区和各大军区的主要负责同志都发表了文章或讲话，中央和地方的报刊也发表了许多这方面的文章。绝大多数讲话和文章都认为，坚持实践是检验真理的唯一标准这一马克思主义的原则具有重大的现实意义，从而使这场讨论逐步深入。

这场讨论打破了长期以来个人崇拜、教条主义的枷锁对全党的束缚，是五四运动以来又一次具有深远意义的思想解放运动。它对于正确地坚持毛泽东思想，对于端正党的思想路线，推动社会主义的现代化建设，发挥了直接的促进作用和影响，为中共十一届三中全会的召开奠定了思想基础。

1978年12月13日，邓小平在中共中央工作会议上发表的《解放思想，实事求是，团结一致向前看》的讲话中，高度评价了这场讨论的伟大意义，他说：目前进行的关于实践是检验真理的唯一标准问题的讨论，实际上也是要不要解放思想的争论。大家认为进行这个争论很有必要，意义很大。从争论的情况看，越看越重要。一个党，一个国家，一个民族，如果一切从本本出发，思想僵化，迷信盛行，那它就不能前进，它的生机就停止了，就要亡党亡国。这是毛泽东同志在整风运动中反复讲过的。只有解放思想，坚持实事求是，一切从实际出发，理论联系实际，我们的社会主义现代化建设才能顺利进行，我们党的马列主义、毛泽东思想的理论也才能顺利发展。从这个意义上说，关于真理标准问题的争论，的确是个思想路线问题，是个政治问题，是个关系到党和国家的前途和命运的问题，对于促进全党同志和全国人民解放、端正思想路线，具有深远的历史意义。

二、十一届三中全会

1978年12月18日至22日，中共十一届三中全会在北京召开。全会坚决批判了“两个凡是”的错误方针，高度评价了关于真理标准问题的讨论，确定了解放思想、开动脑筋、实事求是、团结一致向前看的指导方针。在党的政治路线问题上，全会果断地停止使用了“以阶级斗争为纲”的口号，决定把全党的工作重点转移到社会主义现代化建设上来。全会提出了健全党规、党法和民主集中制，加强社会主义民主与法制的任务，审查和解决了党的历史上一批重大冤假错案和一些重要领导人的功过是非问题。在经济建设问题上，全会提出必须按照客观经济规律办事，注意量力而行，解决好国民经济比例严重失调的问题，同时加快农业发展，对外开放，对内搞活。

中国共产党十一届三中全会在党的历史上具有重要的转折意义，重新确立了党的马克思主义的思想路线。全会坚决批判了“两个凡是”的错误方针，高度评价了关于真理标准问题的讨论，确定了解放思想、开动脑筋、实事求是、团结一致向前看的指导方针，重新确立了马克思主义的政治路线。全会果断地停止使用“以阶级斗争为纲”和“无产阶级专政下继续革命”的口号，作出把工作重点转移到社会主义现代化建设上来的战略决策，并富有远见地提出了对党和国家各个方面的工作进行改革的任务。重新确立了党的正确的组织路线。提出要健全社会主义民主和加强社会主义法制的任务，审查和解决了党的历史上一批重大冤假错案和一些重要领导人的功过是非问题。

1981 年 6 月 27 日至 29 日，中国共产党第十一届中央委员会在北京举行第六次全体会议。出席会议的中央委员 195 人，候补中央委员 114 人；有关方面负责人 53 人列席。全会一致通过了《关于建国以来党的若干历史问题的决议》。

《决议》肯定了毛泽东的历史地位和毛泽东思想。《决议》指出，毛泽东是伟大的马克思主义者，是伟大的无产阶级革命家、战略家和理论家。他为我们党、国家、民族和人民建立了永远不可磨灭的功勋，为世界被压迫民族和人类进步事业作出了重大贡献。他一生的功绩远远大于过失。毛泽东思想是马克思列宁主义在中国的运用和发展，是被实践证明了关于中国革命的正确的理论原则和经验总结，是中国共产党集体智慧的结晶。它是党的宝贵的精神财富，它将长期指导我们的行动。

《决议》指出，新中国成立 32 年来，我们取得的成就是主要的。建国以来的历史，总的说来，是我们党在马克思列宁主义、毛泽东思想指导下，领导全国各族人民进行社会主义革命和社会主义建设并取得巨大成就的历史。忽视错误、掩盖错误是不允许的；忽视或否认成就，忽视或否认取得成功的经验，同样是严重的错误。

《决议》实事求是地评价了新中国成立 32 年来的功过是非，彻底否定了“文化大革命”。指出，“文化大革命”的理论和实践都是完全错误的，它不是也不可能是任何意义上的革命或社会进步，而是一场由领导者错误发动，被反革命集团利用，给党、国家和各族人民带来严重灾难的内乱。毛泽东负有主要责任，但他的错误是一个伟大的无产阶级革命家所犯的错误。中国人民始终把他看作是自己敬爱的伟大领袖和导师。党和人民在“文化大革命”中同“左”倾错误和林彪、江青反革命集团进行了艰难曲折的斗争，使“文化大革命”的破坏受到了一定限制，并终于战胜了林彪、江青两个反革命集团。历史表明了人民的伟大、我们的党和社会主义具有伟大而顽强的生命力。《决议》科学地分析了“文化大革命”

发生并持续十年之久的复杂的社会历史原因。

《决议》依据新中国成立以来正反两方面的经验、特别是“文化大革命”的教训，对十一届三中全会以来党初步确立了的适合我国情况的社会主义现代化建设的正确道路作了基本的总结。这条道路的主要点是：第一，在社会主义改造基本完成以后，我国所要解决的主要矛盾，是人民日益增长的物质文化生活的需要同落后的社会生产之间的矛盾。党和国家工作的重点必须转移到以经济建设为中心的社会主义现代化建设上来，大力发展社会生产力，并在这个基础上逐步改善人民的物质文化生活。第二，社会主义经济建设必须从我国国情出发，量力而行，积极奋斗，有步骤分阶段地实现现代化目标。第三，社会主义生产关系的变革和完善必须适应于生产力的状况，有利于生产的发展。第四，在剥削阶级作为阶级被消灭以后，阶级斗争已经不是主要矛盾。第五，逐步建设高度民主的社会主义政治制度，是社会主义革命的根本任务。第六，社会主义必须有高度的精神文明。第七，改善和发展社会主义民族关系，加强民族团结，对于我们这个多民族国家具有重大意义。第八，在战争危险依然存在的国际条件下，必须加强现代化国防建设。第九，在对外关系上，必须继续反对帝国主义、霸权主义、殖民主义和种族主义，维护世界和平。第十，根据“文化大革命”的教训和党的现状，必须把我们党建设成为具有健全民主集中制的党。

十一届六中全会是继十一届三中全会之后我们党历史上又一次具有重大意义的会议，是一次总结经验、团结前进的会议，它在党的指导思想下完成拨乱反正的历史任务，被永久载入史册。

第二节　邓小平与中国的改革开放

一、邓小平

邓小平（1904—1997），原名邓先圣，四川广安人。5 岁入学，学名为邓希贤。高小毕业后考入广安县中学。1919 年秋考入重庆勤工俭学留法预备学校。1920 年夏赴法国勤工俭学。1922 年参加中国社会主义青年团，1924 年转为中国共产党党员。1926 年初到苏联学习。1927 年春回国，被派往西安冯玉祥国民革命军联军从事政治工作。第一次国共合作破裂后，改名邓小平，8 月 7 日在武汉参加中共中央紧急会议。年底随中央机关迁往上海。1928—1929 年任中共中央秘书长。1929 年夏，作为中央代表前往广西领导起义，化名邓斌，同张云逸等于 12 月和次年 2 月，先后发动百色起义和龙州起义，创建中国工农红军第七军、第八军和左江、右江革命根据地，任红七军、红八军政治委员和前敌委员会书记。1931 年夏到江西中央根据地，先后担任中共瑞金县委书记、会昌中心县委书记、江西省委宣传部长。由于拥护毛泽东的正确路线，被当时党内“左”倾领导者撤职。以后，任红军总政治部秘书长、总政治部机关报《红星》报主编。1934年10月随中央红军长征，年底任中共中央秘书长。1935年1月参加中共中央政治局扩大会议（即遵义会议），会议确定了以毛泽东为代表的新的中央领导。后任红一军团政治部宣传部长，政治部副主任、主任。

抗日战争爆发后，任国民革命军第八路军政治部副主任。1938年1月任八路军一二九师政治委员，与师长刘伯承深入华北敌后，创建了太行、太岳等抗日根据地。1942年9月兼任中共中央太行分局书记。1943年10月代理中共中央北方局书记，主持八路军总部的工作，在艰苦的条件下担负起领导华北敌后抗日根据地党政军的全面工作。1945年在中共第七次全国代表大会上当选为中央委员。

解放战争时期，任中国人民解放军晋冀鲁豫野战军、中原野战军、第二野战军政治委员，晋冀鲁豫中央局书记，中原局、华东局第一书记。1945年9月至11月同刘伯承一起领导了上党战役、邯郸战役。1947年夏，他们率军南渡黄河，挺进大别山地区，由此揭开了人民解放军对国民党军队的全国性战略进攻的序幕。在解放战争的战略决战阶段，担任统一指挥中原野战军、华东野战军的总前委书记，同两个野战军的领导人一起，指挥了淮海战役、渡江战役，攻克了国民党政府首都南京和沪、苏、浙、皖、赣等广大地区。

1949年9月，当选为中央人民政府委员会委员，参加了开国大典。10月，任中国人民革命军事委员会委员。随后和刘伯承率部向西南进军，占领了云、贵、川、西康诸省，参加领导了进军西藏和西藏和平解放的工作，实现中国大陆的完全解放。这期间，任中共中央西南局第一书记、西南军政委员会副主席、西南军区政治委员。

新中国成立后，1952年7月调往中央工作，任中央人民政府政务院副总理兼财经委员会副主任，后又兼任政务院交通办公室主任和财政部部长。1954年任中共中央秘书长、组织部部长，国务院副总理，国防委员会副主席。在反对高岗、饶漱石阴谋分裂党、篡夺党和国家最高权力的重大斗争中，作出重要贡献。在1955年4月中共七届五中全会上，被增选为中央政治局委员。1956年9月，在中共第八次全国代表大会上，作修改党章的报告。在八届一中全会上，当选为中央政治局常务委员、中央委员会总书记，成为以毛泽东为核心的中国共产党第一代中央领导集体的重要成员。1959年，任中共中央军委常委。在任总书记的10年中，协助中共中央主席、副主席主持中央的日常工作，为社会主义制度的建立和发展、为探索适合中国国情的建设社会主义道路，进行了卓有成效的工作。1956—1963年，多次赴莫斯科同苏联领导人进行谈判，坚决维护中国共产党独立自主的原则立场。

1966年"文化大革命"开始以后，失去一切领导职务。1969—1973年间下放到江西省新建县拖拉机修造厂劳动。1973年3月，恢复国务院副总理职务。1974年4月，代表中国政府出席联合国大会第六届特别会议，在会上系统地阐述了毛泽东关于三个世界划分的理论。主持起草了周恩来在第四届全国人民代表大会第一次会议上的《政府工作报告》。1975 年 1 月，任中共中央副主席、国务院副总理、中央军委副主席和中国人民解放军总参谋长。周恩来病重以后，主持党、国家和军队的日常工作，针对“文化大革命”造成的混乱局面进行全面整顿，得到全国人民的衷心拥护，收到显著的成效。由于“四人帮”的诬陷，1976 年 4 月又被撤销一切职务。

“文化大革命”结束后，1977 年 7 月，中共十届三中全会恢复了他原来担任的党政军领导职务。在 1977 年 8 月召开的中共第十一次全国代表大会上，当选为中共中央副主席。1978 年 3 月，当选为中国人民政治协商会议第五届全国委员会主席。首先推动思想路线的拨乱反正，反对“两个凡是”的错误方针，领导和支持开展真理标准问题的讨论，提出必须完整地准确地理解毛泽东思想。还提出要尽快把全党工作重点转移到经济建设上来。

1978 年 12 月召开的中共十一届三中全会，开辟了中国改革开放和集中力量进行社会主义现代化建设的新时期。经过这次全会，形成了以邓小平为核心的中国共产党第二代中央领导集体。在 1981 年 6 月召开的中共十一届六中全会上，通过《关于建国以来党的若干历史问题的决议》，根本否定了“文化大革命”，维护了毛泽东的历史地位，科学地评价了毛泽东思想。在这次会议上，邓小平当选为中共中央军事委员会主席。1983 年 6 月，在第六届全国人大一次会议上，邓小平当选为中华人民共和国中央军事委员会主席。1989 年 11 月，在中共十三届五中全会上，辞去了最后担任的中央军委主席职务。1992 年视察中国南方的武昌、深圳、珠海、上海等地，发表重要谈话，总结改革开放以来的基本经验，从理论上回答了一些重大问题。1997 年召开的中共第十五次全国代表大会，将建设有中国特色社会主义理论概括为邓小平理论，指出这一理论是当代中国的马克思主义，是马克思主义在中国发展的新阶段，并在党章中明确规定，中国共产党以马克思列宁主义、毛泽东思想、邓小平理论作为自己的行动指南。1997 年 2 月 19 日，邓小平在北京逝世。主要著作收入《邓小平文选》。

二、邓小平与中国的改革开放

改革开放是邓小平理论的重要组成部分，是中国社会主义建设的一项根本方针。改革，包括经济体制改革，即把高度集中的计划经济体制改革成为社会主义市场经济体制；政治体制改革，包括发展民主，加强法制，实现政企分开、精简机构，完善民主监督制度，维护安定团结。开放，主要指对外开放，在广泛意义上还包括对内开放。改革开放是中国共产党在社会主义初级阶段基本路线的基本点之一，是中国走向富强的必经之路，对中国的经济发展有着巨大影响。

党的十七大报告指出，改革开放是党在新的时代条件下带领人民进行的新的伟大革命，目的就是要解放和发展社会生产力，实现国家现代化，让中国人民富裕起来，振兴伟大的中华民族；就是要推动我国社会主义制度自我完善和发展，赋予社会主义新的生机活力，建设和发展中国特色社会主义；就是要在引领当代中国发展进步中加强和改进党的建设，保持和发展党的先进性，确保党始终走在时代前列。

改革开放的实质，其实就是：解放和发展社会生产力，进一步解放人民思想，建设有中国特色的社会主义。改革开放是当时社会现状的需要。“文化大革命”给国家留下了严重的局面：生产力发展缓慢，人民温饱没有解决，科技教育落后。这种局面不改变不行。改革开放也是中国革命发展的必然。新中国成立，完成了新民主主义革命。但新中国成立以后模仿苏联建立起来的高度集中的计划经济体制，已严重阻碍了中国生产力的发展。中国需要第二次革命，解放生产力。这种局面不改变不行。改革开放也是社会主义制度自我完善的需要。社会主义社会的各个历史阶段，都需要根据经济发展的要求，适时地不断推进社会主义制度的自我完善和发展，使社会主义制度充满生机和活力。改革开放也是实现社会主义现代化建设的新思路。新思路就是建立和不断完善社会主义市场经济体制，积极稳妥地推进政治体制改革，发展社会主义民主，建设社会主义政治文明，推进文化体制改革。

1978 年以前的安徽省凤阳县小岗村，是全县有名的“吃粮靠返销，用钱靠救济，生产靠贷款”的“三靠村”，每年秋收后几乎家家外出讨饭。1978 年 11 月 24 日，小岗村 18 户农民以敢为天下先的胆识，按下了 18 个手印，搞起生产责任制，揭开了中国农村改革的序幕。也许是历史的巧合——就在这些农民按下手印的不久，中共第十一届三中全会在北京人民大会堂隆重开幕。在关系国家命运和前途的严峻历史关头，以邓小平为代表的中国最高层的政治家和最底层的农民们，共同翻开了历史新的一页。小岗村成为中国农村改革的发源地。

1978 年，党的十一届三中全会作出了实行改革开放的重大决策。1979 年，党中央、国务院批准广东、福建在对外经济活动中实行“特殊政策、灵活措施”，并决定在深圳、珠海、厦门、汕头试办经济特区，福建省和广东省成为全国最早实行对外开放的省份之一。1988 年 4 月 13 日，在第七届全国人民代表大会上通过关于建立海南省经济特区的决议，建立了海南经济特区。深圳等经济特区的创建成功，为进一步扩大开放积累了经验，有力地推动了中国改革开放和现代化的进程。1978 年十一届三中全会后，国民经济进入调整时期。1979 年 9 月的十一届四中全会通过了《关于加快农业发展若干问题的决定》，允许农民在国家统一计划指导下，因时因地制宜，保障他们的经营自主权，发挥他们的生产积极性。1980 年 8 月 18 日，邓小平在中央政治局扩大会议上发表了题为《党和国家领导制度的改革》的讲话，为新时期中国政治体制的改革指明了方向。

1980 年 9 月，中共中央下发《关于进一步加强和完善农业生产责任制的几个问题》，肯定了包产到户的社会主义性质。到 1983 年初，农村家庭联产承包责任制在全国范围内全面推广。

1984 年 10 月，党的十二届三中全会比较系统地提出和阐明了经济体制改革中的一系列重大理论和实践问题，确认中国社会主义经济是公有制基础上的有计划的商品经济，这是全面进行经济体制改革的纲领性文献。政治体制的改革与经济体制的改革基本上是同步进行的。1984 年 4 月，党中央和国务院决定又进一步开放大连、秦皇岛、天津、烟台、青岛、连云港、南通、上海、宁波、温州、福州、广州、湛江、北海这 14 个港口城市。逐步兴办起经济技术开发区。

20 世纪 80 年代中期，中国的科技、教育、文化等各个领域的改革也开始启动。从 1985 年起，又相继在长江三角洲、珠江三角洲、闽东南地区和环渤海地区开辟经济开放区。1988 年，增辟了海南经济特区，海南成为中国面积最大的经济特区。1990 年，党中央和国务院从中国经济发展的长远战略着眼，又做出了开发与开放上海浦东新区的决定。中国的对外开放出现了一个新局面。

1992 年 1 月至 2 月，88 岁高龄的邓小平视察了深圳、珠海、上海各地，发表了一系列重要的讲话，即“南方谈话”。邓小平“南方谈话”发表后，中国改变了过去建立有计划的商品经济的提法，正式提出建立和发展社会主义市场经济，使改革掀起了新一轮的高潮。

目前我国对外开放格局已经形成。对外开放已从沿海向内地发展，形成经济特区——沿海开放城市——沿海经济开放区——内地这样一个全方位、多层次、宽领域的对外开放格局。五个经济特区是：深圳市（327.5 平方公里）、珠海市（121 平方公里）、厦门市（131 平方公里）、汕头市（52.6 平方公里）、海南岛（33920 平方公里）。深圳市在辟为经济特区后在短短几年内，建成一座现代化的繁华城市，成为中国经济特区的代表，被称为中国对外开放的窗口。海南经济特区是全国唯一一个省级经济特区，也是中国面积最大的经济特区。1988 年 4 月 13 日，七届全国人大一次会议通过关于建立海南经济特区的决议，划定海南岛为海南经济特区，实行比中国其他经济特区更加开放、灵活的体制和政策，授权海南省人民政府更大的自主权。

邓小平说：“任何一个民族，一个国家，都要学习别的民族、别的国家的长处，学习人家的先进科学技术。”他率先提出要在中国实行改革开放，并为中国的改革开放事业作出了不可磨灭的贡献，被誉为中国社会主义改革开放和现代化的总设计师。

中国改革开放成就斐然，通过这个大改革、大开放，实现了三个伟大的转折：第一个伟大转折就是从高度集中的计划经济体制向充满生机和活力的社会主义市场经济体制转变；第二个伟大转折是从封闭半封闭的社会向全方位开放的社会转变；第三个伟大转折是人民的生活从温饱转向基本小康的社会转变。如果没有改革开放，就不可能实现三个伟大转变。十一届三中全会提出来的改革开放是当代中国命运的关键抉择。

后 记

今年的春天姗姗来迟。当写完本书最后一行字时，我们得到了一种释放，同时又感到一种无以名状的压力缓缓袭来。

在本书写作过程中我们得到了辽宁石油化工大学有关部门的大力支持，在出版过程中得到了东北大学出版社的鼎力帮助。在此，深表谢意。参加本书编写工作的同志有：于哲、陈雪峰、刘淑艳、祝伟宏、张宇彤、郭刚、曾家、王丹尧、赵福亮、张忆凡、曾宪宏等。辽宁石油化工大学周长茂教授、王玉莉教授、宋爱华副教授审阅了书稿的全部内容。吉林大学于传波教授对本书的编写，提出了指导性意见。辽宁省新闻出版局审读专家吕志贵先生在百忙之中拨冗对本书诸多错误进行了匡正，在此深表谢意。

撰写一部简明的中国近现代历史著作，是我们多年的心愿。如果本书的出版能对丰富人们的历史知识，弘扬爱国主义教育起到点滴作用，我们将甚感欣慰。由于时间仓促，加上著者学识等诸多方面的制约，书中疏漏在所难免，欢迎读者批评指正。

著者

2014 年 5 月 18 日